violência

Il trionfo della morte, autor desconhecido, c. 1446.

Slavoj Žižek

violência
seis reflexões laterais

Tradução: Miguel Serras Pereira

Copyright © Slavoj Žižek, 2008
Copyright desta edição © Boitempo Editorial, 2014
Traduzido do original em inglês *Violence: Six Sideways Reflections* (Profile, 2008)
Copyright da tradução © Relógio D'Água Editores, 2009

Coordenação editorial
Ivana Jinkings

Editora-adjunta
Bibiana Leme

Assistência editorial e revisão
Thaisa Burani

Tradução
Miguel Serras Pereira

Adaptação e preparação
Kim Doria

Diagramação
Crayon Editorial

Capa
Ronaldo Alves
sobre detalhe de *Nascimento de Vênus* (1863), de Alexandre Cabanel (1823-1889),
e foto de Mídia NINJA, junho de 2013.

Coordenação de produção
Juliana Brandt

Assistência de produção
Livia Viganó

CIP-BRASIL. CATALOGAÇÃO NA PUBLICAÇÃO
SINDICATO NACIONAL DOS EDITORES DE LIVROS, RJ

Z72v

Žižek, Slavoj
  Violência : seis reflexões laterais / Slavoj Žižek ; tradução Miguel Serras
Pereira. - 1. ed. - São Paulo : Boitempo, 2014.

  Tradução de: Violence: six sideways reflections
  Inclui bibliografia
  ISBN 978-85-7559-380-6

  1. Violência - Aspectos sociais. 2. Filosofia marxista. 3. Socialismo. I. Título.

14-11264   CDD: 303.62
                                                                 CDU: 316.485.2

É vedada a reprodução de qualquer parte deste livro sem a expressa autorização da editora.

1ª edição: maio de 2014; 5ª reimpressão: fevereiro de 2025

BOITEMPO
Jinkings Editores Associados Ltda.
Rua Pereira Leite, 373
05442-000 São Paulo SP
Tel.: (11) 3875-7250 / 3875-7285
editor@boitempoeditorial.com.br | boitempoeditorial.com.br
blogdaboitempo.com.br | youtube.com/tvboitempo

Sumário

Prefácio à edição brasileira 7

Introdução – O manto sangrento do tirano 17

1 – Adagio ma non troppo e molto espressivo 23
SOS violência 23
   Violência: subjetiva e objetiva 23
   Os bons homens de Porto Davos 27
   Uma vila comunista liberal 33
   Sexualidade no mundo atonal 37

2 – Allegro moderato – Adagio 45
Teme o teu próximo como a ti mesmo! 45
   A política do medo 45
   A coisa próxima 49
   A violência da linguagem 57

3 – Andante ma non troppo e molto cantabile 69
"Está solta a maré escura do sangue" 69
   Um caso estranho de comunicação fática 69
   Ressentimento terrorista 76
   O sujeito suposto saquear e estuprar 82

4 – Presto 91
Antinomias da razão tolerante 91
   Liberalismo ou fundamentalismo?
   Uma praga sobre as casas de um e de outro! 91

O círculo de giz de Jerusalém 99
A religião anônima do ateísmo 107

5 – Molto adagio – Andante..115
A tolerância como categoria ideológica...115
A culturização da política 115
A universalidade efetiva...118
Acheronta movebo: as regiões infernais...126

6 – Allegro...141
Violência divina 141
Benjamin com Hitchcock...141
O que não é a violência divina… 146
… e o que, afinal, é a violência divina!...153

Epílogo – Adagio...161

Posfácio – Violência, esta velha parteira: um samba-enredo 171
Mauro Iasi

Bibliografia..191

Prefácio à edição brasileira*

Como a edição original deste livro provocou uma série de respostas críticas, gostaria de aproveitar a ocasião desta publicação brasileira para esclarecer alguns pontos.

Em primeiro lugar, devemos deixar bem claro o alcance efetivo da violência revolucionária. Em *Um ianque na corte do rei Artur***, Mark Twain apresenta aquilo que melhor contesta a afirmação de que a resposta violenta das multidões é pior do que a opressão que a instiga:

> Havia dois "Reinos de Terror", se quisermos lembrar e levar em conta: um forjado na paixão quente; o outro, no insensível sangue frio... Nossos arrepios são todos em função dos "horrores" do Terror menor, o Terror momentâneo, por assim dizer, ao passo que podemos nos perguntar o que é o horror da morte rápida por um machado em comparação à morte contínua, que nos acompanha durante toda uma vida de fome, frio, ofensas, crueldades e corações partidos? Um cemitério poderia conter os caixões preenchidos pelo breve Terror diante do qual todos fomos tão diligentemente ensinados a tremer e lamentar, mas a França inteira dificilmente poderia conter os caixões preenchidos pelo Terror real e mais antigo, aquele indizivelmente terrível e amargo, que nenhum de nós foi ensinado a reconhecer em sua vastidão e lamentar da forma que merece.

Para compreendermos essa natureza paralaxe da violência, devemos focar os curtos-circuitos entre diferentes níveis. Por exemplo, entre o poder e a violência social: uma crise econômica que leva à devastação é experienciada

---

* Tradução de Kim Doria. (N. E.)
** São Paulo, Rideel, 2011. (N. E.)

8 / Violência

como um poder incontrolável quase natural, enquanto *deve* ser experienciada como *violência*[1].

Devemos, então, desmistificar o problema da violência, rejeitando afirmações simplistas como aquelas que dizem que o comunismo do século XX fez uso de excessiva violência assassina e que é necessária muita cautela para evitar que caiamos novamente nessa armadilha. É claro que se trata de uma constatação verdadeira, mas esse foco tão detido na violência ofusca a questão subjacente: o que havia de errado no projeto comunista do século XX em si? Que fraqueza imanente a esse projeto levou o comunismo e os comunistas no poder (e não apenas estes) a recorrerem à violência desenfreada, irrestrita? Em outras palavras, não é suficiente afirmar que os comunistas "negligenciaram o problema da violência" – foi um fracasso político e social mais profundo que os levou à violência. (E o mesmo vale para a noção de que os comunistas "negligenciaram a democracia": foi seu projeto global de transformação social que os levou a tal "negligência".) Ou seja, devemos rejeitar absolutamente a própria noção de "suspensão ética do teológico-político", a ideia de que devemos estar preparados para restringir nosso envolvimento político (ou religioso-político) quando este nos leva a violar normas morais elementares, cometendo assassinatos em massa e causando outras formas de sofrimento. Então o que haveria de errado com o raciocínio segundo o qual "quando estamos obcecados com uma visão política (ou religiosa), não devemos simplesmente nos esforçar para aplicá-la à realidade, mas dar um passo atrás e tentar perceber como ela afetará os outros, como perturbará suas vidas – existem certas regras morais básicas ('não torture', 'não faça uso de assassinatos como um instrumento' e assim por diante) que estão acima de qualquer engajamento político"? Não significa que devamos inverter a suspensão e afirmar um engajamento (teológico-)político radical justifica violações das normas morais básicas; antes, o ponto é que nossa crítica de uma visão (teológico-)política que justifica assassinatos em massa, dentre outras atrocidades, deve ser imanente – não é suficiente rejeitar tais visões em nome de

---

[1] Aliás, o debate acerca da definição de técnicas de simulação de afogamento serem ou não tortura é obviamente sem sentido: por que outro motivo, além da dor e do medo da morte provocados, essa simulação levaria sujeitos durões suspeitos de terrorismo a falar? É por isso que deveríamos rejeitar o argumento "realista" segundo o qual o afogamento simulado é uma mera "tortura baseada em truques mentais", em que o prisioneiro acredita que vai se afogar, mas não corre realmente muito perigo – devemos pesar, de um lado, os benefícios e o potencial que poderia levar-nos a salvar vidas em decorrência das informações obtidas através de tais truques mentais e, de outro, o fato de os truques serem equivocados em si. Contudo, a experiência simulada é vivida pelas vítimas como um risco real de afogamento, da mesma forma que o ritual jocoso de atirar em um prisioneiro (há muito descrito por Dostoiévski) é uma experiência aterrorizante, mesmo quando o prisioneiro acredita que será executado sem estar realmente correndo perigo algum. Voltamos, portanto, ao calculismo utilitário: o breve sofrimento de uma pessoa em contraposição à morte de muitas.

Prefácio à edição brasileira / 9

escrúpulos morais externos, deve haver algo de errado com a visão em si, em seus próprios termos (teológico-)políticos. Assim, o stalinismo não deve ser rejeitado porque era imoral e assassino, mas porque falhou em seus próprios termos e traiu suas próprias premissas.

Embora as críticas comunistas ao stalinismo fossem certamente repletas de ilusões, muito antes de Alexander Solzhenytsin, "as questões cruciais acerca dos *gulags* foram levantadas pelos oposicionistas de esquerda, de Boris Souvarine a Victor Serge e C.L.R. James, em tempo real e sobre grande risco. Esses hereges, corajosos e visionários, foram de certa forma postos de lado da história (esperavam algo muito pior do que isso e, por diversas vezes, o receberam)"[2]. Esse criticismo em larga escala era inerente ao movimento comunista, em claro contraste com o fascismo: "ninguém pode se dar ao trabalho de argumentar sobre como o fascismo poderia ter se saído melhor se tivesse encontrado circunstâncias mais favoráveis. E tampouco havia qualquer dissidente dentro do Partido Nazista arriscando suas vidas ao propor que o *führer* teria traído a verdadeira essência do Nacional Socialismo"[3]. É precisamente devido a essa tensão imanente ao coração do movimento comunista que o topo da *nomenklatura* era o lugar mais perigoso para se estar durante os terríveis anos de expurgos na União Soviética da década de 1930 (em apenas dois anos, 80% dos membros do Comitê Central e do Exército Vermelho foram fuzilados). Ademais, não devemos subestimar o potencial "totalitário" nem a brutalidade direta absoluta das forças contrarrevolucionárias da Revolução Branca durante a Guerra Civil russa: caso os Brancos tivessem sido vitoriosos,

a palavra "comum" para o fascismo teria sido russa, não italiana. Os Protocolos dos Sábios de Sião foram trazidos ao Ocidente pela emigração dos Brancos [...]. O general de brigada William Graves, que comandou o corpo expedicionário norte-americano durante a invasão da Sibéria de 1918 (um evento cuidadosamente retirado de todos os livros didáticos dos Estados Unidos), escreveu em suas memórias sobre o penetrante e letal antissemitismo que dominava a direita russa e acrescentou: "Duvido que a história mostrará qualquer país no mundo em que, durante os últimos cinquenta anos, o assassinato pudesse ser cometido de forma tão segura e com tão pouco risco de punição do que na Sibéria durante o reinado de Kolchak".[4]

E, por último, mas não menos importante, é muito simplório afirmar que não haveria um potencial violento no Occupy Wall Street e demais movimentos semelhantes, pois há violência ativa por trás de qualquer autêntico processo emancipa-

---

[2] Christopher Hitchens, *Arguably* (Nova York, Twelve 2011), p. 634.
[3] Ibidem, p. 635.
[4] Idem.

10 / Violência

tório: o problema aqui é traduzir equivocadamente essa violência em terror sanguinário. Permitam-me esclarecer esse ponto com um desvio através de meus críticos, que, ao serem forçados a admitir que minha afirmação de que "Hitler não foi suficientemente violento" não deve ser entendida como um convite a mais assassinatos aterrorizantes em massa, tendem a inverter a ordem de sua reprovação ao afirmar que eu só estaria me aproveitando de uma linguagem provocativa para fazer uma constatação desinteressante de um senso comum. Eis o que um deles escreveu a propósito de minha afirmação de que Gandhi teria sido mais violento do que Hitler:

> Žižek usa aqui uma linguagem elaborada com o objetivo de provocar e confundir as pessoas. Ele não acredita de fato que Gandhi foi mais violento do que Hitler [...]. Antes, o que ele pretende fazer é alterar a compreensão típica da palavra "violento" para que os meios não violentos de protesto de Gandhi diante dos britânicos possam ser considerados mais violentos do que as incrivelmente violentas tentativas de Hitler de dominação mundial e genocídio. Nessa perspectiva particular, a violência é entendida por Žižek como algo que provoca uma agitação social massiva. É dessa forma que ele considera Gandhi mais violento do que Hitler. Mas, assim como na maioria dos escritos de Žižek, não há nada de realmente novo ou surpreendente aqui. E é por isso que ele escolhe escrever de maneira provocativa, confusa e bizarra, em vez de optar por uma forma direta e sincera. Caso tivesse escrito que Gandhi realizou mais através de seus atos não violentos que visavam mudanças sistêmicas do que Hitler com seus intentos violentos, poderíamos todos concordar... Mas também saberíamos que não há nada de profundo numa afirmação dessas. Pelo contrário, Žižek busca nos chocar e assim encobrir a banal conclusão sobre Gandhi e Hitler em que todos já acreditavam muito antes de ler Žižek.
>
> O mesmo vale para as polêmicas considerações de Žižek sobre judeus e antissemitas. Não há nada de excepcional no argumento de que para cada nazista que odeia judeus deve haver em sua mente um judeu ficcional para odiar. Portanto, qualquer esforço para livrar os nazistas dos judeus que estão dentro de si (como teria certa vez dito Hitler, de acordo com Žižek) resultaria na destruição dos próprios nazistas (uma vez que os antissemitas dentro de si demandam uma continuada existência de judeus dentro de si). Em outras palavras, Žižek está novamente preparando uma confusa salada mista de palavras para tentar disfarçar lugares-comuns de profundidade. O método de Gandhi para mudar as coisas funcionou porque ele foi atrás do sistema em si. O antissemita jamais poderá matar seu objeto de ódio porque sua visão de mundo necessita de um judeu ficcional.[5]

---

[5] Ari Kohen, "According to Slavoj Žižek, No One Understands Slavoj Žižek", *Ari Kohen's Blog*, disponível em: <http://kohenari.net/post/26498282819/zizek-responds>.

Prefácio à edição brasileira / 11

Em ambos os casos, a reprovação é a mesma: eu tento vender a ideia convencional de que Gandhi objetivava mudar o sistema e não destruir pessoas, mas como isso é um lugar-comum, busco uma formulação mais provocativa, expandindo de forma esquisita o significado da palavra "violência" para nela incluir mudanças institucionais. O mesmo se aplica à minha afirmação de que "o judeu está no antissemita, mas o antissemita também está no judeu": nada mais seria que uma forma truncada de apresentar o lugar-comum de que, na mente de cada nazista que odeia judeus, deve também haver um judeu ficcional para o nazista odiar... Mas seria esse o caso? E se o principal tiver se perdido na tradução de minha "confusa salada mista de palavras" em senso comum? No segundo caso, meu argumento não é simplesmente a (evidentemente óbvia) constatação de que o "judeu" ao qual os nazistas se referem é fruto de sua ficção ideológica, mas que sua própria identidade ideológica está também, ao mesmo tempo, assentada nessa ficção (e não simplesmente dependendo dela): os nazistas são – em sua autopercepção – figuras em seus próprios sonhos sobre os "judeus", e isso está longe de ser um senso comum trivial.

Então para que caracterizar as tentativas de Gandhi de minar o Estado britânico na Índia como "mais violentas" do que os assassinatos em massa de Hitler? Para chamar atenção para a violência fundamental que sustenta o funcionamento "normal" do Estado (que Walter Benjamin chama de "violência mítica"), assim como para a não menos fundamental violência que sustenta toda e qualquer tentativa de minar o funcionamento do Estado (a "violência divina" de Benjamin)[6]. É por esse motivo que a reação do poder estatal contra aqueles que o ameaçam é tão brutal, e é por isso que, em sua brutalidade, essa reação é precisamente "reativa", protecionista. Portanto, longe de buscar uma forma excêntrica gratuita, a extensão da noção de violência está baseada em um *insight* teórico fundamental, enquanto a limitação da violência a seu aspecto físico diretamente visível, longe de ser "normal", depende de uma distorção ideológica. É também por isso que estão equivocadas as reprovações a meu suposto fascínio por algum tipo de violência ultrarradical, com relação a minhas considerações de que Hitler e o Khmer Vermelho "não foram

---

[6] Há um procedimento homólogo em inglês. No domínio da política, é comum usarmos (ironicamente) a forma passiva de um verbo ativo – por exemplo, quando um político é "voluntariamente" forçado a se afastar de seu cargo, dizemos que ele "se afastou". (Na China, durante a Revolução Cultural, usava-se até mesmo a forma neutra – como "luta" – em uma versão artificialmente passiva ou ativa; quando um membro do Partido acusado de revisionismo era submetido a uma sessão de "luta ideológica", dizia-se que ele "fora lutado", ou que o grupo revolucionário estava "lutando-o" (aqui, o verbo intransitivo transformou-se em transitivo: nós não só lutamos, mas lutamos *alguém*). Distorções como essas, da gramática "normal", expressavam apropriadamente a lógica subjacente; por consequência, em vez de rejeitá-las como distorções violentas do uso normal da linguagem, deveríamos elogiá-las por evidenciarem a violência que subjaz a esse uso normal.

12 / Violência

profundas o bastante": meus críticos deixam passar o ponto por trás desse tipo de afirmação, pois não estou argumentando a favor de buscarmos formas de se aprofundar sobre esse tipo de violência, mas de mudar o terreno por completo. É difícil ser realmente violento, realizar um ato que perturbe violentamente os parâmetros básicos da vida social. Bertolt Brecht escreveu um poema sobre "como é cansativo ser mau"*, e o mesmo se pode dizer da violência que exerça algum efeito sobre o sistema. A Revolução Cultural Chinesa pode servir aqui de lição: provou-se que a destruição de velhos monumentos, em vez de mera negação do passado, era antes uma impotente *passage a l'acte*, um *acting out*** que dava testemunho do malogro da tentativa de escapar do passado. Há uma espécie de justiça poética no fato de o resultado final da Revolução Cultural de Mao ter sido a atual explosão sem precedentes da dinâmica capitalista na China. Existe uma profunda homologia estrutural entre a autorrevolução permanente do maoísmo, o combate permanente contra a ossificação das estruturas do Estado e a dinâmica intrínseca do capitalismo. Uma vez mais somos tentados a parafrasear Brecht: "O que é um assalto a um banco comparado com a fundação de um banco?". O que são as explosões devastadoras e violentas de um guarda vermelho empenhado na Revolução Cultural comparadas com a verdadeira Revolução Cultural, que é a dissolução permanente de todas as formas de vida ditada pela reprodução capitalista?

Traumatizada com a experiência stalinista, grande parte da esquerda contemporânea tende a ofuscar o delicado tema da violência, como fica claro em *Sem proteção* [*The Company You Keep*, no original], de Robert Redford, um filme que lida com ex-esquerdistas radicais confrontando seus passados. Simplificando grosseiramente, a trama está centrada no pai solteiro e recém enviuvado Jim Grant, um antigo militante contra a Guerra do Vietnã ligado à organização de extrema esquerda norte-americana Weather Underground e procurado por assalto a banco e assassinato, que se escondeu do FBI por trinta anos fingindo ser um advogado na cidade de Albany, em Nova York. Ele se torna um fugitivo quando sua verdadeira identidade é revelada, dedicando-se então a localizar sua antiga amante, Mimi, a única pessoa que capaz de limpar seu nome antes que ele seja pego pelo FBI – caso contrário, perderá tudo, incluindo sua filha, Isabel, de 11 anos. Sua busca por Mimi o leva a cruzar os Estados Unidos, fazendo-o entrar em contato com diversos de seus ex-colegas do Weather Underground, até que finalmente Jim e Mimi se encontram em uma cabana isolada à beira de um lago, próximo à fronteira com o Canadá. Ela ainda é aficionada pelos objetivos do grupo e não sente remorsos pelas ações de trinta anos antes, ao que Jim responde: "Eu não me cansei. Eu amadureci". Mesmo

---

* Ver p. 162 deste volume. (N. E.)
** A respeito do termo psicanalítico *acting out*, ver a nota do tradutor na p. 163 deste volume. (N. E.)

Prefácio à edição brasileira / 13

que ele ainda acredite na causa, tornou-se um responsável pai de família. Jim pede a ela que se entregue às autoridades e sirva de álibi para ele, tendo em vista o bem-estar de Isabel: o pai não quer deixar a menina para trás e repetir o erro que ele e Mimi cometeram trinta anos antes, quando desistiram da própria filha. No dia seguinte, Mimi foge da cabana para atravessar de barco a fronteira, mas acaba mudando de ideia e retorna aos Estados Unidos para se entregar, levando à libertação de Jim, que sai da cadeia e recupera Isabel.

É verdade, como observado por um resenhista com um humor cáustico, que *Sem proteção* exala uma nostalgia dos tempos em que os terroristas ainda eram pessoas que se pareciam e se vestiam como nós e tinham nomes anglo-saxônicos reconhecíveis. No entanto, o filme tem um toque autêntico na maneira como apresenta, de forma quase insuportavelmente dolorosa, o desaparecimento da esquerda radical de nossa realidade política e ideológica: os sobreviventes da antiga esquerda radical são como simpáticos mortos-vivos, remanescentes de uma antiga era, estranhos à deriva em um estranho mundo – não é à toa que Redford foi atacado por conservadores devido a sua simpatia e cumplicidade com terroristas. O autêntico toque do filme (e do romance de Neil Gordon em que foi inspirado) reside não apenas no retrato generoso dos ex-integrantes do Weather Underground, mas sobretudo em maravilhosos detalhes narrativos, como as longas descrições da vida clandestina (como averiguar se alguém está sendo rastreado e despistar possíveis perseguidores, como criar uma nova identidade, e por aí vai).

Quanto à organização Weather Underground em si, devemos insistir que seus membros ainda não estavam do lado do terrorismo pós-1968, da regressão da política propriamente dita ao Real da ação crua: seus atos visavam destruir edificações, não matar pessoas. (O assalto ao Michigan Bank foi feito por um grupo dissidente após a dissolução formal da organização.) O Weather Underground é frequentemente acusado de destruir a esquerda norte-americana, de alienar o apoio da população a manifestantes e de ser, talvez, até mesmo manipulado pelo FBI – mas essa reprovação está errada: o próprio recurso à violência praticado pelos militantes do Weather Underground era já uma tentativa desesperada de reação ao fracasso do movimento Students for a Democratic Society [Estudantes por uma Sociedade Democrática] de realmente mobilizar as pessoas para acabar com a Guerra do Vietnã. Então o fracasso da esquerda já estava dado, e a violência praticada pelo Weather Underground nada mais era que um sintoma desse fracasso, um efeito do fenômeno, e não sua causa. Se quisermos encontrar os erros das atividades da organização, devemos procurar em outro lugar: em sua prática e em sua estrutura organizacional. Por exemplo, os "coletivos do Weather" praticavam rodízios sexuais: todas as integrantes femininas deviam fazer sexo com todos os integrantes masculinos, e as mulheres também praticavam relações sexuais com outras mulheres, pois relações monogâmicas eram consideradas contrarrevolucionárias. Não que essa

14 / Violência

prática fosse "radical demais", pelo contrário: tal promiscuidade regulada é mais do que adequada à permissividade e ao medo de vínculo "excessivo" que marca nossos dias atuais. Enquanto acreditavam estar minando a ideologia burguesa, os membros do Weather Underground estavam simplesmente preparando o solo para seu estágio no capitalismo tardio.

O filme fracassa precisamente na forma como confronta o aspecto da atividade do Weather Underground que nos aparece hoje como a mais problemática: a decisão de seus militantes de tomar o caminho da ação violenta. Enquanto simpatiza claramente com a causa da esquerda radical, o tom geral da obra é de rejeição ao caminho da violência em termos de amadurecimento, de passagem do entusiasmo juvenil (que pode facilmente se transformar em fanatismo violento) à consciência madura de que existem coisas como a vida em família e a responsabilidade por uma criança que nenhuma causa política deveria nos levar a violar – ou, como o herói diz a sua ex-amante: "Temos responsabilidades que vão além da causa. Temos um bebê". Se interpretarmos o filme dessa forma, *Sem proteção* é, como alguém escreveu sobre o romance original de Neil Gordon, *le roman des illusions perdues*[7] [o romance das ilusões perdidas].

Contudo, seria tal referência ao amadurecimento e à responsabilidade familiar etc. uma sabedoria neutra e apolítica que postula um limite para nosso engajamento, ou seria uma forma de a ideologia intervir, prevenindo-nos de analisar até o fim o impasse político em que nos encontramos hoje? Esta segunda opção não equivale a uma tentativa velada de justificar o terror violento, mas à obrigação de analisá-lo e julgá-lo em seus próprios termos. E se Jim não tivesse uma filha? O problema referente à estratégia do Weather Underground permaneceria. Sem esse tipo de exame radical de nós mesmos, acabamos por endossar a ordem jurídica e política existente como o quadro que garante a estabilidade de nossas vidas familiares privadas – não é de se surpreender que, em termos jurídicos, *Sem proteção* é a história da reabilitação legal do protagonista, de seus esforços para se tornar um cidadão normal sem um passado sombrio que o persegue.

Mesmo aqui, contudo, as coisas são ainda mais sutis. Não podemos deixar de admirar a atmosfera mítica como é apresentado o reencontro final de Jim e Mimi no filme (e ainda mais no livro): há uma espécie de necessidade ético-metafísica de que eles se encontrem, como no último encontro de Moose Malloy e Velma na

---

[7] Impossível deixar passar um belo detalhe da trama do filme: são as duas ex-integrantes do Weather Underground (interpretadas por Susan Sarandon e Julie Christie) que se mantêm fiéis a seu velho compromisso, enquanto todos os ex-integrantes masculinos do grupo fizeram acordos em nome das responsabilidades familiares – muito contrário à falsa ideia de que as mulheres são mais apegadas a suas famílias, enquanto os homens são mais dispostos a colocar tudo em risco em nome da causa.

Prefácio à edição brasileira / 15

obra-prima de Raymond Chandler, *O último dos valentões* [*Farewell, My Lovely*, no original]. Quando Jim e Mimi estão a caminho para se encontrarem em uma casa solitária à beira de um lago no meio de uma floresta, o romance faz uso de um procedimento narrativo engenhoso: suas viagens são apresentadas através de uma troca de e-mails com curtos relatórios escritos alternadamente por ele e por ela – todavia, é ele quem descreve a viagem dela, e ela, a dele, como se uma espécie de comunhão mística estivesse coordenando aquela jornada. Não surpreende que, quando os dois ex-amantes finalmente se encontram, esse momento é apresentado em termos atemporais, como se fosse um lapso de eternidade: o intervalo de quase vinte anos desde seu último encontro simplesmente desaparece, como se os dois amantes tivessem entrado em um ponto da eternidade em que passado e presente se sobrepõem diretamente.

A história termina com uma boa reviravolta ética: temos, sim, um casal formado – não Jim e Mimi, mas Bem Schulberg, o jornalista investigativo que revelou a verdadeira identidade de Jim Grant, e Rebeccah Obsone, a filha de Jim e Mimi que foi adotada no passado por um honesto agente do FBI. Embora possa parecer que o filme siga a fórmula hollywoodiana padrão de produção de casais, o que ecoa aqui é o tema do teste ético – quem é testado, afinal? Não é Jim, nem mesmo Mimi ao regressar para salvar Jim, mas o próprio Ben, que, ao final do filme, decide não publicar a grande história sobre Rebeccah ser a filha de Jim e Mimi, provando com esse gesto que ele a merece.

É dessa forma que a mobilização da família se apresenta como um preenchimento do vácuo que permite ao filme (e a nós, seus espectadores) evitar o verdadeiro e delicado tema da violência, de sua justificativa e de seu caráter inaceitável. É claro que uma dedicação total e implacável à luta violenta "terrorista" poderia ser razoavelmente legitimada em um país sob brutal ocupação ou ditadura – se, digamos, um membro da Resistência resolvesse abandonar a luta contra os alemães na França de 1943, argumentando aos colegas que amadurecera e se tornara consciente de sua responsabilidade para com sua família, tal medida estaria longe de ser eticamente óbvia*. Assim, não é que a causa goze de prioridade e a opção pelas obrigações familiares equivalha a uma traição moral – o dilema é real, e não há como não se machucar.

---

* Como na célebre passagem de *O existencialismo é um humanismo* (Petrópolis, Vozes de Bolso, 2012), de Jean-Paul Sartre, acerca do dilema do jovem francês, que será tratada na p. 21 deste volume.

Introdução
O MANTO SANGRENTO DO TIRANO

Há uma velha história sobre um trabalhador suspeito de roubar no trabalho: todas as tardes, quando sai da fábrica, os guardas inspecionam cuidadosamente o carrinho de mão que ele empurra, mas nunca encontram nada. Está sempre vazio. Até que um dia cai a ficha: o que o trabalhador rouba são os carrinhos de mão...

Se há uma tese unificadora nas reflexões que se seguem, é a de que existe um paradoxo semelhante no que diz respeito à violência. Os sinais mais evidentes de violência que nos vêm à mente são atos de crime e terror, confrontos civis, conflitos internacionais. Mas devemos aprender a dar um passo para trás, a desembaraçar-nos do engodo fascinante desta violência "subjetiva" diretamente visível, exercida por um agente claramente identificável. Precisamos ser capazes de perceber os contornos dos cenários que engendram essas explosões. O passo para trás nos permite identificar uma violência que subjaz aos nossos próprios esforços que visam combater a violência e promover a tolerância.

Eis o ponto de partida, e talvez até mesmo o axioma, do presente livro: a violência subjetiva é somente a parte mais visível de um triunvirato que inclui também dois tipos objetivos de violência. Em primeiro lugar, há uma violência "simbólica" encarnada na linguagem e em suas formas, naquilo que Heidegger chamaria a "nossa casa do ser". Como veremos adiante, essa violência não está em ação apenas nos casos evidentes – e largamente estudados – de provocação e de relações de dominação social que nossas formas de discurso habituais reproduzem: há uma forma ainda mais fundamental de violência que pertence à linguagem enquanto tal, à imposição de um certo universo de sentido. Em segundo lugar, há aquilo a que eu chamo violência "sistêmica", que consiste nas consequências muitas vezes catastróficas do funcionamento regular de nossos sistemas econômico e político.

A questão é que as violências subjetiva e objetiva não podem ser percebidas do mesmo ponto de vista: a violência subjetiva é experimentada enquanto tal contra o pano de fundo de um grau zero de não violência. É percebida como uma perturba-

18 / Violência

ção do estado de coisas "normal" e pacífico. Contudo, a violência objetiva é precisamente aquela inerente a esse estado "normal" de coisas. A violência objetiva é uma violência invisível, uma vez que é precisamente ela que sustenta a normalidade do nível zero contra a qual percebemos algo como subjetivamente violento. Assim, a violência sistêmica é de certo modo algo como a célebre "matéria escura" da física, a contrapartida de uma violência subjetiva (demasiado) visível. Pode ser invisível, mas é preciso levá-la em consideração se quisermos elucidar o que parecerá de outra forma explosões "irracionais" de violência subjetiva.

Quando a grande mídia nos bombardeia com as "crises humanitárias" que parecem surgir constantemente mundo afora, deveríamos levar sempre em conta que uma crise concreta só irrompe na visibilidade dessa mídia enquanto resultado de uma conjunção complexa de fatores. As considerações propriamente humanitárias desempenham aqui, de maneira geral, uma função menos importante do que as considerações de ordem cultural, ideológico-política e econômica. A matéria de capa da revista *Time* do dia 5 de junho de 2006, por exemplo, era "A guerra mais mortal do mundo". A reportagem oferecia informações minuciosas sobre como cerca de 4 milhões de pessoas tinham morrido na República Democrática do Congo devido à violência política da última década. Ora, acontece que não houve então os habituais protestos humanitários – não mais do que umas duas cartas de leitores –, como se algum tipo de mecanismo de filtro impedisse a notícia de produzir um efeito mais forte em nosso espaço simbólico. Ou, dito em termos mais cínicos, a *Time* escolheu a vítima errada na disputa da hegemonia em matéria de sofrimento. Deveria ter se restrito à lista dos suspeitos de costume: a situação das mulheres muçulmanas ou a forma como as famílias das vítimas do 11 de Setembro enfrentavam suas perdas. O Congo reemergiu hoje à tona como um "coração das trevas" conradiano. Ninguém se atreve a olhá-lo de frente. A morte de uma criança palestina da Cisjordânia, para não falarmos em uma norte-americana ou israelita, vale para os grandes veículos de imprensa milhares de vezes mais do que a morte de um congolês desconhecido.

Precisamos de mais provas de que o sentido humanitário do que é urgente e relevante é mediado, e sem dúvida sobredeterminado, por considerações claramente de ordem política? E que considerações são essas? Para responder a esta última pergunta, teremos de dar um passo atrás e olhar para as coisas de uma posição diferente. Quando a mídia norte-americana acusou as populações de países estrangeiros de não demonstrarem suficiente simpatia perante as vítimas dos ataques do 11 de Setembro, eu me senti tentado a responder com as palavras que Robespierre dirigiu aos que deploravam as vítimas inocentes do terror revolucionário: "Deixai de agitar à minha frente o manto sangrento do tirano ou crerei que quereis acorrentar-me a Roma"[1].

---

[1] Maximilien Robespierre, *Virtue and Terror* (Londres, Verso, 2007), p. 47 [ed. bras.: *Robespierre: Virtude e terror*, apresentado por Slavoj Žižek, Rio de Janeiro, Zahar, 2008].

O manto sangrento do tirano / 19

Em vez de confrontar diretamente a violência, este livro propõe seis visões marginais sobre ela. Há razões para mirarmos obliquamente a violência. A premissa subjacente de que parto é a de que há algo intrinsecamente mistificador numa consideração direta: a alta potência do horror diante dos atos violentos e a empatia com as vítimas funcionam inexoravelmente como um engodo que nos impede de pensar. Uma abordagem conceitual *desapaixonada* da tipologia da violência deve, por definição, ignorar o seu impacto traumático. Apesar disso, em certo sentido uma análise fria da violência reproduz o seu horror e dele participa. É necessário distinguir, ainda, entre verdade (factual) e veracidade: o que torna verídico o testemunho de uma mulher estuprada (ou de qualquer outra narração de um trauma) é a sua incoerência factual, sua confusão, sua informalidade. Se a vítima fosse capaz de descrever a sua experiência dolorosa e humilhante de maneira clara, apresentando todos os dados sob uma forma consistente, essa clareza poderia levar-nos a suspeitar de sua veracidade. Aqui, o problema é parte da solução: as deficiências factuais do relato do sujeito traumatizado quanto a sua experiência confirmam a veracidade do testemunho, uma vez que indicam que o conteúdo descrito "contaminou" o modo de sua descrição. O mesmo se pode dizer, evidentemente, da chamada não fiabilidade das descrições verbais dos sobreviventes do Holocausto: uma testemunha capaz de descrever claramente sua experiência em um campo de concentração desqualificaria a si mesmo em virtude de sua clareza[2]. A única abordagem adequada do tema de que trata este livro, portanto, será aquela que nos permita elaborar variações sobre a violência mantidas a uma distância respeitosa em relação às vítimas.

A célebre frase de Adorno precisaria aparentemente ser corrigida: não é a poesia que é impossível depois de Auschwitz, mas a *prosa*[3]. A prosa realista fracassa ali onde a evocação poética da atmosfera insuportável de um campo de concentração é bem-sucedida. Ou seja, quando Adorno declara que a poesia é impossível (ou antes um exercício da barbárie) depois de Auschwitz, esta impossibilidade é portadora de uma capacidade: a poesia é sempre, por definição, "sobre" alguma coisa que

---

[2] O livro tardio de Primo Levi sobre os elementos químicos, *The Periodic Table* (Nova York, Schoken, 1984) [ed. bras.: *A tabela periódica*, Rio de Janeiro, Relume-Dumará, 2001], deve ser lido tomando como pano de fundo as dificuldades – ou mesmo a impossibilidade essencial – de uma descrição plena da sua própria situação, de uma narração coerente da sua própria vida, coisas que o trauma do Holocausto o impediam de fazer. Assim, para Levi a única maneira de evitar o colapso de seu universo simbólico seria descobrir apoio num Real extrassimbólico – o da classificação de elementos químicos (e, evidentemente, em sua versão dos elementos, a classificação servia apenas como uma moldura vazia, sendo cada um dos elementos explicado nos termos de suas associações simbólicas).

[3] "Escrever poesia depois de Auschwitz é um ato de barbárie", Theodor W. Adorno, "Cultural Criticism and Society", em Neil Levi e Michael Rothberg (orgs.), *The Holocaust: Theoretical Readings* (New Brunswick, Rutgers University Press, 2003), p. 281.

20 / Violência

não pode ser nomeada diretamente, apenas aludida. Não deveríamos temer dar um passo adiante e retomar o velho ditado segundo o qual a música chega onde as palavras faltam. Deve haver alguma verdade na ideia segundo a qual, numa espécie de premonição histórica, a música de Schönberg articulou a aflição e os pesadelos de Auschwitz antes mesmo de seu trágico acontecimento.

Em suas memórias, Anna Akhmatova conta o que se passou com ela quando, no auge dos expurgos stalinistas, esperava numa enorme fila diante da prisão de Leningrado para conseguir notícias de seu filho preso, Lev:

> Um dia alguém, no meio daquela massa de gente, me reconheceu. Atrás de mim estava uma jovem mulher, com os lábios roxos de frio, que, evidentemente, nunca ouvira até então me chamarem pelo nome. Saindo agora do torpor comum que todos partilháva-mos, perguntou para mim, num sussurro (todo mundo sussurrava lá): "Você é capaz de descrever isto?". E eu disse: "Sou". Então algo parecido com um sorriso perpassou fugi-diamente pelo que fora um dia o seu rosto.[4]

A questão fundamental é, sem dúvida, saber que tipo de descrição se procura aqui. Certamente não se trata de uma descrição realista da situação, mas daquilo que o poeta Wallace Stevens chamou de uma "descrição sem lugar", que é própria da arte. Não é uma descrição que localiza seu conteúdo em um espaço e tempo históricos, mas uma que cria, como pano de fundo dos fenômenos que descreve, um espaço inexistente (virtual) que lhe é próprio, de tal maneira que aquilo que aparece não é uma aparência sustentada pela profundidade da realidade subjacente, mas uma aparência descontextualizada, que coincide plenamente com o ser real. Para citarmos Stevens uma vez mais: "É o que parece e neste parecer são todas as coisas". Uma descrição artística assim "não é um signo de algo que reside fora de sua forma"[5]. Antes, extrai da confusa realidade a sua própria forma interior, da mesma maneira que Schönberg "extraiu" a forma interior do terror totalitário. Ele evocou o modo como esse terror afeta a subjetividade.

Será que este recurso à descrição artística implica que estamos em perigo de regredir para uma atitude contemplativa que de alguma maneira trai a urgência de "fazermos algo" quanto aos horrores descritos?

Pensemos no falso sentimento de urgência que domina o discurso humanitário da esquerda liberal a respeito da violência: a abstração e a figuração (pseudo)con-creta coexistem na representação da cena da violência – exercida sobre mulheres, negros, sem-teto, gays...: "Neste país, uma mulher é estuprada a cada seis segun-

---

[4] Citado de Elena Feinstein, *Anna of all the Russians* (Nova York, Knopf, 2005), p. 170.
[5] Alain Badiou, "Drawing", *Lacanian Ink*, n. 28, 2º sem. 2006, p. 45.

O manto sangrento do tirano / 21

dos" e "Enquanto você lê este parágrafo, dez crianças vão morrer de fome" são dois exemplos característicos. Um sentimento hipócrita de indignação moral subjaz a todos os discursos de teor semelhante. É precisamente este tipo de pseudourgência que há alguns anos a Starbucks explorava ao colocar, na entrada de cada uma de suas lojas, cartazes agradecendo aos clientes e informando-lhes que quase metade do lucro da rede comercial seria investido em cuidados de saúde das crianças da Guatemala, país de onde provinha o seu café, inferindo que a cada xícara bebida estaríamos salvando a vida de uma criança.

Há um traço fundamentalmente antiteórico nessas injunções de urgência. Não há tempo para refletir: temos de *agir agora*. Por meio desse falso sentimento de urgência, os ricos pós-industriais – vivendo em seu protegido mundo virtual – não negam nem ignoram a dura realidade exterior, pelo contrário: referem-se a ela o tempo todo. Como disse Bill Gates recentemente: "De que importam computadores enquanto milhões de pessoas ainda morrem desnecessariamente de disenteria?".

Contra essa falsa urgência podemos opor a maravilhosa carta que Marx escreveu a Engels em 1870, quando, por um breve momento, parecia que a Europa estava uma vez mais às portas da revolução. A carta de Marx transmite um sentimento de pânico: será que os revolucionários não poderiam esperar mais uns dois anos? Ele ainda não tinha terminado de escrever *O capital*!

Uma análise crítica da constelação global atual – que não permite entrever nenhuma solução clara, nem qualquer pequena luz no fim do túnel (uma vez que temos perfeita consciência de que essa pequena luz deve ser a de um trem que avança em nossa direção para nos esmagar) – suscita geralmente a seguinte objeção: "Quer dizer então que não devemos fazer *nada*? Simplesmente sentar e esperar?". Ao que deveríamos ter a coragem de responder: "SIM, exatamente!". Há situações em que a única coisa realmente "prática" a fazer é resistir à tentação da ação imediata, para "esperar e ver" por meio de uma análise crítica e paciente. A exigência do compromisso parece exercer sobre nós sua pressão por todos os lados. Numa passagem muito conhecida do seu *O existencialismo é um humanismo*, Sartre apresentou o exemplo de um jovem francês que se vê dilacerado, em 1942, pelo dilema de escolher entre o dever de cuidar de sua mãe solitária e doente e o dever de entrar para a Resistência e combater os alemães. A posição de Sartre é a de que, evidentemente, não existe uma resposta *a priori* perante essa alternativa. O jovem em causa tem de chegar a uma decisão que só pode ser fundamentada no abismo de sua liberdade, assumindo a plena responsabilidade por sua escolha[6]. Uma terceira via obscena diante desse dilema seria aconselhar o jovem a dizer à mãe que ia entrar para a Resistência e dizer aos seus amigos da Re-

---

[6] Jean-Paul Sartre, *Existentialism and Humanism* (Londres, Methuen, 1974) [ed. bras.: *O existencialismo é um humanismo*, trad. João Batista Kreuch, Petrópolis, Vozes de Bolso, 2012].

sistência que tinha de cuidar da mãe, para, na realidade, se refugiar num lugar protegido e se dedicar aos estudos...

Há mais nessa terceira via do que um cinismo barato. Antes, ela lembra uma piada soviética sobre Lenin muito conhecida. Sob o socialismo, o conselho que Lenin dava aos jovens, sua resposta à questão sobre o que deveriam fazer, era: "Estudar, estudar e estudar". Estas palavras foram citadas infinitas vezes e até pintadas nas paredes das escolas. O que nos leva à piada: perguntam a Marx, Engels e Lenin o que prefeririam ter – uma esposa ou uma amante? Como seria de se esperar, Marx, bastante conservador no que dizia respeito à esfera privada, responde: "Uma esposa!", enquanto Engels, um autêntico *bon vivant*, opta por uma amante. Para surpresa geral, a resposta de Lenin é: "Gostaria ter as duas!". Por quê? Haveria nele um traço de *jouisseur* decadente, escondida por trás de sua austera imagem de revolucionário? De maneira alguma – e Lenin explica: "Assim eu poderia dizer à minha mulher que vou ter com minha amante, e à minha amante que preciso ver minha mulher...". "E aí iria pra onde, então?", "Para um lugar isolado, onde pudesse estudar, estudar e estudar!".

Não foi exatamente isso o que Lenin fez depois da catástrofe de 1914? Retirou-se para um lugar isolado na Suíça, onde "estudou, estudou e estudou" a lógica de Hegel. E é isso que devemos fazer hoje, quando nos vemos bombardeados pelas imagens midiáticas da violência. Precisamos "estudar, estudar e estudar" suas causas.

1
ADAGIO MA NON TROPPO E MOLTO ESPRESSIVO

SOS violência

VIOLÊNCIA: SUBJETIVA E OBJETIVA

Em 1922, o governo soviético empreendeu a expulsão forçada de alguns destacados intelectuais anticomunistas, entre os quais se contavam tanto filósofos e teólogos como economistas e historiadores. Partiram da Rússia para a Alemanha a bordo de um navio que ficou conhecido como o *Vapor da Filosofia*. Antes de sua expulsão, Nikolai Lossky, um dos elementos forçados ao exílio, gozara com sua família o confortável modo de vida da alta burguesia, com criados e amas de crianças à sua disposição. Ele

> simplesmente não conseguia compreender aqueles que queriam destruir seu modo de vida. Que tinham feito os Lossky e seus semelhantes? Seus filhos e seus amigos eram herdeiros do melhor que a Rússia podia oferecer, tinham contribuído para melhorar o mundo com suas conversas sobre literatura, música e arte, e levavam uma vida tranquila. Que mal poderia haver em tudo isso?[1]

Embora Lossky fosse sem dúvida uma pessoa benevolente e sincera, que realmente se preocupava com a assistência à pobreza e estava empenhada na tentativa de civilizar as condições de vida russas, esta sua atitude trai uma insensibilidade arrepiante frente à violência *sistêmica* necessária para que uma vida tão confortável fosse possível. Aqui, estamos falando sobre a violência inerente a um sistema: não

---

[1] Lesley Chamberlain, *The Philosophy Steamer* (Londres, Atlantic Books, 2006), p. 23-4. Para evitar qualquer interpretação distorcida, quero deixar claro que considero totalmente justificada a decisão de expulsar os intelectuais antibolcheviques.

24 / Violência

só da violência física direta, mas também das formas mais sutis de coerção que sustentam as relações de dominação e de exploração, incluindo a ameaça de violência. Os Lossky e seus pares de fato "não tinham feito nada de mal". Não havia qualquer maldade subjetiva em suas vidas, apenas o pano de fundo invisível dessa violência sistêmica. "Então, subitamente, neste mundo quase proustiano [...] o leninismo irrompeu. No dia em que Andrei Lossky nasceu, em maio de 1917, a família pôde ouvir o galopar de cavalos sem cavaleiros na vizinha rua Ivanovskaya"[2]. Essas intrusões ameaçadoras multiplicaram-se. Uma vez, na escola, o filho de Lossky foi brutalmente aterrorizado por um colega de origem trabalhadora que lhe gritou que "seus dias e de sua família estavam acabados agora". Na sua inocência delicada e benevolente, os Lossky viam esses sinais da catástrofe que se avizinhava como se eles brotassem do nada, como indícios de um novo espírito incompreensivelmente malévolo. O que não compreendiam era que, sob a forma dessa violência subjetiva e irracional, estavam recebendo de volta a mensagem que eles próprios haviam enviado sob a sua verdadeira forma invertida. É esta violência que parece irromper "do nada" que corresponde, talvez, àquilo que Walter Benjamin, em seu "Para uma crítica da violência", chamou de violência pura, divina[3].

Opor-se a todas as formas de violência – da violência física e direta (extermínio em massa, terror) à violência ideológica (racismo, incitação ao ódio, discriminação sexual) – parece ser a maior preocupação da atitude liberal tolerante que predomina atualmente. Uma chamada SOS sustenta esse discurso, abafando todas as outras abordagens possíveis: todo o resto pode e deve esperar... Não haveria algo de suspeito, até mesmo sintomático, nesse foco sobre a violência subjetiva, a violência dos agentes sociais, indivíduos maléficos, aparelhos repressivos disciplinados, das multidões fanáticas? Não haveria aqui uma tentativa desesperada de desviar as atenções do verdadeiro lugar do problema, uma tentativa que, ao obliterar a percepção de outras formas de violência, se torne assim parte ativa delas? Há uma anedota bem conhecida em que um oficial alemão visitou Picasso em seu estúdio em Paris durante a Segunda Guerra Mundial. Chocado com o "caos" vanguardista da *Guernica*, perguntou a Picasso: "Foi você que fez isto?". Ao que Picasso replicou, calmamente: "Não, isto foi feito por *vocês*!". Atualmente, muitos liberais, ao serem confrontados com explosões violentas como as desordens de 2005 nos subúrbios de Paris, perguntam aos poucos esquerdistas que ainda apostam numa transformação social radical: "Não foram vocês que fizeram isto? É *isto* que vocês querem?". E

---

[2] Ibidem, p. 22.
[3] Walter Benjamin, "Critique of Violence", em *Selected Writings*, v. 1, *1913-1926* (Cambridge, Massachusetts, Harvard University Press, 1996) [ed. bras.: "Para uma crítica da violência", em *Escritos sobre mito e linguagem,* trad. Susana Kampff e Ernani Chaves, São Paulo, Editora 34, 2011].

Adagio ma non troppo e molto espressivo / 25

nós deveríamos responder, como Picasso: "Não, foram vocês que fizeram isto! Este é o verdadeiro resultado da *sua* política!".

Há uma velha piada sobre um marido que volta do trabalho para casa mais cedo do que o costume e encontra a mulher na cama com outro homem. A mulher, apanhada de surpresa, exclama: "Por que é que você voltou mais cedo?". E o marido responde furioso: "O que é que você está fazendo na cama com outro homem?". Calmamente, a esposa retruca: "Eu te fiz uma pergunta primeiro – não tente se safar mudando de assunto!"[4]. O mesmo vale para a violência: a tarefa é precisamente *mudar de assunto*, passar do desesperado apelo de SOS humanitário para acabar com a violência à análise desse outro SOS, que é a interação complexa dos três modos de violência: subjetiva, objetiva e simbólica. A lição aqui é que devemos resistir ao efeito de fascínio da violência subjetiva, da violência exercida por agentes sociais, indivíduos maléficos, aparelhos repressivos disciplinados e multidões fanáticas: a violência subjetiva é tão somente a mais visível das três.

É necessário historicizar minuciosamente a noção de violência objetiva, que assumiu uma nova forma com o capitalismo. Marx descreveu a autopropulsiva e enlouquecida circulação do capital, cuja orientação partenogenética solipsista atinge seu auge nas atuais especulações metarreflexivas sobre o futuro. É demasiadamente simplista afirmar que o espectro desse monstro autogenerativo que segue o seu caminho ignorando qualquer preocupação humana ou ambiental seja uma abstração ideológica e que por trás dessa abstração há pessoas reais e objetos naturais em cujos recursos e capacidades produtivas se baseia a circulação de capital, alimentando-se deles como um parasita gigante. O problema é que essa "abstração" não existe apenas na percepção distorcida da realidade social por parte de nossos especuladores financeiros, mas é "real" no sentido preciso em que determina a estrutura dos processos sociais materiais: os destinos de camadas inteiras da população e por vezes até mesmo de países podem ser decididos pela dança especulativa "solipsista" do capital, que persegue seu objetivo de rentabilidade numa beatífica indiferença ao modo como tais movimentos afetarão a realidade social. Assim, a posição de Marx não é fundamentalmente reduzir essa segunda dimensão à primeira, mas demonstrar como a dança teológica enlouquecida das mercadorias emerge dos antagonismos da "vida real". Ou melhor, a sua posição é de que *não podemos compreender adequadamente a primeira (a realidade social de produção material e interação social) sem a segunda*: é a dança metafísica autopropulsiva do capital que dirige o espetáculo, que fornece a chave dos desenvolvimentos e das catástrofes que

---

[4] Quando os palestinos respondem às exigências de Israel de que parem com seus ataques terroristas com a pergunta: "E o que faremos com a sua ocupação da Cisjordânia?", a réplica israelita não é precisamente uma versão da "mudança de assunto"?

26 / Violência

têm lugar na vida real. É aí que reside a violência sistêmica fundamental do capitalismo, muito mais estranhamente inquietante do que qualquer forma pré-capitalista direta de violência social e ideológica: essa violência não pode ser atribuída a indivíduos concretos e às suas "más" intenções, mas é puramente "objetiva", sistêmica, anônima. Encontramos aqui a diferença lacaniana entre a realidade e o Real: a "realidade" é a realidade social dos indivíduos efetivos implicados em interações e nos processos produtivos, enquanto o Real é a inexorável e "abstrata" lógica espectral do capital que determina o que se passa na realidade social. Podemos experimentar tangivelmente o fosso entre uma e outro quando visitamos um país visivelmente caótico. Vemos uma enorme degradação ecológica e muita miséria humana. Entretanto, o relatório econômico que depois lemos nos informa que a situação econômica do país é "financeiramente sólida": a realidade não conta, o que conta é a situação do capital...

Hoje, não será isto mais verdadeiro do que nunca? Os fenômenos habitualmente tidos por característicos do capitalismo virtual (o mercado de futuros e outras especulações financeiras abstratas comparáveis) não ilustram um reino da "abstração real" em seu estado mais puro, muito mais radicalmente do que nos tempos de Marx? Em suma, a forma mais extrema da ideologia não consiste em sermos tomados pela natureza espectral da ideologia (esquecendo as suas bases no âmbito dos indivíduos reais e de suas relações), mas precisamente em subestimarmos este Real do espectral, pretendendo dirigir-nos diretamente às "pessoas reais com seus problemas reais". Os visitantes da Bolsa de Valores de Londres recebem um folheto gratuito que lhes explica que o mercado de valores não lida com flutuações misteriosas, mas com pessoas reais e seus produtos. Isto é realmente a ideologia em seu estado mais puro.

A regra fundamental de Hegel é que o excesso "objetivo" – o reinado direto da universalidade abstrata que impõe a sua lei "mecanicamente" e com rematado desprezo pelo sujeito apanhado em sua rede – é sempre suplementado por um excesso "subjetivo", pelo exercício arbitrário e irregular dos caprichos. Um caso exemplar dessa interdependência é apresentado por Étienne Balibar, que distingue dois modos opostos mas complementares de violência excessiva: a violência sistêmica ou "ultraobjetiva", própria às condições sociais do capitalismo global, que implica a criação "automática" de indivíduos excluídos e dispensáveis (dos sem-teto aos desempregados); e a violência "ultrassubjetiva" dos novos "fundamentalismos" emergentes, de caráter étnico e/ou religioso e, em última instância, racistas[5].

Nossa cegueira diante dos resultados da violência sistêmica talvez talvez seja mais perceptível em debates sobre crimes comunistas. A responsabilidade pelos

---

[5] Veja-se Étienne Balibar, "La violence: idéalité et cruauté", em *La crainte des masses: politique et philosophie avant et après Marx* (Paris, Galilée, 1997).

crimes comunistas é de fácil atribuição: estamos perante um mal subjetivo, perante agentes que procederam mal. Podemos até identificar as origens ideológicas dos crimes – a ideologia totalitária, o *Manifesto Comunista*, Rousseau e até mesmo Platão. Mas quando chamamos a atenção para as milhões de pessoas que morreram devido à globalização capitalista – da tragédia do México no século XVI ao holocausto do Congo belga há cerca de cem anos – a responsabilidade tende a ser em larga medida negada. Tudo parece ter acontecido como resultado de um processo "objetivo", que ninguém planejou nem executou e para o qual não houve um "Manifesto Capitalista". (Foi Ayn Rand quem chegou mais perto de escrevê-lo.)[6] O fato de o rei belga Leopoldo II (que presidiu ao holocausto congolês) ser um grande filantropo santificado pelo papa não pode ser menosprezado como um mero caso de hipocrisia e cinismo ideológico. Subjetivamente, Leopoldo II poderia perfeitamente ter sido um filantropo sincero, combatendo ainda que modestamente as consequências catastróficas do enorme projeto econômico de exploração implacável dos recursos naturais do Congo a que ele próprio presidia. O país era seu feudo pessoal! A grande ironia é que a maior parte dos lucros conseguidos por esse projeto se destinaram a beneficiar o povo belga, a promover obras públicas, construir museus e assim por diante. O rei Leopoldo II foi, sem dúvidas, o precursor dos "comunistas liberais" de hoje, entre os quais se incluem...

OS BONS HOMENS DE PORTO DAVOS

Na última década, Davos e Porto Alegre afirmaram-se como as duas cidades gêmeas da globalização. Davos, uma exclusiva estância turística na Suíça, é o lugar onde a elite global dos gestores, políticos e personalidades midiáticas se encontram sob pesada proteção policial, em condições de estado de sítio, e tentam convencer-nos e a si próprios de que a globalização é o melhor remédio para si mesma. Porto Alegre é a cidade brasileira subtropical onde a contraelite do movimento antiglobalização se reúne em assembleia e tenta convencer-nos e a si própria de que a globalização capitalista não é uma fatalidade para nós, pois – como sua palavra de ordem oficial proclama – "um outro mundo é possível". Ao longo destes últimos anos, no entanto, as reuniões de Porto Alegre parecem ter perdido parte de seu ímpeto. Cada vez menos ouvimos falar delas. Onde foram parar as cintilantes estrelas de Porto Alegre?

Algumas delas, pelo menos, foram parar em Davos. O tom que prevalece cada vez mais nas reuniões de Davos é o de um grupo de empresários – alguns dos quais se designam ironicamente como "comunistas liberais"– que já não aceita a oposi-

---

[6] E é aqui que reside também a limitação das "comissões de ética" que, por toda a parte, pretendem contrariar os perigos do desenvolvimento científico-tecnológico desenfreado: apesar de todas as suas boas intenções, considerações morais etc., ignoram a violência "sistêmica", muito mais fundamental.

28 / Violência

ção entre Davos (o capitalismo global) e Porto Alegre (a alternativa ao capitalismo veiculada pelos novos movimentos sociais). Sua tese é de que podemos ter o bolo capitalista global (ou seja, prosperar como empresários de sucesso) e ao mesmo tempo comê-lo (aprovar as causas anticapitalistas de responsabilidade social e a preocupação ecológica). Dessa forma, Porto Alegre deixa de ser necessária, uma vez que Davos pode transformar-se em Porto Davos.

Os novos comunistas liberais são, é claro, os suspeitos de sempre: Bill Gates e George Soros, os diretores do Google, IBM, Intel e eBay, bem como os filósofos à sua disposição, entre os quais se destaca o jornalista Thomas Friedman. O que torna esse grupo interessante é o fato de sua ideologia ter se tornado absolutamente indistinguível da nova geração da esquerda radical antiglobalização: o próprio Toni Negri, o guru da esquerda pós-moderna, elogia o capitalismo digital afirmando que este contém *in nuce* todos os elementos do comunismo – basta que nos desembaraçemos da forma capitalista e teremos alcançado a meta revolucionária. Tanto a velha direita, com a sua fé ridícula na autoridade e num patriotismo provinciano, como a velha esquerda capitalizadora da Luta contra o Capitalismo são hoje forças verdadeiramente conservadoras que travam suas batalhas num teatro de sombras sem contato com as novas realidades. O significante dessa nova realidade na novilíngua comunista liberal é "esperto": esperto representa o dinâmico e o nômade contra a burocracia centralizada; o diálogo e a cooperação contra a autoridade hierárquica; a flexibilidade contra a rotina; a cultura e o conhecimento contra a produção industrial; a interação espontânea e a autopoiese contra a hierarquia fixa.

Bill Gates é o ícone daquilo a que ele próprio chamou de "capitalismo sem fricções", uma sociedade pós-industrial em que assistimos ao "fim do trabalho", onde o *software* marca pontos contra o *hardware* e o jovem nerd vale mais do que o empresário de terno e gravata. No quartel-general do novo tipo de empresa, a disciplina externa é reduzida. Os ex-hackers que ocupam o primeiro plano trabalham muitas horas e saboreiam bebidas grátis em áreas verdes. Um traço decisivo de Gates enquanto ícone é o fato de ser visto como um ex-hacker que deu certo. Devemos conferir ao termo hacker todas as suas conotações subversivas/marginais/ anti-*establishment*. Os hackers visam perturbar o funcionamento suave e tranquilo das grandes empresas burocráticas. Ao nível fantasmático, a ideia subjacente aqui é de que Gates é um *hooligan* subversivo e marginal que triunfou e se disfarçou como um respeitável presidente.

Os comunistas liberais são grandes executivos que recuperam o espírito da contestação, ou, para colocar de outra forma, são *geeks* contraculturas que se apoderaram de grandes companhias. Seu dogma é uma versão nova e pós-moderna da velha mão invisível do mercado de Adam Smith. O mercado e a responsabilidade social não são aqui termos que se oponham. Podem beneficiar-se mutuamente ao se reunirem. Como Thomas Friedman (um de seus gurus) afirma, ninguém precisa ser um cretino para fazer negócios: a colaboração com os empregados e a participação destes, o diálogo com os clientes, o respeito pelo meio ambiente, a transparência das transações, são hoje em dia chaves do sucesso. Numa descrição perspicaz, Olivier Malnuit enumera os dez mandamentos do comunista liberal:

1. Forneça tudo de graça (acesso livre, ausência de *copyright*...), cobrando apenas pelos serviços adicionais, o que te fará ainda mais rico.
2. Transforme o mundo, não se limitando a vender coisas: a revolução global, uma transformação da sociedade, fará com que as coisas sejam melhores.
3. Preocupe-se em compartilhar e tome consciência das responsabilidades sociais.
4. Seja criativo: concentre-se na concepção, nas novas tecnologias e ciências.
5. Diga tudo: não devem existir segredos. Assuma e pratique o culto da transparência, os fluxos livres de informação; toda a humanidade deve colaborar e interagir.
6. Não trabalhe com um horário fixo e rígido das-nove-às-cinco. Simplesmente empenhe-se em estabelecer canais de comunicação inteligentes, dinâmicos e flexíveis.
7. Volte aos estudos e aposte na formação permanente.
8. Aja como uma enzima: não trabalhe só para o mercado, mas promova novas formas de colaboração social.
9. Morra pobre: devolva suas riquezas àqueles que delas necessitam, uma vez que terá acumulado mais do que jamais poderá gastar.
10. Defenda o Estado: pratique parcerias entre empresas e o Estado[7].

Os comunistas liberais são pragmáticos. Odeiam as abordagens doutrinárias. Para eles, não há hoje em dia uma classe trabalhadora una e explorada. Há simplesmente problemas concretos que devem ser resolvidos: a fome na África, a sujeição das mulheres muçulmanas, a violência do fundamentalismo religioso. Quando há uma crise humanitária na África – e os comunistas liberais simplesmente amam as crises humanitárias, que trazem à tona o melhor de si mesmos! –, é despropositado recorrer à retórica imperialista à maneira antiga. Em vez disso, todos devemos nos concentrar naquilo que de fato funciona em vista da solução do problema: empenhar as pessoas, os governos e o mundo dos negócios numa iniciativa comum; começar a fazer com que as coisas avancem, em vez de confiar no auxílio de um Estado centralizado; abordar a crise em termos criativos e não convencionais, sem dar importância aos rótulos.

---

[7] Cf. Olivier Malnuit, "Pourquoi les géants du business se prennent-ils pour Jésus?", *Technikart*, fev. 2006, p. 32-7.

30 / Violência

Os comunistas liberais gostam de exemplos como o da luta contra o *apartheid* na África do Sul. Assinalam que a decisão de algumas grandes companhias internacionais de ignorarem as leis do *apartheid* em suas empresas sul-africanas, abolindo completamente a segregação, pagando a brancos e negros o mesmo salário pelo mesmo trabalho e assim por diante, foi tão importante quanto o combate político direto. Não seria este um perfeito exemplo de coincidência entre a luta pela liberdade política e os interesses empresariais? As mesmas companhias podem agora prosperar numa África do Sul pós-*apartheid*.

Os comunistas liberais também adoram os protestos estudantis que abalaram a França em Maio de 1968: que explosão de criatividade e energia juvenil! Ah, a intensidade do abalo que provocaram nos limites de uma ordem burocrática rígida! E o novo impulso que deram à vida econômica e social depois das ilusões políticas terem sido postas de lado! Bem vistas as coisas, muitos deles eram jovens nesse tempo, e protestavam e lutavam contra a polícia nas ruas. Se hoje mudaram, não foi por terem se resignado à realidade, mas porque tiveram de mudar para *realmente* mudarem o mundo, para *realmente* revolucionarem as nossas vidas. O próprio Marx já não havia formulado a questão sobre a potência das agitações políticas diante da invenção da máquina a vapor? E Marx não perguntaria hoje o que podem todos os protestos contra o capitalismo global quando comparados com a invenção da internet?

Acima de tudo, os comunistas liberais são verdadeiros cidadãos do mundo. São boas pessoas que se preocupam. Preocupam-se com os fundamentalistas populistas *e* com as grandes companhias capitalistas irresponsáveis e gananciosas. Veem as "causas mais profundas" dos problemas atuais: são a pobreza generalizada e a impotência que alimentam o terrorismo fundamentalista. Por isso, seu objetivo não é ganhar dinheiro, mas mudar o mundo – embora, caso isso acabe produzindo mais dinheiro, não vejam razões para se queixar! Bill Gates já se tornou o maior benfeitor individual da história da humanidade, exibindo seu amor pelo próximo com donativos de centenas de milhões de dólares em benefício da educação e da luta contra a fome e a malária. O problema, evidentemente, é que para darmos, temos primeiro de tomar – ou, como alguns diriam, de criar. A justificativa dos comunistas liberais é que a fim de ajudarmos realmente as pessoas, temos de ter os meios necessários, e, como ensina a experiência do desolador fracasso de todos os métodos estatistas e coletivistas, a via mais eficaz é a iniciativa privada. Assim, quando o Estado quer regular seus negócios, tributar excessivamente seus ganhos, deveria perguntar-se, num assomo de consciência, se não minaria, dessa forma, a finalidade para a qual existe e age, ou seja, melhorar as condições de vida da grande maioria e auxiliar efetivamente os necessitados.

Os comunistas liberais não querem ser simplesmente máquinas geradoras de lucro, querem também que suas vidas tenham um sentido mais profundo. São contrários à religião à moda antiga, mas favoráveis à espiritualidade, à meditação não confessional. Todos sabem que o budismo antecipou as ciências neurológicas, que o poder da meditação pode ser medido cientificamente! Sua divisa predileta integra a responsabilidade social e a gratidão: são os primeiros a reconhecer que a sociedade foi incrivelmente benevolente para com eles ao permitir-lhes desenvolve-rem seus talentos e acumularem riquezas – pelo que é seu dever restituírem alguma coisa à sociedade e ajudarem os outros. Afinal de contas, que importância teria seu sucesso se não ajudassem as outras pessoas? Apenas esta preocupação confere dig-nidade e valor ao seu sucesso no mundo dos negócios...

Devemos perguntar-nos se haverá em tudo isto alguma coisa de realmente novo. Não se tratará antes de uma atitude que, depois de ter sido de certo modo excepcional (embora não tanto como possa parecer à primeira vista) nos velhos tempos selvagens dos barões industriais dos Estados Unidos, se tornou hoje moe-da corrente? O bom e velho Andrew Carnegie empregou um exército privado para suprimir brutalmente a organização da força de trabalho em suas oficinas de siderurgia e mais tarde distribuiu grandes fatias de sua riqueza por causas educa-tivas, artísticas e humanitárias. Homem de aço, provara assim ter um coração de ouro. Do mesmo modo, os comunistas liberais de hoje em dia dão com uma das mãos o que primeiro agarraram com a outra. O que nos faz pensar em um cho-colate com efeito laxativo vendido nos Estados Unidos. Sua publicidade anuncia--o nos termos de uma injunção paradoxal: "Tem prisão de ventre? Coma mais chocolate!". Em outras palavras, coma o que causa prisão de ventre para se ver dela curado.

A mesma forma de raciocínio – o melhor remédio para a ameaça é a sua própria causa – prevalece com a mais visível evidência na atual paisagem ideológica. Con-sideremos a figura do financeiro filantropo George Soros, por exemplo. Soros re-presenta a mais implacável forma de exploração financeira especulativa, combinada com o seu contra-agente: preocupação humanitária frente às consequências sociais catastróficas de uma economia de mercado desenfreada. Até mesmo sua rotina cotidiana aparece marcada por um contraponto autoeliminador: metade do seu tempo de trabalho é dedicada à especulação financeira e metade a tarefas humani-tárias – como o financiamento de atividades culturais e democráticas nos países pós-comunistas ou a escrita de ensaios e livros – que, em última análise, combatem os efeitos de suas próprias atividades de especulação financeira.

As duas faces de Bill Gates são comparáveis às duas faces de Soros. O empresá-rio cruel destrói ou compra a concorrência, visa um monopólio virtual e recorre a todas as manobras comerciais em vista de conseguir seus fins. Entretanto, o maior filantropo da história da humanidade pergunta insolitamente: "De que importam computadores enquanto milhões de pessoas ainda morrem desnecessariamente de disenteria?". Segundo a ética comunista liberal, a busca implacável do lucro é con-

32 / Violência

trabalançada pela caridade. A caridade é a máscara humanitária que dissimula o rosto da exploração econômica. Numa chantagem superegoica de proporções gigantescas, os países desenvolvidos "socorrem" os subdesenvolvidos concedendo--lhes auxílios, créditos e assim por diante, evitando assim a questão fundamental, ou seja, a da sua cumplicidade e corresponsabilidade no que se refere à situação miserável dos países subdesenvolvidos[8].

Referindo-se à concepção de "economia geral" da despesa soberana de Georges Bataille, por oposição à "economia restrita" do lucro sem fim capitalista, o filósofo pós-humanista alemão Peter Sloterdijk traça os contornos da cisão do capitalismo consigo próprio, de sua autossuperação imanente: o capitalismo atinge o seu ponto culminante quando "cria fora de si o seu próprio e mais radical oposto – e o único fecundo –, totalmente diferente de tudo aquilo que a esquerda clássica, prisioneira do seu miserabilismo, era capaz de sonhar"[9]. Sua citação positiva de Andrew Carnegie serve para mostrar o caminho: o gesto soberano autonegador da acumulação sem fim de riqueza é gastar essa riqueza em coisas que estão para além do preço e no exterior da circulação de mercadorias – o bem público, as artes e as ciências, a saúde etc. Esse gesto "soberano" conclusivo permite ao capitalista romper o ciclo vicioso da interminável reprodução expansiva, do ganhar dinheiro a fim de ganhar mais dinheiro. Quando oferece ao bem público a sua riqueza acumulada, o capitalista nega-se a si próprio como simples personificação do capital e de sua circulação reprodutiva: sua vida adquire sentido. O objetivo deixa de ser a mera reprodução infinita. Por outro lado, o capitalista opera assim a passagem de *eros* a *thymos*, da lógica "erótica" e perversa da acumulação à consideração e ao reconhecimento públicos. O que significa nada menos do que a elevação de figuras como Soros ou Gates a personificações da autonegação inerente ao próprio processo capitalista: suas obras de caridade – doações imensas em proveito do bem-estar público – não são apenas idiossincrasias pessoais. Gestos sinceros ou hipócritas, são de qualquer modo o desfecho que completa a circulação capitalista, a sua conclusão necessária numa perspectiva estritamente econômica, uma vez que permitem ao sistema capitalista postergar sua crise. Restabelecem o equilíbrio – uma espécie de redistribuição da riqueza pelos verdadeiramente necessitados – evitando o que seria uma fatal

---

[8] O mesmo vale no que diz respeito à oposição entre a abordagem "inteligente" e "não inteligente". Aqui, o termo chave é "deslocalizar": através da deslocalização exporta-se o (necessário) lado sombrio – trabalho disciplinado e hierarquizado, contaminação ambiental... – para os países do Terceiro Mundo (ou para lugares invisíveis do Primeiro). O sonho comunista liberal é exportar a classe operária para as fábricas e locais de exploração do Terceiro Mundo.

[9] Peter Sloterdijk, *Zorn und Zeit* (Frankfurt, Suhrkamp, 2006), p. 55 [ed. bras.: *Ira e tempo*, São Paulo, Estação Liberdade, 2012].

armadilha: a lógica destrutiva do ressentimento e a redistribuição da riqueza imposta pelo Estado, que só poderiam resultar em miséria generalizada. Podemos acrescentar que evitam também uma outra forma de restabelecimento do equilíbrio e de afirmação de *thymos* que consistiria na despesa soberana sob a forma de guerras...

Este paradoxo assinala a triste situação em que nos encontramos: o capitalismo atual não pode se reproduzir por conta própria. A caridade extraeconômica se faz necessária a fim de manter o seu ciclo de reprodução social.

UMA VILA COMUNISTA LIBERAL

O mérito de *A vila*, de M. Night Shyamalan, está na sua capacidade de descrever o modo de vida comunista liberal, cujo estado mais puro se baseia no medo. Aqueles que desprezam com facilidade os filmes de Shyamalan como se fossem um *kitsch new age* do mais baixo nível devem preparar-se para se surpreender aqui. A vila epônima do filme situa-se na Pensilvânia e está isolada do resto do mundo, rodeada por florestas povoadas por monstros perigosos, a que os habitantes chamam de "Aqueles de Quem Não Falamos". A maior parte dos habitantes sente-se contente com a vida que lhe garante o acordo estabelecido com essas criaturas: os habitantes não entram na floresta e as criaturas não entram no povoado. O conflito é declarado quando o jovem Lucius Hunt quer sair da vila em busca de novos medicamentos, quebrando o pacto. Lucius e Ivy Walker, a filha cega do chefe da comunidade, decidem se casar. Esse propósito suscita a inveja do idiota da aldeia, que esfaqueia Lucius deixando-o à beira da morte e causando uma infecção cujo tratamento requer medicamentos vindos do mundo exterior. O pai de Ivy revela à filha o segredo de sua terra: os monstros não existem e o ano em que vivem não é exatamente 1897. Os aldeões mais velhos faziam parte de um grupo de apoio a vítimas de crimes no século XX que decidiu passar a viver completamente à margem de seu tempo; o pai de Walker era um homem de negócios milionário, o que lhe permitira comprar aquelas terras, que seriam depois declaradas "reserva protegida", rodeadas por um fosso enorme e vigiadas por numerosos guardas; além disso, funcionários governamentais foram "comprados", assegurando que as rotas aéreas não sobrevoariam o lugar, e do lado de dentro da vila, a história dos monstros foi inventada com a finalidade de garantir que ninguém teria a ideia de sair do povoado. Com a bênção do pai, Ivy aventura-se no mundo exterior, encontra um guarda amigável que lhe dá alguns medicamentos e regressa a fim de salvar a vida do noivo. No fim do filme, os anciãos da vila decidem continuar a viver à parte: a morte do idiota local será apresentada aos não iniciados no segredo como prova da existência dos monstros e confirmação do mito fundador da comunidade. A lógica sacrificial é assim reafirmada como condição de existência da comunidade, como seu laço secreto.

34 / Violência

Não é de admirar que a maior parte dos críticos tenha desvalorizado o filme, considerando-o um caso agravado de tranquilização ideológica: "É fácil compreender porque ele é seduzido pela ideia de situar o filme numa época em que as pessoas proclamavam as suas emoções servindo-se de frases francas e vivamente sentidas, ou porque se compraz na construção de uma vila impenetrável pelo mundo exterior. A razão é que aqui não se faz cinema, mas refúgios que aconchegam"[10]. Há subjacente ao filme o desejo de recriar um universo fechado de autenticidade protegendo a inocência da modernidade e de sua força corrosiva: "Todo o problema está em como protegermos a nossa inocência de ser ferida pelas 'criaturas' que encontramos na nossa vida; trata-se do desejo de protegermos os nossos filhos do desconhecido. Se as 'criaturas' tiverem nos ferido, não queremos que firam os nossos filhos, e a geração dos mais jovens pode correr esse risco"[11].

Mas, quando observado com mais atenção, o filme se revela muito mais ambíguo. Quando os críticos assinalaram que "o filme adota o território de H. P. Lovecraft: a Nova Inglaterra segundo uma paleta parcimoniosa e invernal; uma sugestão de endogamia; menções murmuradas aos 'antigos' e aos que são 'Aqueles de Quem Não Falamos'"[12], esquecem-se, de um modo geral, de levar em conta o contexto político. A comunidade autossuficiente de finais do século XIX representada evoca as numerosas experiências socialistas utópicas que se multiplicaram na América. O que não significa que a referência a Lovecraft seja apenas uma máscara ou um engodo artificial. Temos dois universos: a "sociedade de risco" moderna e aberta *versus* a segurança do velho universo fechado do Sentido – mas o preço do Sentido é um espaço finito, fechado e guardado por monstros inomináveis. O mal não é simplesmente excluído nesse espaço utópico fechado – é também transformado numa ameaça mítica com a qual a comunidade estabelece uma trégua temporária e contra a qual deve manter um estado de emergência permanente.

As "cenas deletadas" de um filme, eventualmente disponíveis em uma edição especial em DVD, frequentemente permitem ao espectador avaliar quão plenamente acertada foi sua eliminação pelo realizador. A edição em DVD de *A vila*, contudo, é uma exceção. Uma das cenas deletadas mostra um exercício de treino: Walker toca um sino, que é o sinal de uma retirada rápida dos aldeões, correndo para os abrigos subterrâneos onde devem refugiar-se em caso de ataque das criaturas. É como se a comunidade autêntica só fosse possível em condições de ameaça permanente, num

---

[10] Michael Agger, "Village Idiot: The Case Against M. Night Shyamalan", disponível em <www.slate.com/id/2104567>.

[11] Shame Handler, "M. Night Shyamalan's The Village", disponível em <www.glidemagazine.com/articles/120html>.

[12] David Edelstein, "Village of the Darned: More Pious Hokum from M. Night Shyamalan", disponível em <www.slate.com/id/2104512>.

Adagio ma non troppo e molto espressivo / 35

constante estado de emergência[13]. Essa ameaça é orquestrada, como acabamos descobrindo posteriormente, à melhor maneira "totalitária" pelo círculo reservado (os "anciãos" da própria comunidade) para impedir que os jovens não iniciados saiam da vila e assumam o risco de atravessar a floresta a caminho das cidades decadentes. Assim, é o próprio mal que precisa se redobrar: o mal "real" da desagregação social do capitalismo tardio transfere-se para o mal arcaico e mágico-mítico dos "monstros". O mal faz parte do próprio círculo reservado: é *imaginado* por seus membros. Parecemos regressar aqui a *O homem que foi quinta-feira* de G. K. Chesterton, em que a autoridade policial por excelência *é* a mesma pessoa que o supercriminoso, travando uma batalha contra si mesmo. Em termos proto-hegelianos, a ameaça exterior que a comunidade combate é a sua própria essência intrínseca...[14]

E o que se passaria se isso fosse a verdade, de modo muito mais radical do que possa parecer num primeiro momento? E se o verdadeiro mal de nossas sociedades não fosse a sua dinâmica capitalista enquanto tal, mas nossas tentativas de nos desprendermos dela – sem deixarmos de nos beneficiar com ela – construindo espaços comunitários protegidos, que vão dos "condomínios residenciais fechados" aos grupos raciais ou religiosos exclusivos? Ou seja, será que o aspecto essencial de *A vila* não seria precisamente demonstrar que, hoje, o regresso a uma comunidade autêntica, na qual as palavras expressassem ainda diretamente a verdade das emoções – a vila da utopia socialista – é uma fraude que só pode existir sob a forma encenada de um espetáculo para os muito ricos? As figuras exemplares do mal não são hoje os consumidores comuns que poluem o ambiente e vivem num mundo violento em

---

[13] Uma das acusações mais estúpidas feitas ao filme (não diferindo muito de outras dirigidas a *Um corpo que cai*, de Hitchcock) é a de que arruína o *suspense* ao revelar o segredo muito antes do fim do filme. Todavia, o conhecimento do segredo torna a última parte do filme – mais precisamente, da dolorosamente lenta progressão de Ivy através da floresta – muito mais interessante, uma vez que nos confronta com um claro enigma (ou, como foi dito por alguém, uma inconsistência narrativa): por que é que Ivy teme as criaturas, por que é que as criaturas continuam a ser apresentadas como uma ameaça quando já sabemos que elas não existem, que não passam de uma fraude? Em uma outra cena deletada, depois de ouvir o pavoroso (e, como sabemos, artificialmente engendrado) som que anuncia a proximidade das criaturas, Ivy chora desesperada: "É por amor que estou aqui, por isso peço que me deixem passar!". Por que razão ela age assim, se sabe que as criaturas não existem? Sabe, com efeito, muito bem, mas apesar de tudo... há mais realidade nos espectros que a assombram do que na própria realidade.

[14] Aqui, Nicholas Meyer acerta em seu *pastiche* de Sherlock Holmes, *Uma solução sete por cento*. No interior do espaço diegético das histórias de Sherlock Holmes, Moriarty, o arquicriminoso ("Napoleão do crime" e rival supremo de Holmes) é manifestamente uma fantasia do próprio Holmes, o seu duplo, seu "lado sombrio": nas páginas iniciais do romance de Meyer, Moriarty, um modesto professor de matemática, queixa-se a Watson, durante uma visita, do fato de Holmes estar obcecado pela ideia de que ele é um mestre do crime. Para curar Holmes de sua obsessão, Watson leva-o a consultar Freud, em Viena.

36 / Violência

que os laços sociais se desagregam, mas os que, embora plenamente implicados na criação das condições da devastação e da poluição universais, compram uma rota de fuga que os afasta da sua própria atividade, vivendo em condomínios fechados, comendo alimentos biológicos, fazendo férias em reservas naturais etc.

No filme de Alfonso Cuarón *Filhos da esperança*, baseado no romance de P. D. James, a vila comunista liberal é o próprio Reino Unido. Estamos em 2027. A espécie humana se tornou infértil. O mais jovem habitante da Terra, nascido há dezoito anos, acaba de ser assassinado em Buenos Aires. O Reino Unido vive num estado de emergência permanente: os esquadrões antiterroristas acossam os imigrantes ilegais e o poder do Estado exerce a sua administração sobre uma população que diminui e vegeta num hedonismo estéril. A permissividade hedonista e as novas formas de *apartheid* e controle social baseadas no medo não seriam hoje os traços característicos de nossas sociedades? Mas eis o golpe de gênio de Cuarón: "Muitas histórias futuristas têm algo ao estilo *Big Brother*, mas acredito que isso corresponda a uma concepção da tirania própria ao século xx. A tirania que hoje ocorre assume novos disfarces – a tirania do século xxi é aquela chamada de 'democracia'"[15]. É por isso que os governantes do mundo de Cuarón não são burocratas "totalitários" orwelianos, cinzentos e uniformizados, mas administradores esclarecidos, informados e democráticos, tendo cada um deles o seu próprio "estilo de vida". Quando o herói visita um ex-amigo, agora um alto funcionário do governo, na tentativa de obter uma autorização especial para um refugiado, entramos numa espécie de *loft* de luxo gay de Manhattan, onde estão à mesa o alto funcionário informalmente vestido e seu companheiro aleijado.

Filhos da esperança não é, obviamente, um filme sobre a infertilidade enquanto problema biológico. A infertilidade que aparece no filme de Cuarón é aquela que já foi diagnosticada há muito tempo por Friedrich Nietzsche, quando este considerou que a civilização ocidental caminha na direção do Último Homem, uma criatura apática sem grandes paixões nem grandes lealdades. Incapaz de sonhar, cansado da vida, não assume riscos, limitando-se a procurar conforto e segurança, e portador de uma expressão de tolerância mútua:

> Um pouco de veneno de vez em quando provoca sonhos felizes. E muito veneno no fim, em vista de uma morte agradável. Têm os seus pequenos prazeres para o dia, e os seus pequenos prazeres para a noite, mas tomam cuidado com a saúde. "Descobrimos a felicidade", dizem os Últimos Homens, e piscam os olhos.[16]

---

[15] Disponível em <www.impactservices.net.au/movies/childrenofmen.htm>.

[16] Friedrich Nietzsche, *Thus Spoke Zarathustra* (Nova York, Prometheus, 1993), p. 41 [ed. bras.: *Assim falou Zaratustra*, trad. Paulo César de Souza, São Paulo, Companhia das Letras, 2011].

Nós, habitantes do Primeiro Mundo, achamos cada vez mais difícil imaginar sequer uma causa pública ou universal pela qual estivéssemos dispostos a sacrificar a vida. Na realidade, a divisão entre Primeiro e Terceiro Mundo passa cada vez mais pelas linhas de uma oposição entre uma vida longa e satisfatória, preenchida pela abundância material e cultural e a dedicação da vida a uma causa transcendente. Não se trataria aqui do antagonismo entre aquilo a que Nietzsche chamava niilismo "passivo" e niilismo "ativo"? Nós, no Ocidente, somos os Últimos Homens, mergulhados em estúpidos prazeres cotidianos, enquanto os muçulmanos radicais estão dispostos a arriscar tudo, empenhados numa guerra niilista levada ao extremo da autodestruição. O que tende a desaparecer pouco a pouco nesta oposição entre os que estão "dentro" – os Últimos Homens que moram em condomínios residenciais assépticos e fechados – e os que estão "fora" são as boas e velhas classes médias. A "classe média é um luxo que o capitalismo já não pode se permitir"[17]. O único lugar em *Filhos da esperança* onde prevalece um estranho sentimento de liberdade é Bexhill-on-Sea, uma espécie de território libertado à margem da opressão sufocante e invasiva. A localidade, isolada por uma muralha e transformada num campo de refugiados, é governada pelos seus habitantes, que são imigrantes ilegais. A vida prospera entre manifestações guerreiras de fundamentalistas islâmicos, mas também atos de verdadeira solidariedade. Não é de espantar que a estranha criatura que é um recém-nascido apareça bem aqui. No final do filme, Bexhill-on-Sea é implacavelmente bombardeada pela força aérea.

SEXUALIDADE NO MUNDO ATONAL

Que tipo de sexualidade corresponde a este universo? No dia 6 de agosto de 2006, Londres acolheu a primeira "masturbatona", um encontro coletivo durante o qual centenas de homens e mulheres se deram prazer cada um a si mesmo num propósito de caridade, a fim de obterem fundos para organizações de saúde ligadas à reprodução sexual. Tinham também o propósito de alertar as consciências e desafiar o peso da vergonha e dos tabus que ainda envolvem essa forma comum, natural e segura de atividade sexual. A fórmula do encontro foi inventada pela Good Vibrations – uma empresa que trabalha na área da saúde sexual em São Francisco – como parte do Mês da Masturbação, por ela fundado e acolhido desde 1995, quando a primeira Masturbatona ocorreu em São Francisco. Eis como uma médica, Carol Queen, justifica o conjunto dessas iniciativas:

Vivemos numa sociedade em que a expressão da sexualidade sempre foi legislada e limitada, ao mesmo tempo que a busca do prazer puro é frequentemente condenada como

---

[17] John Gray, *Straw Dogs* (Londres, Granta, 2003), p. 161 [ed. bras.: *Cachorros de palha*, São Paulo, Record, 2005].

38 / Violência

egoísta e pueril. Muitas pessoas que se consideram livres de preconceitos sexuais não fizeram mais do que converter a equação "o sexo só é bom quando envolve procriação" em "o sexo só é bom quando envolve duas pessoas que se amam"... A masturbação é a nossa primeira atividade sexual, uma fonte natural de prazer que nos é acessível ao longo da vida, e uma forma única de autoexpressão criativa. Sempre que você se masturba, está celebrando sua sexualidade e sua capacidade inata de prazer, por isso mande brasa!... A masturbação pode ser um ato radical, e uma cultura que a reprime reprimirá igualmente outras liberdades pessoais. Enquanto celebramos o Mês Nacional da Masturbação e cada um de nós contribui para a afirmação à luz do dia do amor que temos por nós mesmos, tenha em mente que a liberdade erótica é, em toda a parte, um elemento essencial do verdadeiro bem-estar.[18]

A atitude ideológica subjacente à ideia da Masturbatona é portadora das marcas de um conflito entre a sua forma e o seu conteúdo: constrói um coletivo a partir de indivíduos que se dispõem a *partilhar* com outros o egoísmo solipsista de seu estúpido prazer. Essa contradição, no entanto, é mais aparente que real. Freud já sabia da existência de uma ligação entre o narcisismo e a imersão na massa, que é perfeitamente transmitida pela expressão californiana "partilhar uma experiência" ["*to share an experience*"]. Esta coincidência de traços opostos baseia-se na exclusão que partilham: cada qual não só pode estar, mas de fato *está* sozinho no meio de uma multidão. Tanto o isolamento individual como a imersão do indivíduo na massa excluem a intersubjetividade propriamente dita, o encontro com o Outro. É por isso que, como o filósofo francês Alain Badiou perspicazmente explicou, devemos hoje mais do que nunca insistir no amor, e não na simples satisfação, como ponto essencial: é o amor, o encontro de Dois, que "transubstancia" o idiotismo do gozo masturbatório num acontecimento propriamente dito[19]. Um mínimo de refinamento da sensibilidade basta para nos dizer que é mais difícil se masturbar diante de outra pessoa do que manter uma interação sexual (com ele ou ela): o próprio fato de o outro estar reduzido a um observador, que não participa da minha atividade, torna o meu ato muito mais "vergonhoso". Iniciativas do tipo da Masturbatona assinalam o fim da vergonha propriamente dita. É isso que as torna uma indicação extremamente clara da situação em que nos encontramos hoje, de um cenário ideológico que sustenta nossa mais íntima experiência de nós mesmos.

"Por que se masturbar?" Eis a lista de motivos propostos por Carol Queen:

---

[18] Disponível em <www.masturbate-a-thon.com>.
[19] Alain Badiou, *Logiques des mondes* (Paris, Éditions du Seuil, 2006) [ed. esp.: *Logicas de los mundos*, trad. Maria del Carmen Rodriguez Bordes, Buenos Aires, Manantial, 2008].

Adagio ma non troppo e molto espressivo / 39

- Porque o prazer sexual é um direito inato de cada indivíduo.
- Porque a masturbação é a forma de sexo seguro por excelência.
- Porque a masturbação é uma alegre expressão de amor próprio.
- Porque a masturbação proporciona numerosos benefícios à saúde, entre os quais o alívio à cólica menstrual, redução do *stress*, libertação de endorfina, revigoramento dos músculos pélvicos, redução da infecção de próstata nos homens e a resistência a infecções vaginais na mulher.
- Porque a masturbação é um excelente exercício cardiovascular.
- Porque a masturbação aumenta a tomada de consciência da sexualidade.

Está tudo aqui: desenvolvimento da consciência de si mesmo, benefícios higiênicos, luta contra a opressão social, a mais radical postura politicamente correta (aqui, certamente, ninguém se sente assediado) e a afirmação do prazer sexual na sua forma mais elementar, uma vez que "cada um é o melhor amante de si próprio". O uso de uma expressão habitualmente reservada ao caso dos homossexuais (a masturbação faz "o amor sair do armário") indicia uma teleologia implícita acarretando a gradual exclusão de toda a alteridade: primeiro, na homossexualidade, é excluído o outro sexo (transa-se com outra pessoa do mesmo sexo). Depois, numa espécie de paródia da negação da negação hegeliana, é a própria dimensão da alteridade que é anulada: transar consigo mesmo.

Em dezembro de 2006, as autoridades da cidade de Nova York declararam que a escolha por cada um de seu próprio gênero – e por isso, se necessário, efetuar uma operação de mudança de sexo – é um dos direitos humanos inalienáveis. Assim, a diferença última – a diferença "transcendental" que funda a própria identidade humana – se transforma em algo manipulável e é substituída pela afirmação de uma plasticidade definitiva da existência humana. A masturbação é a forma de sexo ideal deste sujeito transgênero, ou em outras palavras: de *você*, o sujeito promovido pela revista *Time* a "Personalidade do Ano", no seu número de 18 de dezembro de 2006. Essa honra anual não contemplou Ahmadinejad, Chávez, Kim Jong-il ou qualquer outro membro da gangue de suspeitos de praxe, mas contemplou "você": todo e cada um de nós, quando usamos ou criamos conteúdos na internet. A capa mostrava um teclado branco com um espelho no lugar do monitor, e nesse espelho cada um de nós, leitores, podia ver o nosso próprio reflexo. Para justificar a escolha, os editores referiam-se à viragem das instituições e à sua reorientação no sentido dos indivíduos, que estariam reemergindo como cidadãos da nova democracia digital.

Há nesta escolha mais do que os olhos podem ver e num sentido mais forte do termo do que o habitual. Se houve alguma vez uma escolha *ideológica*, foi esta: a mensagem – uma nova ciberdemocracia em que milhões de pessoas podem comunicar e se auto-organizar diretamente, evitando o controle do Estado centralizado – encobre uma série de lacunas e tensões incômodas. O primeiro e mais óbvio traço

40 / Violência

irônico é que alguém que olhe para a capa da *Time* vê não os outros com os quais supostamente estaria em contato direto, mas a sua própria imagem espelhada. Não admira que Leibniz seja um dos filósofos que prevalecem nas referências dos teóricos do ciberespaço: será que a nossa imersão no ciberespaço não progredirá de acordo com nossa redução a uma mônada leibniziana que espelha o universo inteiro, embora "sem janelas" que deem diretamente para a realidade exterior? Poderíamos afirmar que o típico cibernauta contemporâneo, sentado diante de uma tela de computador, é cada vez mais uma mônada sem janelas dando diretamente para a realidade, deparando-se tão somente com simulacros virtuais e que, contudo, se encontra mais do que nunca mergulhado numa rede de comunicação global. A Masturbatona, que constrói um coletivo a partir de indivíduos dispostos a partilharem o solipsismo de seu estúpido gozo, é a forma de sexualidade que corresponde perfeitamente às coordenadas desse ciberespaço.

Alain Badiou elabora a ideia de mundos "atonais"– *monde atone* – nos quais falta a intervenção de um Significante-Mestre que imponha uma ordem de significação à multiplicidade confusa da realidade[20]. O que é um Significante-Mestre?[21] Nas últimas páginas de sua monumental *Memórias da Segunda Guerra Mundial*, Winston Churchill reflete sobre o enigma da decisão política: depois de os especialistas – analistas econômicos e militares, psicólogos, meteorologistas – apresentarem suas múltiplas, muito elaboradas e complexas análises, alguém tem de assumir o simples (e, por essa mesma razão, extremamente difícil) ato de transpor essa intrincada multiplicidade de pontos de vista, segundo os quais por cada motivo a favor há dois contra e vice-versa, num decisivo e simples Sim ou Não. Vamos atacar ou continuamos esperando. Ninguém descreveu mais concisamente este aspecto do que John F. Kennedy: "a essência da decisão suprema mantém-se impenetrável para o observador – e, na realidade, muitas vezes também para aquele mesmo que decide". Esse gesto decisivo que nunca poderá ser inteiramente fundado sobre uma ordem de motivos é o do Mestre.

Um traço fundamental do nosso mundo pós-moderno é o de tentar dispensar essa instância do Significante-Mestre ordenador: torna-se necessário afirmar incondicionalmente a complexidade do mundo. Qualquer Significante-Mestre visando impor uma determinada ordem deve ser desconstruído, disseminado: "a apologia moderna da 'complexidade' do mundo [...] não é efetivamente mais do que um desejo de atonia"[22]. O excelente exemplo de um mundo "atonal" adiantado por Badiou é a visão politicamente correta da sexualidade, tal como a promo-

---

[20] Idem.
[21] Sobre o conceito de Significante-Mestre, ver Jacques Lacan, *The Other Side of Psychoanalysis* (Nova York, Norton, 2006).
[22] Alain Badiou, *Logiques des mondes*, cit.

vem os estudos de gênero com a sua rejeição obsessiva da lógica binária: este mundo é um mundo matizado de múltiplas práticas sexuais que não tolera qualquer decisão, posição do Dois ou avaliação no sentido forte que encontramos desse termo em Nietzsche.

É interessante considerarmos os romances de Michel Houellebecq neste contexto[23]. O autor procede a variações intermináveis em torno do motivo do fracasso do acontecimento do amor nas sociedades ocidentais contemporâneas, caracterizadas, nas palavras de um crítico, pelo "colapso da religião e da tradição, o culto irrestrito do prazer e da juventude, e a perspectiva de um futuro totalizado pela racionalidade científica e pela desolação"[24]. Podemos ver aqui o lado sombrio da "libertação sexual" da década de 1960: a plena mercantilização da sexualidade. Houellebecq descreve, no dia seguinte à Revolução Sexual, a esterilidade de um universo dominado pela injunção do gozo imposta pelo supereu. Toda a sua obra se centra na antinomia entre amor e sexualidade: o sexo é uma necessidade absoluta, renunciar a ele é definhar, então o amor não pode florescer sem sexo; ao mesmo tempo, no entanto, o amor é impossível justamente por causa do sexo, que "prolifera como a epítome da dominação do capitalismo tardio, contaminando permanentemente as relações humanas sob a forma de reproduções inevitáveis da natureza desumana da sociedade liberal e arruinando, essencialmente, o amor"[25]. Assim, o sexo é – para dizermos em termos derridarianos –, simultaneamente, a condição de possibilidade e de impossibilidade do amor.

Vivemos numa sociedade em que existe uma espécie de identidade especulativa hegeliana dos opostos. Certos traços, atitudes e normas de vida deixaram de ser percebidas como ideologicamente marcados. Parecem ser neutras, não ideológicas e naturais questões de senso comum. Chamamos ideologia aquilo que não se inscreve nesse pano de fundo: o zelo religioso extremo ou a dedicação a uma orientação política particular. Em termos hegelianos, o importante aqui seria o fato de que é precisamente a neutralização de certos traços num pano de fundo espontaneamente admitido o que marca a nossa ideologia em seu grau mais puro e eficaz. A dialética "coincidência dos contrários" consiste no seguinte: a atualização de uma ideia ou de uma ideologia em seu grau mais puro coincide com ou, mais precisamente, manifesta-se como o seu contrário – como não ideologia. *Mutatis mutandis*, o mesmo vale para a violência. A violência simbólica social na sua forma mais pura manifesta-se como o seu contrário, como a espontaneidade do meio que habitamos, do ar que respiramos.

---

[23] Por exemplo, Michel Houellebecq, *The Possibility of an Island* (Nova York, Knopf, 2006) [ed. bras.: *A possibilidade de uma ilha*, São Paulo, Record, 2006].

[24] Nicholas Sabloff, "Of Filth and Frozen Dinners", *Common Review*, 2º sem. 2007, p. 50.

[25] Ibidem, p. 51.

42 / Violência

É por isso que o delicado comunista liberal – assustado, preocupado, oposto à violência – e o fundamentalista cego que explode de ira são os dois lados de uma mesma moeda. Embora combatam a violência subjetiva, os comunistas liberais são eles próprios agentes da violência estrutural que cria as condições das explosões de violência subjetiva. Os mesmos filantropos que dão milhões de dólares para combater a Aids ou promover a educação arruinaram a vida de milhares de pessoas através da especulação financeira e criaram assim as condições para a emergência da mesma intolerância que pretendem combater. Nas décadas de 1960 e 1970 era possível comprar postais de pornografia *soft*, com uma menina de biquíni ou camisola, cujas roupas desapareciam quando se movia ligeiramente o postal, alterando um pouco a perspectiva, e revelavam o corpo nu da menina. Quando somos bombardeados com notícias animadoras sobre uma anulação de dívida ou uma grande campanha humanitária destinada a erradicar uma epidemia perigosa, basta que movamos o postal, deslocando-o ligeiramente, para entrevermos a figura obscena do comunista liberal em ação que essas notícias dissimulam.

Não devemos ter ilusão alguma: os comunistas liberais são hoje o inimigo com que se defronta qualquer tipo de luta progressista. Todos os outros inimigos – fundamentalistas religiosos e terroristas, burocracias estatais ineficazes e corruptas – são figuras particulares cuja ascensão e queda dependem de circunstâncias locais contingentes. É precisamente pelo fato de pretenderem resolver todos os aspectos disfuncionais secundários do sistema global que os comunistas liberais são a encarnação direta do que está errado no sistema enquanto tal. Isso precisa ser levado em consideração no meio das várias alianças táticas ou dos compromissos que formos levados a firmar com os comunistas liberais para combatermos o racismo, o sexismo e o obscurantismo religioso.

Então o que é que devemos fazer com o nosso comunista liberal – que é sem dúvida um bom homem e certamente está bastante preocupado com a pobreza e a violência no mundo e ainda por cima pode se dar ao luxo de ter essas preocupações? Que fazer, com efeito, com um homem que não pode ser comprado pelos interesses das grandes corporações porque é seu coproprietário, que sabe o que diz sobre a luta contra a pobreza porque lucra com ela, que exprime honestamente a sua opinião porque é tão poderoso que pode fazê-lo, que é intrépido e prudente ao promover inexoravelmente suas iniciativas sem ter em conta os seus interesses pessoais porque todas as suas necessidades se encontram satisfeitas e que, além disso, é um bom amigo, sobretudo de seus colegas de Davos? Bertolt Brecht apresentou uma resposta a estas interrogações em seu poema intitulado "Perguntas a um bom homem":

Avança: ouvimos
dizer que és um homem bom.
Não te deixas comprar, mas o raio
que incendeia a casa, também não
pode ser comprado.

Manténs a tua palavra.
Mas que palavra disseste?
És honesto, dás a tua opinião.
Mas que opinião?
És corajoso.
Mas contra quem?
És sábio.
Mas para quem?
Não tens em conta os teus interesses pessoais.
Que interesses consideras, então?
És um bom amigo.
Mas serás também um bom amigo da gente boa?

Agora, escuta: sabemos
que és nosso inimigo. Por isso
vamos encostar-te ao paredão. Mas tendo em conta os teus méritos
e boas qualidades
vamos encostar-te a um bom paredão e matar-te
com uma boa bala de uma boa espingarda e enterrar-te
com uma boa pá na boa terra.[26]

---

[26] Bertolt Brecht, "Verhoer des Guten", tradução para o inglês de Slavoj Žižek, *Werke*, v. 18, *Prosa 3* (Frankfurt, Suhrkamp, 1995), p. 502-3 [A presente tradução ao português foi feita a partir da versão em inglês que o autor apresenta no original – N. T.].

2
ALLEGRO MODERATO – ADAGIO

Teme o teu próximo como a ti mesmo!

A POLÍTICA DO MEDO

Hoje a variedade predominante da política é a *biopolítica pós-política* – impressionante exemplo de jargão teórico que, no entanto, podemos decifrar com facilidade: a "pós-política" é uma política que afirma deixar para trás os velhos combates ideológicos para se centrar, por outro lado, na gestão e na administração especializadas, enquanto a "biopolítica" designa como seu objetivo principal a regulação da segurança e do bem-estar das vidas humanas[1]. É evidente que hoje as duas dimensões se sobrepõem: quando se renuncia às grandes causas ideológicas, tudo o que resta é a administração eficaz da vida... ou *quase* apenas isso. O que significa que, com a administração especializada, despolitizada e socialmente objetiva e com a coordenação dos interesses como nível zero da política, a única maneira de introduzir paixão nesse campo e de mobilizar ativamente as pessoas é através do medo, um elemento constituinte fundamental da subjetividade de hoje. Por isso a biopolítica é em última instância uma política do medo que se centra na defesa contra o assédio ou a vitimização potenciais.

É isso o que separa uma política radical de emancipação do nosso *status quo* político. Estamos tratando aqui não da diferença entre duas visões – ou conjuntos de axiomas –, mas da diferença entre a política baseada num conjunto de axiomas universais e a política que renuncia à própria dimensão constitutiva do

---

[1] Sobre a noção de biopolítica, ver Giorgio Agamben, *Homo sacer* (Stanford, Stanford University Press, 1998) [ed. bras.: *Homo sacer: o poder soberano e a vida nua*, trad. Henrique Burigo, Belo Horizonte, Editora UFMG, 2010]. Sobre a noção de pós-política, ver Jacques Rancière, *Disagreement* (Minneapolis, University of Minneapolis Press, 1998).

46 / Violência

político, uma vez que releva do medo enquanto seu supremo princípio mobiliza-
dor: medo de imigrantes, medo da criminalidade, medo de uma depravação sexual
ímpia, medo do próprio excesso de Estado e da sua carga tributária elevada,
medo da catástrofe ecológica, medo do assédio. A correção política é a forma liberal exemplar da política do medo. Uma (pós-)política dessa natureza assenta-se
sempre na manipulação de um *ochlos* ou de uma multidão paranoica: é a união
assustadora de pessoas aterrorizadas.

É por isso que o grande acontecimento de 2006 foi a passagem das políticas
anti-imigração a um plano dominante, cortando por fim o cordão umbilical que as
ligava à área dos partidos da extrema-direita. Da França à Alemanha, da Áustria à
Holanda, com um novo espírito de orgulho associado à identidade cultural e histórica, os principais partidos consideram hoje aceitável sublinhar que os imigrantes
são hóspedes, convidados que devem se adaptar aos valores culturais que definem
a sociedade que os acolhe: "Este é o nosso país, ame-o ou deixe-o".

Atualmente, a tolerância liberal perante os outros, o respeito pela alteridade e a
abertura a ela, é contrabalançada por um medo obsessivo de assédios. Em resumo,
o Outro está muito bem, mas só na medida em que a sua presença não seja intru-
siva, na medida em que esse Outro não seja realmente outro... Numa homologia
estreita com a forma paradoxal que observamos no capítulo anterior a propósito do
chocolate com efeito laxativo, a tolerância coincide com o seu contrário. Meu dever de ser tolerante para com o Outro significa efetivamente que eu não deveria me
aproximar demais dele, invadir seu espaço. Em outras palavras, deveria respeitar a
sua *intolerância* à minha proximidade excessiva. O que se afirma cada vez mais
como direito humano central na sociedade capitalista tardia é *o direito a não ser
assediado*, que é o direito a permanecer a uma distância segura dos outros.

A biopolítica pós-política tem também dois aspectos que não podem deixar de
parecer pertencer a dois espaços ideológicos opostos: por um lado, a redução dos
humanos à "vida nua", ao *Homo sacer*, aquele ser chamado de sagrado que é objeto
de um conhecimento tutelar especializado, mas que é excluído de todos os direitos
(como os prisioneiros de Guantánamo ou as vítimas do Holocausto); por outro
lado, o respeito pelo Outro vulnerável levado ao extremo através de uma atitude de
subjetividade narcisista que se experimenta a si própria como vulnerabilidade,
constantemente exposta a uma multiplicidade de "assédios" potenciais. Pode haver
um contraste mais enfaticamente delineado do que o existente entre o respeito pela
vulnerabilidade do Outro e a redução do Outro à "vida nua" regulada pelo conhecimento administrativo? Mas e se ambos os casos tiverem, apesar de tudo, uma raiz
comum? Se forem dois aspectos de uma só e mesma atitude subjacente? Se coinci-
direm naquilo que nos sentimos tentados a nomear como uma versão contemporânea do "juízo infinito" hegeliano, que afirma a unidade dos contrários? O que
esses dois polos compartilham é precisamente a recusa subentendida de qualquer

tipo de causa maior, assim como a ideia de que o objetivo supremo de nossas vidas é a vida em si. É por isso que não há contradição entre o respeito pelo Outro vulnerável e a disposição a justificar a tortura, a expressão extrema do tratamento de indivíduos como *Homines sacri*[2].

Em seu *O fim da fé*, Sam Harris defende o uso da tortura em casos excepcionais (mas, evidentemente, toda a gente que defende a tortura a defende enquanto medida excepcional; ninguém advoga seriamente que se torture uma criança faminta que tenha roubado uma barra de chocolate). Sua defesa se baseia na distinção entre a nossa repulsa instintiva por sermos testemunhas diretas da tortura ou do sofrimento de um indivíduo e o nosso conhecimento abstrato do sofrimento de massas: é muito mais difícil torturar um indivíduo do que sancionar à distância o lançamento de uma bomba que causaria a morte extremamente dolorosa de milhões de pessoas.

Todos nós somos presas de uma espécie de ilusão ética, comparável às ilusões perceptivas. A causa fundamental dessas ilusões é que, embora o nosso poder de raciocínio abstrato tenha se desenvolvido enormemente, as nossas respostas ético-emocionais continuam a ser condicionadas por antigas reações instintivas de simpatia perante o sofrimento e a dor de que sejamos testemunhas diretas. É por isso que matar alguém à queima-roupa é, para a maioria de nós, muito mais repulsivo do que pressionar um botão que matará mil pessoas que não podemos ver:

> Dado o que muitos de nós pensamos sobre as exigências da guerra contra o terrorismo, a prática da tortura, em certas circunstâncias, pareceria não só permitida, mas também necessária. No entanto, a tortura não parece ter se tornado mais aceitável, em termos éticos, do que antigamente. Creio que as razões são tão neurológicas como as que deram origem à ilusão da lua. [...] Talvez seja hora de agarrarmos nossos governantes e levá-los a visitar o céu[3].

Não é surpreendente que Harris se refira a Alan Dershowitz e à sua legitimação da tortura[4]. Para suspender essa vulnerabilidade evolucionariamente condicionada à visualização do sofrimento físico dos outros, Harris imagina uma "pílula da verdade" ideal, uma tortura eficaz equivalente ao café descafeinado ou a Coca-Cola *light*:

> uma droga que poderia substituir tanto os instrumentos de tortura como os de sua completa ocultação. A pílula produziria uma paralisia e profunda infelicidade temporá-

---

² Ver Giorgio Agamben, *Homo sacer*, cit.
³ Sam Harris, *The End of Faith* (Nova York, Norton, 2005), p. 199 [ed. port.: *O fim da fé*, Lisboa, Tinta da China, 2007].
⁴ Ibidem, p. 192-3.

48 / Violência

rias de tal intensidade que nenhum ser humano seria capaz de aguentar ser submetido a ela mais de uma vez. Imagine como nós, os torturadores, nos sentiríamos quando, depois de darmos a pílula aos terroristas detidos, estes se levantassem do que pareceria ser uma soneca de uma hora para confessar imediatamente tudo o que soubessem sobre as ações de sua organização. Não nos sentiríamos tentados a chamá-la, então, de "pílula da verdade"?[5]

Já as primeiras palavras citadas –"uma droga que poderia substituir tanto os instrumentos de tortura como os de sua completa ocultação"– introduzem a lógica tipicamente pós-moderna do chocolate com efeito laxativo: a tortura aqui imaginada é como um café sem cafeína, ou seja, obtemos o resultado desejado sem termos de sofrer os desagradáveis efeitos colaterais. No tristemente bem conhecido Instituto Serbsky de Moscou, *outlet* psiquiátrico da KGB, foi inventada uma droga semelhante, usada para torturar dissidentes: tratava-se de uma injeção na região do coração do prisioneiro, que desacelerava seu pulso causando uma ansiedade terrível. Visto de fora, o preso parecia estar simplesmente cochilando, quando na realidade vivia um pesadelo.

Harris viola suas próprias regras quando centra a sua atenção no 11 de Setembro e se dedica a criticar Noam Chomsky. O ponto defendido por Chomsky é precisamente que existe certa hipocrisia quando, ao mesmo tempo que se tolera a morte anônima de milhares de pessoas, se condenam casos individuais de violação dos direitos humanos. Porque deveria Kissinger, quando ordenou o bombardeamento do Camboja – causando a morte de dezenas de milhares de pessoas –, ser considerado menos criminoso do que os responsáveis pelo ataque às Torres Gêmeas? Não seremos vítimas de uma ilusão ética? O horror do 11 de Setembro foi exibido pormenorizadamente pela mídia, mas a televisão Al Jazeera foi acusada de cumplicidade com os terroristas por mostrar as imagens dos resultados do bombardeamento de Faluya pelos Estados Unidos.

Há, contudo, uma perspectiva muito mais inquietante em ação: a proximidade (do sujeito torturado) que desperta simpatia e torna a tortura inaceitável não é a mera proximidade física da vítima, mas, a um nível fundamental, a proximidade do Próximo, com toda a carga judaico-cristã e freudiana que pesa sobre o termo – a proximidade da coisa que, independente da distância a que possa estar em termos físicos, encontra-se sempre, por definição, "perto demais". O que Harris almeja ao imaginar sua "pílula da verdade" é nada menos do que *a abolição da dimensão do Próximo*. O sujeito torturado já não é um Próximo, mas um objeto cuja dor é neutralizada, reduzida a uma propriedade que pode ser gerida através de um cál-

---

[5] Ibidem, p. 197.

culo utilitarista (certa quantidade de dor é tolerada caso impeça uma quantidade muito maior de dor). O que desaparece aqui é o abismo da infinitude que pertence a um sujeito. É por isso significativo que esse livro que advoga o uso da tortura seja um livro intitulado *O fim da fé* – não no sentido óbvio ("vejam bem, é apenas a nossa crença em Deus e o mandamento divino de amarmos o próximo que em última análise nos impede de torturar pessoas!"), mas num sentido muito mais radical. Um outro sujeito (e, em última análise, o sujeito enquanto tal) é para Lacan algo que não é diretamente dado, mas um "pressuposto", *algo pressuposto, um objeto de crença* – afinal, como poderei estar seguro de que aquilo que vejo diante de mim é um outro sujeito e não uma máquina biológica sem espessura e desprovida de profundidade?

A COISA PRÓXIMA

Esse sujeito pressuposto não é, portanto, outro ser humano com uma vida interior rica e cheia de histórias pessoais, que narra a si mesmo a fim de adquirir uma experiência de vida dotada de sentido, uma vez que uma pessoa assim não pode, em última análise, ser um inimigo. "Um inimigo é alguém cuja história não se ouviu."[6] Poderia haver melhor exemplo literário para essa tese do que *Frankenstein*, de Mary Shelley? A autora faz algo que um conservador jamais faria. Na parte central do livro, permite ao monstro que fale por conta própria, que conte a história de seu próprio ponto de vista. Sua opção exprime a atitude liberal apostada na liberdade de expressão em sua forma mais radical: devemos ouvir o ponto de vista de todos. Em *Frankenstein*, o monstro não é uma "coisa", um objeto horrível com o qual ninguém se atreve a confrontar-se; é plenamente *subjetivizado*. Mary Shelley visita o interior de sua mente e pergunta como é ser rotulado, definido, oprimido, excomungado e até mesmo fisicamente distorcido pela sociedade. O criminoso supremo é, assim, autorizado a apresentar-se como a vítima suprema. O assassino monstruoso se revela como um indivíduo profundamente ferido e que anseia desesperadamente por companhia e amor.

Há, todavia, uma clara limitação a este procedimento: estaremos também dispostos a afirmar que Hitler foi um inimigo simplesmente porque não ouvimos sua história? Em *Lenin's Tomb* [O túmulo de Lenin], David Remnick relata suas tentativas, durante uma visita que fez a Moscou em 1988, de se encontrar com Lazar Kaganovitch, o último sobrevivente do círculo reservado de Stalin, que dirigiu o programa de coletivização de 1929-1933 e foi responsável por destruições e sofrimentos inumeráveis. Tornara-se, entretanto, um nonagenário que levava uma vida

---

6 Epígrafe de "Living Room Dialogues on the Middle East", citado de Wendy Brown, *Regulative Aversion: Tolerance in the Age of Identity and Empire* (Princeton, Princeton University Press, 2006), p. 1.

50 / Violência

de reclusão num apartamento solitário. O que fascinava Remnick era a perspectiva de conhecer uma pessoa verdadeiramente má:

> Será que Kaganovitch ainda acreditava? Eu queria saber. Sentiria algum tipo de culpa, algum remorso? E o que pensaria de Gorbatchev, o atual secretário-geral? Mas não era disso que, bem vistas as coisas, se tratava. O que eu queria acima de tudo era sentar-me na mesma sala que Kaganovitch, ver como era um homem realmente mau, saber o que fazia, que livros tinha por perto.

O que, segundo toda a probabilidade, Remnick encontraria se tivesse conseguido o seu propósito, seria um velho frágil e benevolente afundado em seus sonhos. Quando, na década de 1960, Svetlana Stalina emigrou da Rússia, saindo pela Índia, e escreveu depois suas memórias, retratou Stalin visto "do lado de dentro" como um pai afetivo e um dirigente preocupado, que via lhe serem atribuídos extermínios de massa que, na maior parte dos casos, lhe tinham sido impostos por seus cruéis colaboradores – Lavrenti Beria, em particular. Mais tarde, o filho de Beria, Sergo, publicou suas memórias, onde descrevia Lavrenti como um carinhoso pai de família que se limitava a seguir as ordens de Stalin e que tentava, em segredo, limitar os danos por elas estipulados. O filho de Georgy Malenkov, Andrei, escreveu também a sua versão dos acontecimentos, retratando seu pai, sucessor de Stalin, como um honesto e esforçado trabalhador que temia a todo o momento pela sua própria vida. Hannah Arendt tinha razão: todas essas figuras estavam longe de ser personificações do sublime mal demoníaco byroniano, e o abismo entre suas experiências privadas e o horror de seus atos era imenso. A experiência que temos de nossas vidas pelo lado de dentro, a história que contamos a nós próprios sobre nós mesmos dando conta do que fazemos é fundamentalmente uma mentira – a verdade reside no exterior, naquilo que fazemos[7].

A consciência ética ingênua nunca deixará de se surpreender pelo fato de que pessoas que cometem terríveis atos de violência contra seus inimigos possam manifestar uma calorosa humanidade e delicada preocupação em relação aos membros de seu próprio grupo. Não é estranho que o mesmo soldado que massacrava civis inocentes estivesse pronto a sacrificar a sua vida por sua unidade? Que o comandante que ordenava o fuzilamento de reféns pudesse na mesma noite escrever à sua família uma carta cheia de amor sincero? Esta limitação de nossa preocupação ética a um círculo social estreito parece contrariar a nossa compreensão espontânea segundo a qual somos todos seres humanos, com as mesmas esperanças, medos e

---

[7] Por isso, quem estiver interessado na questão do mal deve consultar *The Nazi Conscience* (Cambridge, Massachusetts, Harvard University Press, 1999), p. 252 [ed. esp.: *La conciencia nazi: la formación del fundamentalismo etnico del Tercer Reich*, Barcelona, Paidós, 2005], descrição minuciosa do discurso ético nazista que forneceu a inspiração fundamental para os crimes do nazismo.

sofrimentos fundamentais, e portanto com o mesmo direito a reclamar respeito e dignidade. Consequentemente, aqueles que rarefazem o campo de sua preocupação ética são inconsistentes num sentido profundo, ou até mesmo "hipócritas". Para dizer em termos habermasianos, incorrem numa contradição pragmática, uma vez que violam as normas éticas que sustentam sua própria comunidade discursiva. Recusar os mesmos direitos éticos fundamentais tanto aos que se encontram fora da comunidade como aos que se encontram em seu interior é algo que um ser humano não faz naturalmente. É uma violação de nossa propensão ética espontânea. Implica autonegação e repressão brutais.

Quando, depois da queda do comunismo, o moderadamente dissidente escritor da Alemanha Oriental Stephan Hermlin foi repreendido por ter escrito, durante a década de 1950, textos e poemas que celebravam Stalin, replicou – com uma indignação furiosa – que naqueles anos, na Europa, o nome "Stalin" era simplesmente portador de uma inspiração de liberdade e justiça, nada tendo a ver com as coisas horríveis que aconteciam "secretamente" na União Soviética. Essa desculpa é evidentemente muito escorregadia e fácil: não era necessário saber a verdade a respeito do terror stalinista para se suspeitar que havia algo atrozmente errado no stalinismo. A leitura dos textos oficiais – os relatórios autorizados dos processos encenados, os ataques endereçados aos inimigos, os panegíricos oficiais que celebravam Stalin e outros líderes – deveria ser mais do que suficiente. Em certo sentido, tudo o que era preciso saber já aparecia claramente nesses documentos. É por isso que a hipocrisia mais surpreendente foi a prontidão com que os observadores comunistas ocidentais consideraram que as acusações stalinistas encontravam confirmação numa realidade psicológica dos acusados. Em uma carta de 1938 a Walter Benjamin, Theodor Adorno se refere a uma conversa que tivera em Nova York com o compositor de esquerda Hans Eisler:

> Escutei com grande calma sua pobre defesa dos processos de Moscou e com violenta repulsa a piada que ele contou sobre o assassinato de Bukharin. Diz tê-lo conhecido em Moscou; mas a consciência de Bukharin então já estaria tão pesada que não foi capaz de encará-lo – a ele, Eisler – nos olhos.[8]

A cegueira psicológica de Eisler é assombrosa aqui: ele formula uma interpretação distorcida do terror de Bukharin – o seu medo de manter contatos com estrangeiros quando sabe que está sendo espiado, na iminência de ser preso –, atribuindo-lhe um sentimento íntimo de culpa pelos crimes de que o acusavam. Como poderemos com-

---

[8] Theodor W. Adorno e Walter Benjamin, *The Complete Correspondence: 1928-1940* (Cambridge, Massachusetts, Harvard University Press, 1999), p. 252 [ed. bras.: Theodor W. Adorno, *Correspondência, 1928-1940 / Theodor W. Adorno, Walter Benjamin*, trad. José Marcos Mariani de Macedo, São Paulo, Editora Unesp, 2012, p. 365-6].

52 / Violência

preender isto e ainda o fato de os produtos culturais do auge do stalinismo serem entendidos por muitos observadores ocidentais como a mais autêntica expressão de uma autêntica moralidade, transbordante de reconfortante humanismo e fé no homem (recordemos, por exemplo, a recepção que o Ocidente reservou à trilogia fílmica sobre Gorki de Mark Donskoi)? Talvez devamos substituir nossa reprovação à ingenuidade dos companheiros de viagem ocidentais diante dos horrores da União Soviética stalinista por um conceito mais deleuziano de uma série contingente intersectada com outras e engendrando significações completamente divergentes, como uma história de ficção científica em que os cientistas descobrem que a explosão que na Bíblia assinala a mensagem divina foi na realidade a marca visível de uma terrível catástrofe que destruíra uma florescente civilização alienígena. Ou seja, o que é difícil de aceitar é que os horrores dos quais nasceu a trilogia sobre Gorki de modo algum tenham minado a autenticidade de seu efeito sobre os espectadores ocidentais ou mesmo russos.

Quando o voo 93 da United Airlines e três outros aviões foram sequestrados em 11 de setembro de 2001, é significativo que a mensagem que os passageiros deixaram aos seus familiares mais íntimos, quando souberam que estavam prestes a morrer, tenha sido uma declaração de amor ("amo vocês"). Martin Amis sublinhou a tese pauliniana segundo a qual o amor é o que mais importa, em última instância: "O amor é uma palavra abstrata, um tanto nebulosa. Mas, apesar de tudo, o amor revela-se a única parte de nós mesmos que permanece sólida quando à nossa volta o mundo desmorona e a tela se apaga"[9]. Contudo, uma suspeita persiste: não será esta desesperada confissão de amor uma farsa, do mesmo tipo de fraude que há quando alguém que subitamente se confronta com o perigo ou a proximidade da morte se volta a Deus e começa a rezar – um movimento hipócrita e oportunista ditado pelo medo, e não por uma convicção verdadeira? Por que haveria mais *verdade* no que fazemos em momentos de desespero como esses? Não será antes o caso de que, nesses momentos, o instinto de sobrevivência nos levar a *trair o nosso desejo*? Nesse sentido, as conversões religiosas ou as declarações de amor no leito de morte são sacrifícios do desejo. Segundo numerosas memórias, muitos dos condenados nos processos encenados pelo stalinismo enfrentaram o pelotão de fuzilamento proclamando sua inocência e o seu amor por Stalin, num gesto patético visando a redenção de suas imagens aos olhos do Grande Outro. Na mesma ordem de ideias, não podemos deixar de nos impressionar pela maneira como, em sua correspondência íntima, Ethel e Julius Rosenberg negavam ser espiões soviéticos, desempenhando o papel de vítimas inocentes de uma intriga urdida pelo FBI, embora, para grande embaraço dos que os defenderam, documentos recentes tenham provado que ao menos Julius era um espião (embora de um nível inferior àquele que a acusação lhe atribuía). O desconcertante é que, quan-

---

[9] Martin Amis, "All that Survives is Love", *The Times*, 1º jun. 2006, p. 4-5.

do lemos seus documentos íntimos hoje, sabendo que Julius era realmente um espião, não podemos evitar a impressão de extrema sinceridade que ele nos transmite, como se Rosenberg tivesse convencido a si próprio de sua inocência. Esse fato se torna ainda mais estranho quando consideramos que, se ele realmente acreditava na União Soviética, não haveria motivo para que, espiando em seu benefício, não se orgulhasse de seus atos. (Entrevemos aqui, diga-se de passagem, o que poderia ser um verdadeiro ato ético: imaginemos uma esposa que telefona ao marido nos últimos segundos de sua vida para lhe dizer: "Só queria lhe dizer que nosso casamento sempre foi uma farsa, que não aguento nem olhar pra você...".)

Os membros da esquerda ocidental que heroicamente desafiaram a histeria anticomunista em seus próprios países e o fizeram com a mais extrema sinceridade nos proporcionam outros exemplos da tragédia suscitada pela Guerra Fria. Estavam dispostos a ir para a prisão por suas convicções comunistas, em defesa da União Soviética. Não será precisamente a natureza ilusória de sua crença que torna essa atitude subjetiva tão tragicamente sublime? A miserável realidade da União Soviética stalinista confere à sua convicção íntima uma frágil beleza. O que nos conduz a uma conclusão radical e inesperada: não basta dizermos que estamos aqui diante de uma convicção ética tragicamente desacertada, uma crença cega que evita reconhecer a miserável e aterrorizante realidade que toma como ponto de referência. E se, pelo contrário, essa cegueira, esse violento gesto de exclusão que recusa ver, esse repúdio à realidade, atitude fetichista que diz: "Sei muito bem que há coisas horríveis na União Soviética, mas nem por isso deixo de acreditar no socialismo soviético", fosse o elemento constituinte íntimo de *toda* a escolha ética?

Kant já estava bem consciente desse paradoxo quando explicou a concepção de seu entusiasmo pela Revolução Francesa em *O conflito das faculdades* (1795). A verdadeira importância da Revolução não reside no que efetivamente se passou em Paris – e que era em boa parte assustador, incluindo explosões de paixão assassina –, mas na resposta entusiástica que os acontecimentos de Paris suscitaram aos olhos dos observadores simpatizantes por toda a Europa:

A recente Revolução de um povo rico em espírito pode tanto falhar como ser bem-sucedida, e acumular misérias e atrocidades, mas, em todo o caso, desperta no coração de todos os espectadores (que não se encontram, eles mesmos, envolvidos nela) uma simpatia de acordo com seus votos [*eine Teilnehmung dem Wunsche nach*], vizinha do entusiasmo e que, não se podendo exprimir sem perigo, só pode ter sido causada por uma disposição moral do gênero humano.[10]

---

[10] Immanuel Kant, "The Conflict of Faculties", em *Political Writings* (Cambridge, Cambridge University Press, 1991), p. 182.

54 / Violência

Traduzindo essa passagem para a linguagem lacaniana: o acontecimento real, a própria dimensão do Real, não estava na realidade imediata dos acontecimentos violentos de Paris, mas no modo como esta realidade aparecia aos observadores e nas esperanças que despertava neles. A realidade do que acontecia em Paris pertence à dimensão temporal da história empírica, enquanto a imagem sublime engendrada pelo entusiasmo pertence à eternidade...

Mutatis mutandis, o mesmo se aplica aos admiradores ocidentais da União Soviética. A experiência soviética da "construção do socialismo em um só país" acumulou decerto "misérias e atrocidades", mas suscitou, apesar disso, o entusiasmo no coração dos espectadores (que não se encontravam, eles mesmos, envolvidos nela)... A questão aqui é: será que *toda* ética precisa se assentar numa postura de negação fetichista semelhante? Não será até mesmo a ética mais universal obrigada a traçar uma linha de exclusão, ignorando certos modos de sofrimento? Que dizer dos animais massacrados para que possamos consumi-los? Quem seria capaz de continuar a comer costeletas de porco depois de visitar uma exploração pecuária que cria porcos semicegos, quase impedidos de se moverem, que são simplesmente engordados para o abate? E que dizer, por exemplo, da tortura e do sofrimento de milhões de pessoas que sabemos serem torturadas e sofrerem, mas que escolhemos ignorar? Imaginemos como seria se fossemos obrigador a assistir a um filme em que as imagens de morte fossem reais e que mostrasse eventos que acontecem milhares de vezes por dia em todo o mundo: atos brutais de tortura, olhos arrancados, testículos esmagados (a lista seria infinita). Poderia o espectador desse filme continuar tranquilamente a sua vida? Sim, mas só se de uma maneira ou de outra pudesse esquecer (por meio de um ato suspensivo da eficácia simbólica) o que testemunhara. Aqui, o esquecimento implica um gesto a que se chama negação fetichista: "Sei, mas não quero saber o que sei, e por isso não sei". Sei, mas recuso-me a assumir inteiramente as consequências desse saber, pelo que posso continuar a agir como se não soubesse.

Começa a se esclarecer que toda ética talvez tenha de se assentar nessa atitude de negação fetichista. Até mesmo a exceção aparentemente mais óbvia, constituída pela ética budista da solidariedade com todos os seres vivos, corresponde a essa imagem. Afinal de contas, tudo o que o budismo oferece como solução é uma indiferença universalizada – uma aprendizagem do modo de evitar uma empatia excessiva. É por isso que o budismo pode cair com tanta facilidade no preciso contrário da compaixão universal: a apologia de uma atitude implacavelmente militar, como o budismo zen teve por destino habilmente demonstrar.

A interrogação sobre este fato não é uma atitude filosófica conveniente. Porque o que nos perguntamos aqui é: e se o que aparece como incoerência ou fracasso no momento em que delineamos todas as consequências de nossa atitude ética for, pelo contrário, a sua condição positiva de possibilidade? E se uma exclusão dessa

Allegro moderato – Adagio / 55

ordem visando certas formas de alteridade do campo de nossas preocupações éticas for consubstancial do próprio gesto fundador da universalidade ética, fazendo com que, quanto mais universal for a nossa ética explícita, mais brutal seja a sua exclusão subjacente? O que a atitude cristã que tudo inclui (lembremo-nos do célebre dito de São Paulo segundo o qual "não há nem homens nem mulheres, nem judeus nem gregos") implica é uma exclusão total dos que não aceitem a inclusão na comunidade cristã. Em outras religiões "particularistas" (e até mesmo no islamismo, apesar de seu expansionismo global) há lugar para os outros: são tolerados, apesar de serem olhados com condescendência. A divisa cristã de que "todos os homens são irmãos" significa também que aqueles que não aceitam essa fraternidade *não são homens.* Durante os primeiros anos da Revolução Iraniana, Khomeini mobilizou esse paradoxo quando afirmou em uma entrevista concedida à imprensa ocidental que a Revolução Iraniana era a mais humana de toda a história: os revolucionários não tinham liquidado uma única pessoa. Quando o jornalista, surpreendido, o interrogou sobre as execuções capitais noticiadas pelos meios de comunicação, Khomeini replicou tranquilamente: "Esses que foram mortos não eram homens, mas cães criminosos!"

Os cristãos orgulham-se com frequência por terem superado a concepção exclusivista judaica do Povo Escolhido, dirigindo-se à humanidade inteira. O problema é que, precisamente ao insistirem no fato de serem o Povo Escolhido, que mantém uma relação direta privilegiada com Deus, os judeus aceitam a humanidade dos outros povos que celebram deuses falsos, ao passo que o universalismo cristão exclui partidariamente os não crentes da própria universalidade da humanidade.

E que dizer do gesto contrário – como, por exemplo, o do filósofo francês Emmanuel Levinas – que abandona a exigência da mesmidade subjacente à universalidade, substituindo-a por um respeito pela alteridade? Há, como Sloterdijk apontou, uma outra dimensão inversa e muito mais inquietante da figura levinasiana do Próximo como o Outro imponderável que merece o nosso respeito incondicional[11]. Isto é, o Outro imponderável enquanto inimigo – um inimigo que é absolutamente Outro e não mais o "inimigo respeitável"–, alguém cujo próprio modo de raciocínio nos é estranho, pelo que nenhum encontro autêntico é possível na batalha travada com ele. Embora Levinas não tivesse esta dimensão em mente, a ambiguidade radical, o caráter traumático do Próximo facilita a compreensão da forma como a concepção de Levinas do Outro preparou o terreno (abriu o espaço) para tanto – tal como, de modo estritamente homólogo, a ética kantiana abriu caminho à ideia de um mal diabólico. Por mais horrível que possa soar, o Outro levinasiano enquanto abismo de alteridade do qual emana a injunção ética e a figu-

---

[11] Peter Sloterdijk, *Zorn und Zeit*, cit., p. 134.

56 / Violência

ra nazista do judeu como um Outro-inimigo e menos-do-que-humano têm origem na mesma fonte.

Quando Freud e Lacan insistem na natureza problemática da injunção judaico--cristã fundamental ("ama o teu próximo"), não estão apenas assinalando os termos críticos e ideológicos habituais sobre como qualquer ideia de universalidade é sempre definida pelos nossos valores particulares, acarretando por isso mesmo exclusões dissimuladas; antes, afirmam uma tese muito mais forte sobre a incompatibilidade entre o Próximo e a própria dimensão da universalidade. O que resiste à universalidade é a dimensão propriamente *inumana* do Próximo. É por isso que é tão violento e até mesmo traumático para alguém ocupar o lugar do ser amado: ser amado me faz sentir diretamente o abismo entre o que sou enquanto ser determinado e o X insondável em mim que causa o amor. A definição do amor por Lacan ("O amor é dar o que não se tem…") deverá ser completada da seguinte forma: "… alguém que não o quer". Temos consciência de que, na realidade, os bem conhecidos versos de Yeats descrevem uma das mais claustrofóbicas constelações que se possam imaginar?

> Se eu tivesse do céu os panos de bordado,
> Recamados de prata e de ouro pela luz,
> O pano azul bordado e o sombrio bordado
> Do céu da noite e do da luz e meia-luz,
> Desdobraria esses panos aos teus pés:
> Mas, pobre como sou, tenho só os meus sonhos,
> E assim são eles só que desdobro aos teus pés,
> Pisa-os de manso porque são os meus sonhos.[12]

Em resumo, nos termos do filósofo francês Gilles Deleuze: *Si vous êtes pris dans le rêve de l'autre, vous êtes foutu* [Se você se deixar apanhar pelo sonho do outro, está ferrado!]; ou, como Neil Gaiman, o autor da *graphic novel Sandman*, escreveu numa passagem memorável:

> Você já se apaixonou alguma vez? É horrível, não é? Você fica tão vulnerável. Abre o seu peito e o seu coração e permite que outra pessoa entre em você e bagunce tudo. Você constrói todas essas defesas, constrói uma armadura que lhe cobre de alto a baixo para que ninguém possa lhe machucar, e então uma pessoa estúpida, igual a qualquer outra

---

[12] No original: *Had I the heaven's embroidered cloths, / Enwrought with golden and silver light, / The blue and the dim and the dark cloths / Of night and light and the half-light, / I would spread the cloths under your feet: / But I, being poor, have only my dreams; / I have spread my dreams under your feet, / Tread softly because you tread on my dreams.* (N. T.)

pessoa estúpida, entra em sua estúpida vida... Você dá a elas um pedaço de você mesmo. Não lhe pediram. Fizeram uma estupidez qualquer um dia – como lhe beijar ou sorrir pra você – e a sua vida deixou daí em diante de ser sua. O amor faz reféns. Entra dentro de você. Devora-o e o deixa chorando no escuro, e é assim que uma simples frase do tipo "talvez devêssemos ser só amigos" se transforma num estilhaço de vidro que vai direito ao seu coração. Dói. Não é só na imaginação. Não é só mental. É uma dor da alma, uma dor real que invade e rasga. Odeio o amor.[13]

Em seus últimos anos de vida, o cineasta soviético Andrei Tarkovski viveu em Estocolmo enquanto trabalhava no seu filme *O sacrifício*. Recebeu um escritório no mesmo prédio em que Ingmar Bergman, que a essa altura ainda vivia em Estocolmo, tivera o dele. Embora os dois realizadores se respeitassem profundamente e tivessem a maior admiração um pelo outro, nunca se encontraram, e evitaram-se cuidadosamente, como se o fato de se encontrarem em pessoa fosse demasiado doloroso e fadado ao fracasso precisamente devido à grande proximidade de seus universos. Inventaram e respeitaram seu próprio código de mútua discrição.

A violência da linguagem

Então por que, atualmente, esse medo da superproximidade do Outro como sujeito de desejo? Por que a necessidade de descafeinar o Outro, de privar ele ou ela da substância de sua matéria-prima de *jouissance*? Suspeito que se trate de uma reação à desintegração das barreiras simbólicas protetoras que mantinham os outros a uma distância adequada. O que sentimos falta em nossa cultura, em que as autoconfissões brutais contrastam com o medo politicamente correto do assédio que mantém o Outro à distância, é o espírito que Gore Vidal caracterizou como ninguém. Vidal deu a resposta perfeita a um jornalista vulgarmente intrusivo que lhe perguntou à queima-roupa se o seu primeiro parceiro sexual tinha sido um homem ou uma mulher: "Fui demasiado bem-educado para perguntar", respondeu.

Não há exemplo mais tangível dessa desintegração de barreiras protetoras de civilidade do que nos choques que se verificam entre culturas diferentes. No outono de 2005, o Ocidente foi tomado por uma explosão de violência que ameaçava desembocar num choque literal de civilizações: as manifestações amplamente difundidas que tiveram lugar nos países árabes contra a publicação de umas caricaturas do profeta Maomé pelo *Jyllands-Posten*, um jornal dinamarquês de reduzida circulação. O primeiro aspecto a ser notado – tão evidente que na maior parte dos casos não chega a ser referido – é o fato de que a vasta maioria das milhares de pessoas que se sentiram ofendidas pelas caricaturas e se manifestaram contra sua

---

[13] Disponível em <http://thinkexist.com/quotes/neil_gaiman>.

58 / Violência

publicação não tinham nem mesmo *visto* as imagens. Este fato nos confronta com um outro, e pouco auspicioso, aspecto da globalização: "a aldeia da informação global" é a condição do fato de que algo que apareceu num obscuro jornal diário da Dinamarca causou uma agitação violenta em países muçulmanos muito distantes. É como se Dinamarca e Síria, Paquistão, Egito, Iraque, Líbano e Indonésia fossem na realidade países *vizinhos*. Aqueles que veem a globalização como uma oportunidade que permite que a Terra inteira se transforme em um espaço unificado de comunicação, um espaço de reunião de toda a humanidade, deixam com demasiada frequência na sombra esse outro lado inquietante da realidade que aclamam. Uma vez que o Próximo é originariamente (como Freud suspeitou há muito tempo) uma coisa, um intruso traumático, alguém cujo modo de vida diferente (ou, antes, cujo modo de *jouissance* diferente, materializado em suas práticas e ritos sociais) nos perturba, abala o equilíbrio dos trilhos sobre os quais nossa vida corre, quando chega perto demais, esse fato pode também dar origem a uma reação agressiva visando afastar o intruso incômodo. Nos termos de Peter Sloterdijk: "Mais comunicação significa em um primeiro momento, acima de tudo, mais conflito"[14]. É por isso que Sloterdijk tem razão quando afirma que a atitude de "compreensão mútua" deve ser completada pela atitude de "não ficarmos no caminho uns dos outros", mantendo uma distância apropriada e elaborando um novo "código de discrição".

A civilização europeia considera mais fácil tolerar diferentes modos de vida precisamente devido àquilo que seus críticos habitualmente denunciam como sua própria fraqueza e fracasso, qual seja, sua alienação da vida social. Uma das coisas que a alienação significa é que a distância faz parte do próprio tecido social da vida cotidiana. Ainda que viva ao lado dos outros, meu estado normal é ignorá-los. Sou autorizado a não me aproximar demais das outras pessoas. Posso me movimentar em um espaço social em que interajo com os outros obedecendo a certas regras exteriores "mecânicas", sem partilhar o seu mundo interior. Talvez a lição a se tirar daqui é que de vez em quando uma certa dose de alienação se torna indispensável para uma coexistência pacífica. Às vezes a alienação não é um problema, mas uma solução.

As massas muçulmanas não reagiram às caricaturas de Maomé em si. Reagiram à imagem ou figura complexa do *Ocidente* que perceberam como a atitude subjacente às caricaturas. Quem se propõe a usar o termo "ocidentalismo" como contrapartida do termo "orientalismo", como formulado por Edward Said, têm até certo ponto razão: o que encontramos nos países muçulmanos é uma certa visão ideológica do Ocidente que não distorce a realidade ocidental menos do que a visão

---

[14] Peter Sloterdijk, "Warten auf den Islam", *Focus*, out. 2006, p. 84.

orientalista distorce o Oriente – embora seja feito de forma diferente. O que explodiu com violência foi uma série de símbolos, imagens e atitudes, abrangendo o imperialismo, o materialismo ateu e o hedonismo ocidentais, a par do sofrimento dos palestinos, e foi a tudo isso que as caricaturas dinamarquesas foram associadas. E também foi por isso que o ódio se alastrou das caricaturas à Dinamarca enquanto país, à Escandinávia, à Europa e ao conjunto do Ocidente. Nas caricaturas condensou-se uma grande quantidade de humilhações e frustrações. Tal condensação, não podemos esquecer, é um fato fundamental da linguagem, da construção e imposição de certo campo simbólico.

Esta simples e muito evidente reflexão sobre o modo como a linguagem funciona torna problemática a ideia prevalecente da linguagem e da ordem simbólica como meio de reconciliação e mediação, de coexistência pacífica, por oposição a um meio violento de confronto imediato e cru[15]. Na linguagem, em vez de exercermos uma violência direta uns nos outros, procuramos debater, trocar palavras, e esta troca de palavras, mesmo quando agressiva, pressupõe um mínimo de reconhecimento da outra parte. A entrada na linguagem e a renúncia à violência são muitas vezes entendidas como dois aspectos de um só e mesmo gesto: "Falar é o fundamento e a estrutura da socialização, e caracteriza-se pela renúncia à violência", como lemos num texto de Jean-Marie Muller escrito para a Unesco[16]. Uma vez que o homem é um "animal que fala", isso significa que a renúncia à violência define o núcleo da existência humana: "São realmente os métodos e os princípios da não violência [...] que constituem a humanidade dos seres humanos, a coerência e importância dos princípios morais baseados nas convicções e num sentido da responsabilidade", pelo que a violência é "realmente uma perversão radical da humanidade"[17]. Na medida em que a linguagem esteja infectada pela violência, sua emergência acontece sob a influência de circunstâncias "patológicas" contingentes, que distorcem a lógica imanente da comunicação simbólica.

Muito bem, mas e se os humanos superassem os animais em sua capacidade de violência precisamente porque *falam*?[18] Como Hegel já sabia, há algo de violento no próprio ato de simbolização de uma coisa, equivalendo à sua mortificação. É uma violência que opera em múltiplos níveis. A linguagem simplifica a coisa desig-

---

[15] Ideia propagada Jürgen Habermas, em *The Theory of Communicative Action* (Nova York, Beacon Press, 1985), 2 v. [ed. bras.: *Teoria do agir comunicativo*, São Paulo, WMF Martins Fontes, 2012], mas não estranha a certo Lacan. Ver Jacques Lacan, "The Function and Field of Speech and Language in Psychoanalysis", em *Ecrits* (Nova York, Norton, 2006) [ed. bras.: *Escritos*, trad. Vera Ribeiro, Rio de Janeiro, Zahar, 1998].

[16] Jean-Marie Muller, "Non-Violence in Education", disponível em <http://portal.unesco.org/education/en/file_download.php/fa99ea234f4accboad43040e1d60809cmuller_en.pdf>.

[17] Idem.

[18] Ver Clément Rosset, *Le réel: traité de l'idiotie* (Paris, Éditions de Minuit, 2004), p. 112-4.

60 / Violência

nada, reduzindo-a a um simples traço. Difere da coisa, destruindo sua unidade orgânica, tratando suas partes e propriedades como se fossem autônomas. Insere a coisa num campo de significação que lhe é, em última instância, exterior. Quando chamamos o ouro de "ouro", extraímos violentamente um metal de sua textura natural, investindo nele nossos sonhos de riqueza, poder, pureza espiritual etc., ao mesmo tempo que nada disso tem relação com a realidade imediata do ouro.

Lacan condensou esse aspecto da linguagem no seu conceito de Significante--Mestre, que "acolchoa" e sutura o campo simbólico. Ou seja, para Lacan – pelo menos para sua teoria dos quatro discursos elaborada no fim da década de 1960[19]–, a comunicação humana em sua dimensão mais fundamental e constitutiva não traz consigo um espaço de intersubjetividade igualitária. Não é uma comunicação "equilibrada". Não põe os participantes em posições simétricas mutuamente responsáveis, nas quais todos têm de seguir as mesmas regras e justificar suas pretensões por meio de razões. Pelo contrário, aquilo que Lacan indica com o seu conceito de discurso do Mestre na primeira forma (constitutiva, inaugural) do discurso é que cada espaço de discurso concreto "realmente existente" se funda em última instância numa imposição violenta de um Significante-Mestre que é *stricto sensu* "irracional": não pode basear-se em razões. É o ponto em que só podemos dizer que "a discussão acaba aqui"; um ponto em que, para pôr fim a uma regressão interminável, alguém tem de dizer: "*É assim porque eu disse que é e ponto final!*" Aqui, Levinas tinha razão ao insistir no caráter fundamentalmente assimétrico da intersubjetividade: nunca há uma reciprocidade equilibrada em meu encontro com outro sujeito. A aparência de *égalité* é sempre discursivamente sustentada por um eixo assimétrico de senhor ou mestre *versus* escravo, de saber portador de universalidade *versus* o seu objeto, de perverso *versus* histérico etc. Como é evidente, essa perspectiva se vê oposta à abordagem ideológica predominante da violência que a entende como "espontânea" – abordagem bem documentada no texto de Muller para a Unesco, que acabou adquirindo um estatuto programático semioficial[20]. O ponto de partida de Muller é a recusa de todas as tentativas de distinção entre uma "boa" e uma "má" violência:

> É essencial definirmos a violência de tal modo que nunca possamos qualificá-la como "boa". A partir do momento em que sustentamos a possibilidade de distinção entre uma violência "boa" e outra "má", deixamos de poder usar adequadamente a palavra e caímos em um impasse. Acima de tudo, a partir do momento em que passamos a desenvolver critérios que permitam definir uma violência supostamente "boa", cada um de nós poderá facilmente fazer uso dessa noção para justificar os próprios atos de violência.

---

[19] Sobre a concepção dos quatro discursos, ver Jacques Lacan, *The Other Side of Psychoanalysis*, cit.
[20] Jean-Marie Muller, "Non-Violence in Education", cit.

Mas como poderemos rejeitar por completo a violência se a luta e a agressão fazem parte da vida? A solução fácil é uma distinção terminológica entre a "agressão", que corresponde efetivamente a uma "força de vida", e a "violência", que é uma "força de morte": a "violência" aqui não é a agressão enquanto tal, mas o seu excesso que perturba o andamento normal das coisas devido a um desejo que quer sempre cada vez mais. A tarefa consiste em nos livrarmos desse excesso.

Desejar propriedade e poder é legítimo na medida em que permite ao indivíduo conseguir a sua independência perante os outros. Contudo, os adversários que se opõem em um conflito têm ambos uma tendência natural a exigir cada vez mais. Nada é suficiente e nunca ficam satisfeitos. Não sabem parar, não conhecem limites. O desejo exige mais, muito mais do que o necessário. "Há sempre um sentido de ilimitado no desejo"[21], escreveu a pensadora religiosa francesa Simone Weil. De início, os indivíduos buscam o poder para evitar serem dominados pelos outros. Mas se não tiverem cuidado, poderão logo se ver ultrapassando o limite a partir do qual começam a efetivamente tentar dominar os outros. A rivalidade entre os seres humanos só pode ser superada quando cada indivíduo limita os seus próprios desejos. "Os desejos limitados", observa Simone Weil, "estão em harmonia com o mundo; os desejos que comportam o infinito, não"[22].

Esta abordagem se mantém firmemente às coordenadas pré-modernas aristotélicas: a tarefa é observar a medida adequada no plano do desejo. Todavia, a modernidade é definida pelas coordenadas da revolução filosófica kantiana, em cujos termos *o excesso absoluto é o da própria lei*. A lei intervém na estabilidade "homogênea" de nossa vida orientada ao prazer como a força explosiva de uma "heterogeneidade" absolutamente desestabilizadora. G. K. Chesterton argumentou na mesma direção em sua célebre "Uma defesa das histórias de detetives", em que faz notar como a narrativa policial

> mantém de certo modo presente no espírito o fato de a própria civilização ser o mais sensacional dos começos e a mais romântica das revoltas [...]. O agente de justiça social é a figura original e poética, enquanto os ladrões e agressores não passam de velhos e plácidos conservadores de ordem cósmica, que se sentem satisfeitos com a respeitabilidade dos macacos e dos lobos. [O romance policial] baseia-se no fato de a moral ser a mais tenebrosa e ousada das conspirações.[23]

---

[21] Simone Weil, *Œuvres complètes VI: Cahiers*, v. 1 (1933-1941) (Paris, Gallimard, 1994), p. 74.

[22] Ibidem, p. 325.

[23] G. K. Chesterton, "A Defence of Detective Stories", em H. Haycraft (org.), *The Art of the Mistery Story* (Nova York, Universal Library, 1946), p. 6.

62 / Violência

Deparamos aqui com a matriz elementar do processo dialético hegeliano: a oposição exterior (entre a lei e sua transgressão criminosa) transforma-se na oposição, interna à própria transgressão, entre as transgressões particulares e a transgressão absoluta que aparece como seu contrário, enquanto lei universal. E *mutatis mutandis* o mesmo vale para a violência: quando percebemos algo como um ato de violência, sua definição enquanto tal é orientada por um critério que pressupõe o que seria a situação não violenta "normal" – ao passo que a forma mais alta de violência é justamente a imposição desse critério por referência ao qual certas situações passam a ser percebidas como "violentas". É por isso que a própria linguagem, o meio por excelência da não violência e do reconhecimento mútuo, implica uma violência incondicional. Em outras palavras, é a própria linguagem que impele o nosso desejo para além dos limites convenientes, transformando-o num "desejo que comporta o infinito", elevando-o a um impulso absoluto que nunca poderá ser satisfeito. Aquilo que Lacan chama de *objet petit a* é precisamente esse etéreo objeto "espectral", o objeto excedentário que causa o desejo sob o seu aspecto excessivo e desviante. Não podemos desembaraçar-nos desse excesso, que é consubstancial ao desejo humano enquanto tal.

Assim, para parafrasearmos a filósofa francesa Simone Weil, na modernidade os "desejos limitados em harmonia com o mundo" são a origem definitiva de nossa atitude oportunista antiética: alimentam a inércia do egoísmo e da busca do prazer, enquanto o nosso contato com o bem é alimentado por "desejos que comportam o infinito", que visam o absoluto. Decorre daqui uma ambiguidade irredutível: a origem do bem é um poder que estilhaça as coordenadas de nossa existência finita, um poder destrutivo que, do ponto de vista da nossa forma de vida estável e limitada, não pode deixar de aparecer como mal. O mesmo vale para a relação entre mortalidade e imortalidade. Segundo o tradicional lugar comum ideológico, a imortalidade está ligada ao bem e a mortalidade ao mal: o que nos torna bons é a consciência da imortalidade (de Deus, de nossa alma, do impulso ético sublime...), ao passo que a raiz do mal é a resignação à nossa mortalidade (como vamos todos morrer, nada importa muito – então aproveitemos ao máximo o que pudermos, satisfaçamos os nossos apetites mais sombrios...). Mas e se, apesar de tudo, invertermos esse lugar comum e arrisquemos a hipótese de que a imortalidade primordial é a do mal? O mal é uma coisa que ameaça retornar eternamente, uma dimensão espectral que como mágica sobrevive à sua aniquilação física e continua a nos assombrar. É por isso que a vitória do bem sobre o mal é a capacidade de morrer, de recuperar a inocência da natureza, de encontrar paz longe da infinidade obscena do mal. Recordemos a cena clássica dos filmes de terror: quando um homem possuído por uma força maligna – sendo a possessão assinalada por uma desfiguração monstruosa do corpo – se vê enfim livre do espectro morto-vivo que o colonizava, retoma a beleza serena de sua forma cotidiana e morre em paz. É por isso que Cristo tem de morrer – os deuses pagãos que não podem morrer são encarnações de um mal obsceno. O bem contra o mal não é o espírito contra a natureza: o mal primordial é o próprio espírito com o seu violento desvio em relação à natureza. A conclusão que se tira disso é que o bem propriamente humano, o bem elevado acima do bem natural, o bem espiritual infinito é, em última instância, *a máscara do mal*.

Assim, talvez o fato de *razão* e *raça* terem a mesma raiz latina (*ratio*) possa nos indicar algo: é a linguagem, e não o interesse egoísta primitivo, o primeiro e maior fator de divisão entre nós, é devido à linguagem que nós e os nossos próximos podemos viver "em mundos diferentes" mesmo quando moramos na mesma rua. O que isto significa é que a violência verbal não é uma distorção secundária, mas o último recurso de toda a violência especificamente humana. Consideremos o exemplo dos *pogroms* antissemitas, que podem representar aqui toda a violência racista. O que os perpetradores dos *pogroms* acham intolerável e enfurecedor, aquilo que os faz reagir, não é a realidade imediata dos judeus, mas a imagem/figura do "Judeu" que circula em sua tradição e foi por esta construída. O problema, evidentemente, é que um indivíduo isolado não pode distinguir de maneira simples entre os judeus reais e a sua imagem antissemita: essa imagem sobredetermina o modo como eu faço a minha experiência dos próprios judeus reais, além de afetar ainda o modo como os judeus se experimentam a si próprios. O que torna intolerável um judeu real que um antissemita venha a encontrar na rua, o que o antissemita tenta destruir quando agride o judeu – o verdadeiro alvo de sua fúria – é essa dimensão fantasmática.

O mesmo princípio se aplica a qualquer protesto político: quando os trabalhadores protestam contra sua exploração, não estão protestando contra uma simples realidade, mas contra uma experiência de sua situação real que ganha sentido através da linguagem. A realidade em si própria, em sua estúpida existência, nunca é intolerável: é a linguagem (sua simbolização) que a torna intolerável. Por isso precisamente quando nos confrontamos com a cena de uma multidão furiosa que ataca e queima prédios e automóveis, que lincha pessoas etc., nunca deveríamos esquecer as palavras de ordem de seus cartazes nem as palavras que sustentam e justificam os seus atos. Foi Heidegger quem elaborou esse traço no nível ontológico-formal quando, ao ler a "essência ou *Wesen*" como um verbo ("essenciar"), apresentou uma concepção desessencializada da essência. Tradicionalmente, a "essência" se refere a um núcleo estável que garante a identidade de uma coisa. Para Heidegger, a "essência" é algo que depende do contexto histórico, do desvelamento epocal do ser que acontece na e através da linguagem. Esta é por ele chamadade "casa do ser". Sua expressão "*Wesen der Sprache*" não significa a "essência da linguagem", mas o "essenciar", essa criação de essências que é o trabalho da linguagem:

> a linguagem conduz as coisas à sua essência, a linguagem "nos move" de modo a que as coisas nos importem de certa maneira particular, e assim se traçam caminhos pelos

64 / Violência

quais podemos nos mover entre os entes, e assim os entes podem ser portadores uns com os outros das entidades que são [...]. Partilhamos uma linguagem originária quando o mundo se articula do mesmo modo para nós, quando "escutamos a linguagem", quando "a deixamos dizer-nos o seu dizer".[24]

Tentemos desenredar um pouco essa meada. Para um cristão medieval, a "essência" do ouro reside na sua incorruptibilidade e no brilho divino que fazem dele um "divino" metal. Para nós, o ouro é ou um recurso maleável que pode ser usado com fins industriais ou um material adequado para fins estéticos. Outro exemplo: uma voz de *castrato* era outrora a própria voz dos anjos antes da Queda; para nós, hoje, é uma criação monstruosa. Essa transformação da nossa maneira de sentir é sustentada pela linguagem; depende de uma viragem que teve lugar no nosso universo simbólico. Existe uma violência fundamental nessa capacidade de "essenciar" da linguagem: nosso mundo sofre uma torção parcial, perde sua equilibrada inocência, e uma cor particular passa a dar o tom do todo. A operação que o pensador político Ernesto Laclau designa como sendo a da hegemonia é inerente à linguagem. Assim, quando, em sua leitura do célebre coro de *Antígona* sobre o caráter "inquietante/demoníaco" do homem, Heidegger desenvolve na *Introdução à metafísica* a noção de violência "ontológica" própria de todo o gesto fundador do novo mundo da comunidade de um povo – gesto levado a cabo pelos poetas, pensadores e estadistas –, deveríamos ter sempre presente que tal dimensão "inquietante/demoníaca" é, em última instância, a da própria linguagem:

A violência é habitualmente considerada nos termos do domínio em que o esforço comum e a mútua assistência estabelecem o seu critério para o *Dasein*, e por conseguinte toda a violência é necessariamente pensada tão só como perturbação e ofensa [...]. O violento, o criador que avança no não dito – esse violento afirma-se em todos os tempos no seu ousar [...] Portanto o ator violento não conhece nem amabilidade nem conciliação (no sentido habitual), nem apaziguamento nem contemporização através do sucesso ou do prestígio ou da sua confirmação [...] Para aquele que assim é, o desastre é o mais profundo e o mais amplo Sim ao Avassalador [...] A decisão essencial, quando se realiza e quando resiste ao constante e insistente engodo do cotidiano e do costumado, tem de usar de violência. Este ato de violência, este traçar decidido do caminho dos entes para o Ser, afasta a humanidade do abrigo do que está diretamente mais próximo e é mais habitual.[25]

---

[24] Mark Wrathall, *How to Read Heidegger* (Londres, Granta, 2005), p. 94-5.
[25] Martin Heidegger, *Introduction to Metaphysics* (New Haven, Yale University Press, 2000), p. 115--28 [ed. bras.: *Introdução à metafísica*, Rio de Janeiro, Tempo Brasileiro, 1999].

Enquanto tal, o Criador é "*hupsipolis apolis*" (*Antígona*, v. 370): está fora e acima da *polis* e do seu *ethos*; não está ligado por quaisquer regras de "moralidade" (que não são mais do que uma forma degenerada de *ethos*); só assim pode fundar uma nova forma de *ethos*, de ser comunitário numa *polis*... Evidentemente, ressoa aqui o tema de uma violência "ilegal" que funda o reinado da própria lei[26]. Heidegger logo acrescenta como a primeira vítima desta violência é o próprio Criador, que será apagado com o advento da nova ordem que fundou. Este apagamento pode assumir formas diferentes. A primeira é a destruição física – desde Moisés e Júlio César, sabemos que uma figura fundadora está destinada a ser morta. Mas há também a perda na loucura, como no caso de grandes poetas, de Hölderlin a Ezra Pound, que cegaram devido à própria força de sua visão poética. É interessante notar que o momento de *Antígona* em que o coro lamenta o homem como a mais "demoníaca" de todas as criaturas, como ser de excesso, ser que viola todas as justas medidas, acontece imediatamente a seguir ao momento em que nos é revelado que alguém desafiou as ordens de Creonte e realizou um rito fúnebre sobre o corpo[27]. É *este* ato, e não a proibição decretada por Creonte, que é percebido como "demoníaco" e excessivo. Antígona está longe de ser a representante da moderação, da observância dos devidos limites, frente à presunção sacrílega de Creonte; muito pelo contrário, é dela a verdadeira violência.

O que configura o caráter arrepiante da passagem citada é o fato de Heidegger não se limitar a apresentar uma nova variante da sua figura retórica fundamental da inversão ("a essência da violência nada tem a ver com a violência ôntica, com o sofrimento, guerra, destruição etc.; a essência da violência reside no caráter violento da própria fundação/imposição do novo modo da própria Essência – desvelamento do Ser da comunidade – em si mesma"); implícita, mas claramente, Heidegger lê esta violência essencial como algo que funda – ou, pelo menos, abre o espaço para – as explosões da própria violência ôntica ou física. Por conseguinte, não deveríamos nos imunizar contra os efeitos da violência da qual Heidegger fala, classificando-a como "simplesmente" ontológica: embora seja violenta enquanto tal, impondo um certo desvelamento do mundo, esta constelação do mundo implica também relações sociais de autoridade. Na sua interpretação do fragmento 53 de Heráclito ("O conflito [*polemos*] é o pai de todas as coisas e rei de tudo. Apresentou umas como deuses e outras como homens; fez uns escravos e outros livres"), Heidegger – contrariando aqueles que o acusam de omitir a consideração dos aspectos "cruéis" da vida da Grécia Antiga (a escravidão etc.) – chama abertamente a

---

[26] O tema dessa violência foi desenvolvido tanto por Walter Benjamin quanto por Carl Schmitt. Ver Walter Benjamin, "Critique of Violence", cit.; Carl Schmitt, *The Concept of the Political* (Chicago, University of Chicago Press, 1996).

[27] Ver Clément Rosset, *Le réel*, cit., p. 22-3.

66 / Violência

atenção para o modo como "a condição e a dominação" se fundam diretamente num desvelamento do ser, fornecendo assim uma fundamentação ontológica direta às relações sociais de dominação:

> Uma vez que hoje se invoca a polis dos gregos por vezes até excessivamente, não deveriam suprimir estes aspectos, pois que de outro modo o conceito da polis corre o risco de tornar-se anódino e sentimental. A superioridade hierárquica pertence ao mais forte. Assim o Ser, o logos, enquanto harmonia que reúne, não é acessível ao mesmo preço a todos os homens, mas permanece dissimulado, por contraste com essa harmonia que tende sempre a regular por igual, enquanto eliminação da tensão e nivelamento.[28]

Existe portanto uma ligação direta entre a violência ontológica e o teor da violência social (da manutenção de relações de dominação impostas) atinente à linguagem. No seu *América dia a dia* [*L'Amérique au jour le jour*], de 1948, Simone de Beauvoir observava: "Muitos racistas, ignorando o rigor da ciência, insistem em afirmar que, ainda que as razões psicológicas não tenham sido determinadas, o certo é que os negros *são* inferiores. Bastaria a alguém viajar pela América para se convencer do fato"[29]. A sua atitude perante o racismo foi objeto de uma fácil interpretação distorcida. Num comentário recente, por exemplo, Stella Sandford declara que "nada justifica da parte de Beauvoir [...] a aceitação do 'fato' de tal inferioridade":

> Dado o seu quadro filosófico existencialista de referência, poderíamos razoavelmente esperar que Beauvoir falasse da *interpretação* das diferenças fisiológicas em termos de inferioridade e de superioridade ... ou assinalar o erro acarretado pelo uso de juízos de valor – como "inferior" e "superior"– para designar supostas propriedades dos seres humanos, como se se tratasse de "confirmar um dado de fato".[30]

A preocupação de Sandford nesta passagem é clara. Ela está ciente de que a afirmação de Beauvoir a propósito da inferioridade factual dos negros visa um pouco mais do que o simples fato social de, no Sul dos Estados Unidos daqueles tempos (e não apenas), os negros serem tratados como inferiores pela maioria branca e de *serem*, efetivamente, em certo sentido, inferiores. Mas a sua solução crítica, impelida pelo cuidado posto em evitar teses racistas sobre a inferioridade factual dos negros, consiste em relativizar a sua inferioridade tornando-a uma questão de interpretação e de juízo por parte dos racistas brancos, e em desligá-la de uma

---

[28] Martin Heidegger, *Introduction to Metaphysics*, cit., p. 128.
[29] Simone de Beauvoir, *America Day by Day*, citado de Stella Sandford, *How to Read Beauvoir* (Londres, Granta, 2006), p. 42.
[30] Ibidem, p. 40.

questão relativa ao seu próprio ser. Ora, o que essa distinção conciliatória perde de vista é a dimensão verdadeiramente contundente do racismo: o "ser" dos negros (ou dos brancos, ou de quem for) é um ser social e simbólico. Quando são tratados como inferiores, isso os torna realmente inferiores no âmbito de sua identidade social simbólica. Para colocar em outras palavras, a ideologia racista branca detém uma eficácia performativa. Não se trata simplesmente de uma interpretação daquilo que os negros são, mas de uma interpretação que determina o próprio ser e a existência social dos sujeitos interpretados.

Podemos situar agora mais precisamente o que leva Sandford e outros críticos de Simone de Beauvoir a resistirem à sua formulação segundo a qual os negros *eram* de fato inferiores: é uma resistência (ela própria) ideológica. Na base de sua ideologia está o medo de que, se concedermos esse ponto, teremos perdido a liberdade interior, a autonomia e a dignidade do indivíduo humano. É por isso que posições críticas desse tipo insistem em dizer que os negros não são inferiores, mas são simplesmente "inferiorizados" pela violência que lhes é imposta pelo discurso racista branco. Ou seja, são afetados por uma imposição que não os afeta no núcleo verdadeiro de seu ser, e à qual podem, consequentemente, resistir (e resistem) como agentes livres e autônomos por meio de seus atos, sonhos e projetos.

Somos aqui levados a voltar ao ponto de partida deste capítulo – o abismo do Próximo. Embora possa parecer que exista aqui uma contradição entre o modo como o discurso constitui o próprio núcleo da identidade do sujeito e a ideia desse núcleo como um abismo insondável para além da "barreira da linguagem", há uma solução simples para o aparente paradoxo. A "barreira da linguagem" que me separa para sempre do abismo de outro sujeito é simultaneamente aquilo que abre e que mantém esse abismo – o próprio obstáculo que me separa do Além é aquilo que cria a sua imagem.

3
ANDANTE MA NON TROPPO E MOLTO CANTABILE

"Está solta a maré escura de sangue"

UM CASO ESTRANHO DE COMUNICAÇÃO FÁTICA

Os motins suburbanos franceses do outono de 2005 viram milhares de carros queimarem e uma enorme explosão de violência pública. Muitas vezes se falou em paralelos com os saqueamentos de Nova Orleans depois do furacão Katrina que atingiu a cidade em 29 de agosto de 2005, assim como com os acontecimentos de Maio de 1968 em Paris. Apesar das diferenças significativas, esses paralelos podem ser elucidativos. As fogueiras de Paris tiveram um efeito moderador sobre esses intelectuais europeus que tinham utilizado Nova Orleans para sublinhar as vantagens do modelo europeu do Estado de bem-estar social sobre o capitalismo selvagem dos Estados Unidos: era doravante claro que coisas do mesmo gênero podiam acontecer também na França do Estado de bem-estar social. Os que tinham atribuído a violência de Nova Orleans à ausência de um estilo europeu de solidariedade mostraram não ter errado menos que os liberais do livre mercado dos Estados Unidos, que devolveram alegremente na oportunidade as acusações, insistindo em que fora de fato a rigidez do intervencionismo do Estado que limitava a competitividade do mercado e sua dinâmica, impedindo a ascensão econômica na França dos imigrantes marginalizados – por contraste com os Estados Unidos, onde diferentes grupos de imigrantes se contavam entre as fileiras dos mais bem-sucedidos.

Os paralelos traçados com o Maio de 1968 tornam clara a ausência total de qualquer perspectiva utópica positiva entre os manifestantes: se Maio de 1968 foi uma revolta animada por uma visão utópica, a revolta de 2005 era simplesmente uma explosão desprovida de qualquer visão. Se o lugar comum muitas vezes repetido segundo o qual vivemos numa era pós-ideológica faz algum senti-

70 / Violência

do, é sem dúvida aqui. Os manifestantes que protestavam nos subúrbios de Paris não eram portadores de qualquer tipo de exigências concretas. Havia apenas uma insistência no *reconhecimento*, baseada num vago *ressentimento* inarticulado. A maior parte dos entrevistados dizia ser inaceitável que o então ministro do Interior Nicolas Sarkozy lhes tivesse chamado "escória". Nos termos de um estranho curto-circuito autorreferencial, protestavam contra a reação aos seus próprios protestos. A "razão populista" se depara aqui com seu limite irracional: o que temos é um grau zero do protesto, um ato violento de manifestação que nada reivindica. Havia uma certa ironia em observar os sociólogos, intelectuais e comentadores que tentavam compreender e ajudar os manifestantes, tentando desesperadamente discernir o sentido de suas "ações": "Temos de fazer alguma coisa no que se refere à inclusão dos imigrantes, ao seu bem-estar, às suas oportunidades de emprego"– proclamavam então, ao mesmo tempo que ofuscavam a chave do enigma proposto pela revolta.

Os manifestantes, embora efetivamente subprivilegiados e de fato excluídos, não estavam nem de longe perigando morrer de fome. Nem reduzidos ao nível extremo da sobrevivência. Houve pessoas em situações econômicas muito piores – para não falarmos das condições de opressão física e ideológica – que foram capazes de se organizar politicamente e estabelecer agendas de ação claras ou até mesmo confusas. O fato de *não* haver programas por trás dos subúrbios parisienses em chamas é um fato que merece ser interpretado em si. Diz muita coisa sobre nossa situação político-ideológica. Que espécie de universo é este que habitamos, capaz de se autocelebrar como uma sociedade de livre escolha, mas no qual a única opção disponível de um consenso democrático imposto é uma passagem ao ato cega? O triste fato de a oposição ao sistema não ser capaz de se articular como uma alternativa realista – ou pelo menos como um projeto utópico portador de sentido – mas só poder fazê-lo sob a forma de uma explosão sem sentido, é um exemplo grave de nossa situação. Para que serve nossa apregoada liberdade de escolha quando a única decisão possível deve se dar entre obedecer as regras e uma violência (auto)destrutiva? A violência dos manifestantes dirigiu-se quase exclusivamente contra si próprios. Os automóveis queimados e as escolas incendiadas não foram dos bairros ricos. Faziam parte das conquistas duramente adquiridas das próprias camadas sociais de origem dos manifestantes.

Devemos resistir perante as reportagens e imagens chocantes do incêndio dos subúrbios de Paris àquilo a que chamo de tentação hermenêutica: a busca de um sentido mais profundo ou de uma mensagem escondida nessas explosões. O mais difícil de aceitar é precisamente a ausência de sentido dos motins: mais do que uma forma de protesto, foram aquilo a que Lacan chamava de passagem ao ato – um movimento impulsivo levando a ação que não pode ser traduzido em palavras ou pensamento, mas acarretando ao mesmo tempo o

Andante ma non troppo e molto cantabile / 71

peso de uma frustração intolerável. Ficava assim assinalada não só a impotência dos autores da ação, mas, mais ainda, a sua falta daquilo a que o analista cultural Fredric Jameson chamou "cartografia cognitiva"– ou seja, a sua incapacidade de situar a experiência de sua situação no interior de uma totalidade dotada de sentido.

As explosões de Paris não se enraizavam em qualquer tipo de protesto social ou econômico, e ainda menos numa afirmação de fundamentalismo islâmico. Um dos primeiros lugares incendiados foi uma mesquita – e foi por isso que os responsáveis religiosos muçulmanos condenaram imediatamente a violência. Os motins eram simplesmente um esforço direto visando adquirir *visibilidade*. Um grupo social que, embora fazendo parte da França e composto por cidadãos franceses, se via como excluído do espaço político e social adequado e quis tornar sensível ao público em geral a sua presença. Suas ações falavam por eles: gostem ou não, aqui estamos nós, por mais que queiram fingir que não nos veem. Os comentadores não registraram o fato decisivo de os manifestantes não reclamarem qualquer estatuto especial para si próprios como membros de uma comunidade étnica ou religiosa que entendesse defender o seu modo de vida fechado. Pelo contrário, a sua premissa principal era que queriam ser e *eram* cidadãos franceses, embora não estivessem sendo reconhecidos como tal.

O filósofo francês Alan Finkielkraut criou um escândalo na França quando, numa entrevista ao jornal israelita *Ha'aretz*, qualificou os motins como um "*pogrom* antirrepublicano" e uma "revolta étnico-religiosa". Errava o alvo: a mensagem das explosões não significava que os manifestantes sentiam a sua identidade étnico-religiosa ameaçada pelo universalismo republicano francês, mas, pelo contrário, que não se sentiam integrados por ele, que se sentiam postos do outro lado da barreira que separa a parte visível da parte invisível do espaço social republicano. Não ofereciam uma solução nem constituíam um movimento em vista de conseguirem uma solução. Seu objetivo era criar um problema, assinalar que eram um problema que não podia continuar a ser ignorado. Era por isso que a violência se tornava necessária. Se tivessem organizado uma manifestação ou passeata não violenta, tudo o que teriam obtido não seria mais do que uma pequena nota num jornal…

O fato de os manifestantes violentos quererem e exigirem ser reconhecidos plenamente como cidadãos franceses indica, evidentemente, não só o insucesso de sua integração, mas ao mesmo tempo a crise do modelo francês de integração na cidadania, com a sua normatividade exclusiva e implicitamente racista. No interior do espaço da ideologia de Estado francesa, o termo "cidadão" opõe-se a "indígena" e sugere a existência de uma parte primitiva da população ainda não suficientemente madura para merecer a cidadania plena. É por isso que a exigência por parte dos manifestantes de serem reconhecidos implica também a rejeição do próprio quadro

72 / Violência

através do qual o reconhecimento tem lugar. É um apelo à construção de um novo quadro universal[1].

O que nos leva de volta uma vez mais ao nosso ponto de partida: a história do trabalhador que roubava carrinhos de mão. Os analistas que revistaram os carros de mão tentando apurar o seu conteúdo e examinaram os motins procurando seu sentido oculto perderam de vista o mais óbvio. Como teria dito Marshall McLuhan, aqui o próprio meio era a mensagem.

Na época áurea do estruturalismo, Roman Jakobson elaborou a ideia de função "fática", que extraiu do conceito de comunhão fática do antropólogo polaco Bronislaw Malinowski: o uso da linguagem tendo em vista a manutenção de relações sociais através de fórmulas ritualizadas como saudações, conversas fiadas sobre as condições meteorológicas e outras delicadezas formais da comunicação social. Como bom estruturalista, Jakobson incluía na série os modos de comunicação descontínua: de seu ponto de vista, o simples propósito de prolongar o contato social da comunicação sugere o vazio desse contato. Cita o seguinte diálogo de Dorothy Parker:

— Bom, aqui estamos – disse ele.
— Aqui estamos – disse ela – Não estamos?
— Eu diria que estamos – disse ele.

O vazio da conversa tem uma função técnica positiva enquanto teste do próprio sistema: um "Olá, está me ouvindo?" A função fática aproxima-se, portanto, da função "metalinguística": verifica se o canal está funcionando. Ao mesmo tempo, o emissor e o receptor verificam se estão usando o mesmo código[2]. Não terá sido exatamente isso que teve lugar durante as revoltas suburbanas de Paris? A mensagem não seria um "Olá, está me ouvindo?", um teste tanto do canal como do próprio código?

Alain Badiou concluiu que vivemos num espaço progressivamente experimentado como "destituído de mundo"[3]. Num espaço desses, a única forma que o pro-

---

[1] Aqui também, do mesmo modo que no caso da relação entre as desordens de Los Angeles (depois dos vídeos que mostravam a polícia espancando Rodney King se tornarem públicos) e os filmes de Hollywood, o que se passou acontecera e fizera-se sentir já uma década antes. Lembremo-nos de *O ódio* (Mathieu Kassovitz, 1995), o filme em preto e branco sobre a Intifada nos subúrbios franceses, que retrata a violência juvenil sem sentido, a brutalidade da polícia e a exclusão social em Paris. Esses surtos de violência não comportam qualquer potencial de emergência de um agente político consistente – tudo o que podemos esperar é que venham a sobreviver sob uma forma ou outra de registro cultural, documentando o auge de uma nova cultura *punk* suburbana.

[2] Ver Roman Jakobson, "Closing Statement: Linguistics and Poetics", em T. A. Sebeok (org.), *Style in Language* (Nova York, Wiley, 1960), p. 350-77.

[3] Alain Badiou, "The Caesura of Nihilism" [A pausa do niilismo], conferência apresentada na Universidade de Essex, 10 set. 2003.

Andante ma non troppo e molto cantabile / 73

testo pode assumir é a violência "destituída de significado". O próprio antissemitismo nazista, por mais sinistro que tenha sido, abria um mundo: descrevia a sua situação crítica presente estabelecendo um inimigo que era a "conspiração judaica"; declarava um objetivo e os meios de sua realização. O nazismo desvelava a realidade de um modo que permitia aos seus sujeitos adquirirem uma "cartografia cognitiva" global, incluindo um espaço de implicação dotada de sentido. É talvez aqui que podemos situar um dos principais perigos do capitalismo: embora seja global e abranja o mundo todo, mantém uma constelação ideológica *stricto sensu* "destituída de mundo", negando à grande maioria das pessoas qualquer cartografia cognitiva dotada de significado. O capitalismo é a primeira ordem social e econômica que *destotaliza o sentido*: não é global ao nível do sentido (não há "visão de mundo capitalista" global nem "civilização capitalista" propriamente dita; a lição fundamental da globalização é precisamente que o capitalismo pode se adaptar a todas as civilizações, da cristã à hindu ou à budista, do Ocidente ao Oriente), e sua dimensão global só pode ser formulada ao nível da verdade-sem-significado, como o "Real" do mecanismo do mercado global.

A primeira conclusão a se tirar dos protestos na França é que, dentre as respostas aos protestos, tanto as conservadoras quanto as liberais claramente falharam. Os conservadores insistem no choque de civilizações e, previsivelmente, na lei e na ordem. Os imigrantes não devem abusar de nossa hospitalidade. São nossos hóspedes e por isso devem respeitar nossos costumes. Nossa sociedade tem o direito de salvaguardar a sua cultura e o seu modo de vida únicos. Não há desculpa para o crime e comportamentos violentos. Aquilo de que os jovens imigrantes têm necessidade não é de mais apoios sociais, mas de disciplina e trabalho duro... Enquanto isso, os liberais de esquerda (não menos previsivelmente) agarram-se ao seu mantra sobre o desprezo aos programas sociais e aos esforços orientados para a integração, privando a geração mais jovem de imigrantes de quaisquer perspectivas econômicas e sociais claras: as explosões violentas são o único meio que têm para exprimir a sua insatisfação. Como Stalin poderia dizer, não faz sentido discutir qual reação é a pior: *ambas* são as piores, o que se aplica também ao aviso formulado pelos dois lados, em cujos termos o perigo real das explosões em causa reside na reação racista facilmente previsível dos próprios franceses.

Os motins de Paris devem ser situados numa série que formam com outro tipo de violência que a maioria liberal entende hoje como uma ameaça ao nosso modo de vida: os ataques terroristas diretos e atentados suicidas. Em ambos os casos, a violência e a contraviolência envolvem-se num círculo vicioso mortal, engendrando cada uma delas as próprias forças que tentam combater. Nos dois casos, estamos diante de *passagens ao ato* cegas, nas quais a violência é uma implícita confissão de impotência. A diferença é que, em contraste com as manifestações de Paris que eram um grau zero de protesto – uma explosão violenta que nada queria – os ataques terroristas são realizados com base naquela crença em um sentido *absoluto* fornecido pela religião. O

74 / Violência

seu alvo definitivo é o modo de vida ocidental ateu baseado na ciência moderna. A ciência hoje compete efetivamente com a religião, na medida em que serve duas necessidades propriamente *ideológicas*, assegurando uma esperança e uma censura que tradicionalmente estavam a cargo da religião. Citando John Gray:

> Só a ciência tem o poder de silenciar os hereges. É hoje a única instituição que pode reclamar autoridade. Como a Igreja no passado, tem o poder de destruir ou marginalizar os pensadores independentes [...]. Do ponto de vista de alguém que aprecie a liberdade de pensamento, este fato pode ser infeliz, mas é indubitavelmente a principal fonte da atração exercida pela ciência. Para nós, a ciência é um refúgio contra as incertezas, prometendo – e, em certa medida, assegurando – o milagre de nos livrar do pensamento, ao mesmo tempo que as igrejas se transformaram em santuários da dúvida.[4]

Não estamos falando aqui da ciência enquanto tal, e por isso a ideia de que a ciência trabalha para "nos livrar do pensamento" não é uma variação em torno da ideia heideggeriana de que "a ciência não pensa". Falamos do modo como a ciência funciona enquanto força social, enquanto instituição ideológica: nesse âmbito, sua função é fornecer certeza, ser o ponto de referência em que podemos confiar, fornecer esperança. As novas invenções tecnológicas vão nos ajudar a combater doenças, a prolongar a vida e assim por diante. Nessa perspectiva, a ciência é aquilo a que Lacan chamava "discurso universitário" em sua expressão mais pura: saber cuja "verdade" é um Significante-Mestre, ou seja, poder[5]. A ciência e a religião trocaram de lugares: a ciência, hoje, fornece a segurança que outrora a religião garantia. Numa curiosa inversão, a religião é hoje um dos lugares a partir dos quais podemos formular dúvidas críticas sobre a sociedade. Transformou-se em um dos locais de resistência.

O caráter "destituído de mundo" do capitalismo está ligado a esse papel hegemônico do discurso científico na modernidade. Hegel já detectara claramente esse traço ao notar que, para nós (modernos), a arte e a religião já não impõem um respeito absoluto: podemos admirá-las, mas não nos ajoelhamos mais diante delas, nosso coração não está mais na realidade com elas. Só a ciência – o conhecimento conceitual – merece aquele respeito de outrora. E apenas a psicanálise pode revelar plenamente os contornos do impacto desagregador da modernidade – ou seja, do capitalismo combinado com a hegemonia do discurso científico – sobre o modo como a nossa identidade se funda em identificações simbólicas. Não é de se espantar que a modernidade conduza à chamada "crise do sentido", quer dizer, à desintegração da ligação, ou até da identidade, entre verdade e significação.

---

[4] John Gray, *Straw Dogs*, cit., p. 19.
[5] Sobre o conceito de "discurso universitário", ver Jacques Lacan, *The Other Side of Psychoanalysis*, cit.

Andante ma non troppo e molto cantabile / 75

Na Europa, onde a modernização teve lugar ao longo de vários séculos, houve tempo para uma adaptação a essa ruptura, para uma moderação do seu impacto desagregador, através do *Kulturarbeit*, o trabalho da cultura. Formaram-se lentamente novas narrativas e mitos sociais. Algumas outras sociedades – designadamente as muçulmanas – foram expostas diretamente a esse impacto, sem disporem de barreiras de proteção ou de dilações temporais, e por isso o seu universo simbólico foi muito mais brutalmente perturbado. Perderam o seu fundamento (simbólico) sem disporem de tempo suficiente para estabelecerem um novo equilíbrio (simbólico). Não é de se surpreender, portanto, que o único modo para algumas dessas sociedades evitarem o colapso total fosse ereger em pânico o escudo do "fundamentalismo", essa reafirmação psicótica-delirante-incestuosa da religião como intuição direta do interior do Real divino, com todas as aterradoras consequências que tal reafirmação acarreta, entre as quais se inclui o regresso vingativo da obscena divindade de um supereu que exige sacrifícios.

Quanto aos ataques "terroristas" realizados por fundamentalistas, a primeira coisa que salta aos olhos é a ideia, desenvolvida de forma mais sistemática por Donald Davidson, de que os atos humanos são racionalmente intencionais e explicáveis em termos de crenças e desejos do agente[6]. Essa abordagem exemplifica o viés racista das teorias da "racionalidade". Embora seu alvo seja compreender o Outro a partir de dentro, acabam por atribuir-Lhe as crenças mais ridículas – como, por exemplo, as infames quatrocentas virgens que esperam o crente no paraíso como explicação "racional" da disposição do Outro para se explodir. Em seu esforço de tornar o Outro "como nós", acabam tornando-o ridiculamente esquisito[7].

Eis uma passagem de uma das mensagens de propaganda distribuídas pela Coreia do Norte durante a Guerra da Coreia:

> O herói Kang Ho-yung foi seriamente ferido nos dois braços e nas duas pernas durante a Batalha do Monte Kamak, e foi então que atacou os inimigos rolando no chão com uma granada de mão na boca, gritando (logo antes de destroçá-los): "Partiram-me os braços e as pernas. Mas o meu espírito de vingança contra os canalhas que vocês são tornou-se, em compensação, mil vezes mais forte. Vou mostrar pra vocês o ardor inquebrantável de um membro do Partido dos Trabalhadores da Coreia e sua vontade inflexível e firmemente empenhada em defesa do Partido e do Líder!".[8]

É fácil tirar um sarro do caráter ridiculamente pouco realista dessa descrição: afinal de contas, como poderia o pobre Kang gritar tudo isso enquanto tinha uma gra-

---

[6] Ver Donald Davidson, *Essays on Actions and Events* (Oxford, Oxford University Press, 1980).

[7] Jean-Pierre Dupuy, *Avions-nous oublié le mal? Penser la politique après le 11 septembre* (Paris, Bayard, 2002).

[8] Citado em Bradley K. Martin, *Under the Loving Care of the Fatherly Leader* (Nova York, Thomas Dunne, 2004).

76 / Violência

nada na boca? E como teria, no meio da batalha, tempo para declamar a sua longa proclamação? Mas e se o erro for justamente ler esta passagem como uma descrição realista, imputando assim crenças ridículas aos coreanos? Se fossem diretamente questionados, é evidente que os norte-coreanos responderiam: é claro que essa história não é literalmente verdadeira – ela simplesmente objetiva comunicar o espírito de sacrifício incondicional e a disposição a fazer o impossível por parte do povo coreano, no intuito de derrotar a agressão imperialista contra a sua terra... E se o erro fosse o mesmo cometido por antropólogos que imputam aos aborígenes "primitivos" que celebram a águia como seu antepassado a crença de que são realmente descendentes da águia? Porque não lemos esta passagem – que soa efetivamente um tanto operática em seu *pathos* – da mesma forma que escutamos o Terceiro Ato do *Tristão* de Wagner, durante o qual o herói mortalmente ferido canta o seu extremamente difícil cântico de agonia durante quase uma hora? Algum de nós está disposto a imputar a Wagner a crença de que isso seria possível? Mas cantar a morte de Tristão é muito mais difícil do que fazer o que fez o pobre Kang... Talvez devêssemos imaginar Kang cantando uma ária antes de se atirar rolando contra um tanque de guerra, naquele momento propriamente operático de supressão do fluir real do tempo, quando, em seu cântico, o herói reflete sobre o que está prestes a fazer.

RESSENTIMENTO TERRORISTA

O poema "A segunda vinda" de William Butler Yeats parece transmitir perfeitamente a nossa situação atual: "Falta aos melhores convicção, enquanto os piores estão cheios de ardor apaixonado"*. É uma excelente descrição da peculiar cisão que separa liberais anêmicos e fundamentalistas apaixonados. "Os melhores" não são mais capazes de se engajar completamente, ao passo que "os piores" se empenham em seu fanatismo racista, religioso e sexista.

Não obstante, serão os terroristas fundamentalistas – sejam cristãos ou muçulmanos – realmente fundamentalistas, no sentido autêntico da palavra? Será que realmente acreditam? O que lhes falta é um traço que discernimos facilmente em todos os autênticos fundamentalistas, dos budistas tibetanos aos *amish* nos Estados Unidos: a ausência de ressentimento e de inveja, a profunda indiferença perante o estilo de vida dos não crentes. Se os supostos fundamentalistas de hoje em dia acreditam realmente ter encontrado o seu caminho da verdade, por que se sentiriam ameaçados pelos não crentes, por que os invejariam? Quando um budista encontra um hedonista ocidental, dificilmente o condena. Limita-se a mostrar benevolentemente que a busca pela felicidade por parte do hedonista é autoderrotista. Ao contrário dos verdadeiros fundamentalistas, os terro-

---

* Tradução para o português de Péricles Eugênio da Silva Ramos, a ser publicada em coletânea de poemas pela editora Hedra. (N. E.)

ristas pseudo-fundamentalistas se sentem profundamente preocupados, intrigados, fascinados pela vida pecaminosa dos não crentes. Sentimos que, ao combaterem o pecaminoso Outro, combatem a sua própria tentação. Os chamados fundamentalistas cristãos ou muçulmanos são uma desgraça para um verdadeiro fundamentalista.

É aqui que o diagnóstico de Yeats deixa de captar a situação presente: a intensidade apaixonada de uma turba é um testemunho da ausência de verdadeira convicção. No fundo de suas almas, os terroristas fundamentalistas também sentem uma falta de convicção – suas explosões violentas são a prova. A fé de um muçulmano deve ser muito fraca para se sentir ameaçado por uma caricatura idiota publicada por um jornal dinamarquês de pequena circulação. O terror fundamentalista islâmico *não* se baseia na convicção do terrorista de sua superioridade e em seu desejo de salvaguardar sua identidade religiosa e cultural do massacre promovido pela civilização consumista global. O problema com os fundamentalistas não é que os consideremos inferiores a nós, mas antes o fato de *eles próprios* se considerarem inferiores, em segredo. É por isso que nossas declarações condescendentes e politicamente corretas de que não sentimos qualquer superioridade sobre eles só serve para enfurecê-los ainda mais e para alimentar seu ressentimento. O problema não é a diferença cultural (seus esforços para manter sua identidade), mas o fato oposto de que os fundamentalistas já são como nós, de, secretamente, já terem interiorizado nossos critérios e se avaliarem a si próprios nesses termos. (É o caso do Dalai Lama, que justifica o budismo tibetano em termos ocidentais de busca pela felicidade e anulação da dor.) Paradoxalmente, o que falta de fato aos fundamentalistas é justamente uma dose dessa verdadeira convicção "racista" de sua própria superioridade.

O aspecto desconcertante dos ataques "terroristas" é não corresponderem à nossa oposição característica entre o mal como egoísmo ou desprezo pelo bem comum e o bem como espírito e real disposição de sacrifício em nome de uma causa mais elevada. Os terroristas só podem aparecer para nós como algo aparentado ao Satã de John Milton e seu "Mal, sê tu o meu Bem"[9]: ao mesmo tempo que visa o que nos parecem fins malévolos através de meios malévolos, a *forma* de sua atividade corresponde propriamente aos mais elevados critérios do bem. A resolução desse enigma não é difícil e já era conhecida por Rousseau. O egoísmo, ou a preocupação com o bem-estar próprio, *não* se opõe ao bem comum, uma vez que se pode facilmente deduzir normas altruístas de preocupações egoístas[10]. As oposições individualismo *versus* comu-

---

[9] E será que, muito antes da célebre "Mal, sê tu o meu Bem" de Satã, no *Paraíso perdido* de Milton, não podemos encontrar a fórmula do mal diabólico em Shakespeare? Em *Tito Andrônico*, as últimas palavras de Aarão são "Se algum bem fiz em toda a minha vida, / Disso me arrependo do mais fundo da alma".

[10] O exemplo mais famoso é o de Robert Axelrod em *The Evolution of Cooperation* (Nova York, Basic Books, 1984) [ed. bras.: *A evolução da cooperação*, São Paulo, Leopardo, 2010].

78 / Violência

nitarismo, utilitarismo *versus* afirmação de normas universais, são oposições *falsas*, uma vez que as duas opções contrárias conduzem ao mesmo resultado. Os críticos que se queixam de que, na atual sociedade hedonista-egoísta, o que faltam são os verdadeiros valores estão errando totalmente o ponto. O verdadeiro contrário do amor-próprio egoísta não é o altruísmo, a preocupação com o bem comum, mas a inveja, o *ressentimento*, que me faz agir *contra* os meus próprios interesses. Freud sabia muito bem disso: a pulsão de morte opõe-se tanto ao princípio do prazer como ao princípio de realidade. O verdadeiro mal, que é a pulsão de morte, implica a autos-sabotagem. Faz com que ajamos *contra* nossos próprios interesses[11].

O problema do desejo humano é, segundo Lacan, ser sempre "desejo do Outro" em todos os sentidos do termo: desejo pelo Outro, desejo de ser desejado pelo Outro, e, especialmente, desejo pelo que o Outro deseja[12]. Este último desejo torna a inveja, que inclui o ressentimento, uma componente constitutiva do desejo humano – aspecto que Santo Agostinho conhecia bem. Lembremos a passagem de suas *Confissões* (citadas com frequência por Lacan) onde nos deparamos com a cena de um bebê com ciúmes do irmão chupando o seio da mãe: "Eu mesmo vi e compreendi como uma criança pode ter ciúmes embora ainda não fale. Empalidece e lança olhares amargos ao seu irmão de leite."

Baseando-se nessa intuição, Jean-Pierre Dupuy propõe uma crítica convincente da teoria da justiça de John Rawls[13]. No modelo rawlsiano de uma sociedade justa, as desigualdades sociais só são toleradas na medida em que também possam ajudar os que se encontram na zona mais baixa da escala social, e na medida em que se baseiem não em posições hierárquicas herdadas, mas em desigualdades naturais, que são consideradas aspectos contingentes, e não méritos[14]. Os próprios conservadores britânicos parecem estar agora dispostos a aprovar a noção de justiça de Rawls: em dezembro de 2005, o então recém-eleito líder do Partido Conservador, David Cameron, propôs aos seus a defesa dos desfavorecidos, declarando: "Penso que o critério de todas as nossas medidas políticas deveria ser: que fazem elas pelas pessoas que têm menos, pelas pessoas que estão na parte inferior da escala?". Mas

---

[11] Dupuy engana-se ao caracterizar a psicanálise lacaniana como fazendo parte de uma emergente "mecanização da mente". A psicanálise, pelo contrário, reintroduz as noções do mal e da responsabilidade no nosso vocabulário ético: a "pulsão de morte" é o nome daquilo que perturba o mecanismo homeostático de busca racional do prazer, da estranha inversão que me leva a sabotar os meus próprios interesses. Se é este o mal autêntico, então não só as teorias éticas seculares pragmáticas de hoje como também a "mecanização da mente" nas ciências cognitivas devem ser concebidas não como "malignas" em si, mas como uma defesa frente ao mal.

[12] Jacques Lacan, *Écrits*, cit.

[13] Ver Dupuy, op. cit.

[14] John Rawls, *A Theory of Justice* (Cambridge, Massachusetts, Harvard University Press, 1971, edição revista, 1999) [ed. bras.: *Uma teoria da justiça*, São Paulo, Martins, 2008].

o que Rawls não vê é como uma sociedade dessas criaria condições para uma explosão de *ressentimento* descontrolada: nela, eu saberia que meu estatuto inferior é plenamente "justificado" e, portanto, seria privado da possibilidade de explicar meu próprio fracasso como resultado da injustiça social.

Rawls propõe assim o modelo aterrador de uma sociedade em que a hierarquia é diretamente legitimada por propriedades naturais, perdendo de vista a simples lição que uma piada sobre um camponês esloveno torna de uma clareza palpável. Uma boa feiticeira oferece ao camponês a possibilidade de escolha: ou ela lhe presenteará com uma vaca, dando duas ao seu vizinho, ou tomará uma vaca do camponês e duas do vizinho. O camponês escolhe sem hesitar a segunda alternativa[15]. Gore Vidal enuncia essa atitude numa fórmula sucinta: "Não me basta ganhar – o outro tem de perder". O problema da inveja/ressentimento é que não se limita a adotar o princípio do jogo de soma nula, em que a minha vitória é igual à perda do outro, mas implica também uma diferença entre os dois jogadores, que não é uma diferença positiva (todos podemos ganhar sem que haja perdedores), mas negativa. Se tiver de escolher entre o meu ganho e a perda do meu adversário, preferirei a perda do meu adversário, ainda que isso signifique uma perda também para mim. É como se minha eventual vitória a partir da perda do adversário funcionasse como uma espécie de elemento patológico que mancha a pureza de meu sucesso.

Friedrich Hayek sabia que era muito mais fácil para alguém aceitar as desigualdades se pudesse declará-las resultado de uma força cega impessoal: o lado bom da "irracionalidade" de mercado em ligação com o sucesso ou fracasso no quadro do capitalismo é precisamente permitir que eu perceba meu fracasso ou o meu sucesso como "imerecido", contingente[16]. Pensemos no velho tema do mercado como a versão moderna de um destino imponderável. O fato de o capitalismo não ser "justo" constitui um dos traços fundamentais daquilo que o torna aceitável para a maioria. Posso viver muito mais facilmente com meu fracasso se souber que este não se deve às minhas qualidades inferiores, mas ao acaso.

O que Nietzsche e Freud compartilham é a ideia de que a justiça como igualdade se funda na inveja – na inveja do Outro que tem o que não temos e que o goza. A exigência de justiça é assim, em última análise, a exigência de que o gozo excessivo do Outro seja limitado, de maneira que toda a gente tenha acesso a uma *jouissance* igual. O desfecho necessário dessa exigência é, evidentemente, o ascetismo. Uma vez que não é possível impor uma *jouissance* igual, o que é imposto, em vez

---

[15] Numa versão mais mórbida, a bruxa diz ao camponês: "Dou-te o que quiseres, mas previno-te: darei ao teu vizinho o dobro do que te der!". Ao que o camponês replica com um sorriso maldoso: "Arranca-me um olho!"

[16] Ver Friedrich Hayek, *The Road to Serfdom* (Chicago, University of Chicago Press, 1994) [ed. bras.: *O caminho da servidão*, São Paulo, Instituto Ludwig von Mises Brasil, 2010].

80 / Violência

de uma igual partilha, é a *proibição*. Hoje, em nossa sociedade alegadamente permissiva, esse ascetismo, contudo, assume a forma do seu contrário, isto é, a de uma injunção superegoica *generalizada* – o mandamento que nos intima: "Goze!" Estamos todos enfeitiçados por tal injunção. O resultado é que nosso gozo nunca foi tão tolhido. Pensemos no *yuppie* que combina a "autorrealização" narcísica com essas disciplinas extremamente ascéticas que são praticar corrida, alimentar-se de forma saudável etc. Talvez fosse isso que Nietzsche tinha em mente ao conceber o Último Homem, embora só hoje possamos realmente discernir seus contornos na versão *yuppie* do ascetismo hedonista. Nietzsche não insistia simplesmente na afirmação da vida contra o ascetismo: estava plenamente ciente de que um certo tipo de ascetismo é o oposto de uma decadente e excessiva sensualidade. Sua crítica de *Parsifal* de Wagner, e, mais geralmente, da decadência do romantismo tardio que oscila entre uma sensualidade pegajosa e um espiritualismo obscuro, acertava em cheio no alvo.

Então, o que *é* a inveja? Voltemos a considerar a cena que Santo Agostinho evoca de um bebê que inveja o seu irmão por chupar o seio de sua mãe. O sujeito não inveja a posse pelo Outro do objeto investido enquanto tal, mas antes o modo como o Outro é capaz de *gozar* o seu objeto, e é por isso que não bastaria roubar o objeto e assumir a sua posse. O seu verdadeiro objetivo é destruir a aptidão/capacidade do Outro de gozar o objeto. Vemos assim que a inveja deverá ser situada na tríade inveja, avareza e melancolia – as três formas de não sermos capazes de gozar o objeto e de, sem dúvida, gozarmos reflexivamente dessa impossibilidade. Ao contrário do sujeito da inveja, que cobiça a posse e/ou *jouissance* do objeto pelo Outro, o avarento possui o objeto, mas não pode gozá-lo/consumi-lo. A sua satisfação deriva precisamente da posse, elevando o objeto à condição de uma entidade sagrada, intocável/proibida que em hipótese alguma deve ser consumida. A figura proverbial do avarento solitário é aquela que vemos voltando para a casa, fechando seguramente todas as portas e abrindo o cofre para então dar aquela espiadinha secreta em seu precioso objeto, observando-o com admiração. É precisamente aquilo que impede o seu consumo do objeto que garante o estatuto deste como objeto de desejo. O mesmo se passa com o sujeito melancólico que possui o objeto, tal como o avarento, mas perdendo a razão que o fez desejá-lo. Na mais trágica das situações, o melancólico tem acesso a tudo o que quer, mas sem nisso encontrar satisfação[17].

---

[17] Seria possível alguém se invejar a si próprio, e não só outro sujeito? De certos sujeitos que, incapazes de prolongarem a sua felicidade ou sorte, acabam se sabotando obstinadamente, poderíamos dizer em alguns casos – em termos freudianos cruéis – que o seu supereu inveja o sucesso do eu. A fratura entre aquilo a que Lacan chama o "sujeito do enunciado"(o modo como o eu, o sujeito falante, se representa em seu discurso) e "o sujeito da enunciação" (o próprio eu falante) é aqui levada ao extremo: o sujeito torna-se o seu próprio outro, ocupando uma posição a partir da qual se inveja a si próprio.

Esse excesso de inveja é a base da bem conhecida distinção – embora insuficientemente explorada– que Rousseau estabelece entre egoísmo, *amour-de-soi* (esse amor de si próprio que é natural) e *amour-propre*, a preferência perversa de si próprio a outros em que uma pessoa se concentra não em realizar um propósito, mas em destruir o obstáculo que se põe em seu caminho:

> As paixões primitivas, que visam diretamente todas elas a nossa felicidade, fazem com que nos ocupemos somente de objetos que se lhes referem, e cujo princípio é somente o *amour-de-soi*, são todas elas em essência amáveis e doces; todavia, quando, *afastadas por obstáculos de seus objetos, se ocupam mais do obstáculo de que tentam desembaraçar-se do que do objeto que tentam alcançar*, mudam de natureza e tornam-se irascíveis e cheias de ódio. É assim que o *amour-de-soi*, que é um sentimento absoluto e nobre, se torna *amour-propre*, quer dizer, um sentimento relativo através do qual alguém se compara consigo mesmo, um sentimento que reclama preferências, *cujo gozo é puramente negativo e que não visa encontrar satisfação no nosso próprio bem-estar, mas somente no infortúnio dos outros.*[18]

Uma pessoa má *não* é portanto um egoísta, "pensando somente em seus próprios interesses". Um verdadeiro egoísta passa tempo demais cuidando de seu próprio bem para ter tempo pra causar o infortúnio de outros. O vício principal de uma pessoa má é precisamente estar mais preocupada com os outros do que consigo mesma. Rousseau descreve um mecanismo libidinal preciso: a inversão que gera a viragem do investimento libidinal afastando-o do objeto e orientando-o para o próprio obstáculo. O mesmo é válido quando aplicado à violência fundamentalista – sejam as bombas de Oklahoma ou o ataque contra as Torres Gêmeas. Em ambos os casos, estamos perante um puro e simples ódio: destruir o obstáculo, o Oklahoma City Federal Building, o World Trade Center – era isso o que realmente importava, e não a realização do nobre fim de uma sociedade verdadeiramente cristã ou muçulmana[19].

Aqui está a razão pela qual o próprio igualitarismo nunca deveria ser aceito por seu valor facial: a ideia (e a prática) da justiça igualitária, na medida em que é alimentada pela inveja, assenta na inversão da renúncia sob a sua forma habitual que se efetua em benefício dos outros: "Estou pronto para renunciar a isso, *porque assim os outros (também) NÃO (poderão) tê-lo!*" Longe de se opor ao espírito de sacrifício, o mal aparece aqui como o próprio espírito de sacrifício, disposto a ignorar o meu próprio bem-estar – se, através de meu sacrifício, eu puder privar o Outro de seu *gozo...*

---

[18] Jean-Jacques Rousseau, *Œuvres*, v. 1 (Paris, Gallimard, 1990).

[19] Ver Jean-Pierre Dupuy, *Petite métaphysique des tsunamis* (Paris, Éditions du Seuil, 2005), p. 68.

82 / Violência

O SUJEITO SUPOSTO SAQUEAR E ESTUPRAR

Um dos heróis populares da guerra entre os Estados Unidos e o Iraque, que gozou de um breve momento de celebridade, foi Muhammad Saeed al-Sahaf, o pobre ministro da Informação iraquiano. Em suas coletivas de imprensa diárias, negava heroicamente até mesmo os fatos mais evidentes, mantendo a linha oficial iraquiana. Quando os tanques de guerra norte-americanos estavam a apenas algumas centenas de metros de seu gabinete, continuava a afirmar que as imagens dos tanques que as televisões norte-americanas mostravam nas ruas de Bagdá eram simples efeitos especiais da indústria de Hollywood. Apesar de tudo, de vez em quando acertava um acorde estranhamente verdadeiro: quando lhe disseram que os norte-americanos já controlavam parte da cidade de Bagdá, retorquiu: "Não controlam nada – nem sequer controlam a si mesmos!"

Perante as descrições da derrocada ao caos de Nova Orleans, o velho ditado de Marx de que a tragédia se repete sob a forma de farsa parece precisar ser invertida: a réplica cômica de Saeed transformou-se em tragédia. Os Estados Unidos, policiais do mundo, que pretendem controlar as ameaças à paz, à liberdade e à democracia em todos os pontos ao redor do globo, perdera o controle sobre uma parte da própria América. Durante alguns dias, Nova Orleans regrediu aparentemente para condição de uma reserva natural de saque, chacina e estupro. Tornou-se uma cidade de mortos e moribundos, uma zona pós-apocalíptica por onde erravam aqueles a que o filósofo Giorgio Agamben chama de *Homines sacri* – pessoas excluídas da ordem civil. Infiltra em nossas vidas um medo de que uma desintegração semelhante de todo o tecido social possa acontecer a qualquer momento, devido a um acidente natural ou tecnológico – um terremoto, uma ruptura do sistema elétrico ou até mesmo o velho *bug* do milênio – reduza o nosso mundo a um estado de selvajaria primitiva. Esse sentimento da fragilidade do nosso laço social é em si próprio um sintoma social. Precisamente quando e onde é de se esperar um impulso de solidariedade frente ao desastre, o que surge é o medo de que o egoísmo mais implacável exploda, como explodiu em Nova Orleans.

Não é momento para qualquer espécie de *Schadenfreude* [alegria] do tipo: "Os Estados Unidos tiveram o que mereciam". A tragédia de Nova Orleans foi imensa, e a análise dos acontecimentos, demasiado atrasada. As cenas que vimos nos noticiários naqueles dias não podem deixar de evocar toda uma série de registros ao vivo e de fenômenos culturais. A primeira associação que ocorre, evidentemente, é a das reportagens televisivas que mostram algumas cidades do Terceiro Mundo desabando em caos por ocasião de guerras civis (Cabul, Bagdá, Somália, Libéria...) – e isso explica a verdadeira surpresa perante o caso de Nova Orleans: o que estávamos habituados a ver acontecer LÁ estava acontecendo AQUI. A ironia é que a Luisiana é muitas vezes considerada a "república das bananas dos Estados Unidos", o Terceiro Mundo no interior norte-americano. É provável que esta tenha sido uma das

Andante ma non troppo e molto cantabile / 83

razões para a demora da reação das autoridades. Embora racionalmente soubéssemos que podia acontecer, não acreditávamos realmente que aconteceria ou pudesse acontecer de fato, mantendo a mesma atitude que temos perante a ameaça de uma catástrofe ecológica. Sabemos tudo a respeito do problema, mas de certo modo não acreditamos que tal coisa possa acontecer...[20]

O que *foi* então a catástrofe que teve lugar em Nova Orleans? Examinando o caso de perto, a primeira coisa a notar é a sua estranha temporalidade, uma espécie de reação retardada. Imediatamente após o furacão, houve um alívio momentâneo: o olho do ciclone ficara a cerca de 25 quilômetros de Nova Orleans. Apenas dez mortes foram reportadas, e o pior (a temida catástrofe) fora evitado. Foi então no rescaldo que as coisas começaram a dar extremamente errado. Uma parte do dique de proteção da cidade cedeu. A cidade foi invadida pela enchente e a ordem social se desintegrou... A catástrofe natural, o furacão, mostrou-se assim como uma realidade "socialmente mediada" de múltiplos modos. Em primeiro lugar, há boas razões para suspeitar que os Estados Unidos conhecerão mais furacões do que o habitual até o momento, devido ao aquecimento global induzido pelos seres humanos. Segundo, o efeito catastrófico imediato do furacão – a inundação da cidade – deveu-se em grande medida a falhas humanas: as barragens de proteção não eram suficientes, e as autoridades não estavam preparadas para responder às previsíveis necessidades humanitárias que se seguiram. Mas o verdadeiro e maior choque teve lugar *depois do acontecimento*, enquanto efeito social da catástrofe natural. A desintegração da ordem social chegou como uma espécie de ação diferida, como se a catástrofe natural se repetisse como catástrofe social.

Como devemos ler esse colapso social? A primeira reação é a do modelo conservador clássico. Os acontecimentos de Nova Orleans confirmam uma vez mais a fragilidade da ordem social, a nossa grande necessidade de imposições legais e for-

---

[20] E, contudo, tratava-se de algo que já havia acontecido nos Estados Unidos – no cinema, é claro: na série de filmes *Fuga de...* (*Fuga de Nova York, Fuga de Los Angeles*), vemos uma megalópole norte-americana desprovida de qualquer tipo de ordem pública em que bandos criminosos tomam o poder. Apesar de tudo, é mais interessante um filme como *O efeito dominó*, de David Koepp, em que vemos que, quando o poder foge da grande cidade, a sociedade começa a se afundar. O filme faz imaginativamente intervir as relações entre etnias, bem como as nossas atitudes de preconceito perante os estrangeiros. Como dizia a publicidade do filme, "quando nada funciona, vale tudo". No fundo, sentimos à espreita a aura de Nova Orleans como uma cidade de vampiros, mortos-vivos e vudus, onde uma força espiritual obscura faz pairar constantemente a ameaça de destruição do tecido social. Assim, uma vez mais, como no 11 de setembro de 2001, a surpresa não era simplesmente uma surpresa. O que aconteceu não foi que a torre de marfim da vida nos Estados Unidos foi abalada pela intervenção da realidade de caos social do Terceiro Mundo, mas, pelo contrário, aquilo que não era (percebido como) parte da nossa realidade – algo de que não tínhamos consciência exceto como ficção da televisão ou do cinema – entrou brutalmente nela.

84 / Violência

ças morais que impeçam a explosão de paixões violentas. A natureza humana é naturalmente má, a queda no caos social é uma ameaça permanente... Este argumento pode assumir uma inflexão racista: os que protagonizaram a explosão de violência eram quase exclusivamente negros, o que constitui mais uma prova do fato de os negros não serem realmente seres civilizados. As catástrofes naturais fazem aparecer à luz do dia a escória que em tempos normais se mantém mais ou menos invisível e sob controle.

A resposta óbvia a esta linha de raciocínio é, sem dúvida, que a derrocada ao caos de Nova Orleans tornou visível a persistência da divisão racial nos Estados Unidos. A população de Nova Orleans era 68% negra. Os negros são os pobres e desfavorecidos. Não tinham meios para fugir da cidade a tempo. Foram deixados para trás, sem alimentos nem outros cuidados. Não é de admirar que tenham explodido. Sua reação violenta deveria ser vista como um eco dos motins em torno do caso de Rodney King em Los Angeles, ou também da agitação de Detroit e Newark no fim da década de 1960.

Mais fundamentalmente podemos perguntar: e se a tensão que conduziu à explosão de Nova Orleans não fosse a tensão entre a "natureza humana" e a força da civilização que a mantém sob controle, mas a tensão entre dois aspectos de nossa própria civilização? E se, ao se esforçar para controlar explosões como a de Nova Orleans, as forças da lei e da ordem estivessem confrontando-se com a própria natureza do capitalismo em sua forma mais pura, com a lógica da competição individualista, da autoafirmação implacável, engendrada pela dinâmica capitalista, uma "natureza" muito mais ameaçadora e violenta do que a de todos os furacões e terremotos?

Na sua teoria do sublime (*das Erhabene*), Immanuel Kant interpretou nosso fascínio perante a irrupção do poder da natureza como uma prova negativa da superioridade do espírito sobre a natureza. Por mais brutal que seja a exibição da natureza feroz, não poderá atingir a lei moral dentro de cada um de nós. Será que a catástrofe de Nova Orleans não nos fornece um exemplo análogo de sublime? Por mais brutal que tenha sido o vórtice do furacão, não pôde se sobrepor ao vórtice da dinâmica capitalista.

Há, no entanto, outro aspecto das explosões de Nova Orleans que não é menos decisivo no que se refere aos mecanismos ideológicos que regulam nossas vidas. Segundo uma anedota antropológica muito conhecida, os "primitivos" aos quais atribuímos certas crenças supersticiosas – a de que descendem de determinada espécie de peixe ou de ave, por exemplo –, quando são diretamente interrogados sobre essas crenças, respondem: "Claro que não, não somos estúpidos! Mas já me disseram que alguns de nossos antepassados de fato acreditavam que...". Em suma, transferem a própria crença para outros. Nós fazemos a mesma coisa com nossos filhos. Fazemos a nossa parte nos rituais de Papai Noel, uma vez que *é suposto* que nossos filhos acreditem nele, e nós não queremos desapontá-los. Quanto aos nossos

Andante ma non troppo e molto cantabile / 85

filhos, fingem acreditar para não desapontarem a nós e à nossa crença em sua ingenuidade (e para ganharem os presentes, é claro). Não é essa também a mesma
desculpa de sempre formulada pelo mítico político corrupto que se torna honesto?
"Não posso desapontar as pessoas comuns que acreditam nisso (ou em mim)."
Dando um passo além, não será essa necessidade de encontrar um outro que "acredite realmente" o que impele a nossa necessidade de estigmatizar o Outro como
"fundamentalista" (religioso ou étnico)? Estranhamente, certas crenças sempre parecem funcionar "a uma certa distância": para que a crença funcione, é *preciso que
haja* alguém que a garanta de forma definitiva, embora este alguém seja sempre
deferido, deslocado, nunca presente *in persona*. O importante, evidentemente, é
que esse outro sujeito que crê plenamente não precisa existir para que a crença seja
efetiva. Basta que se *pressuponha* a sua existência, quer dizer, *acreditar* nele, seja sob
a forma do Outro primitivo, seja sob a forma de "alguém" impessoal ("alguém
acredita que...").

Este diferir ou deslocar não intervém também no que se refere aos nossos senti-
mentos e atitudes mais íntimos, incluindo entre eles o choro e o riso? Das "carpi-
deiras", mulheres contratadas para chorarem nos funerais das sociedades
"primitivas", às "risadas enlatadas" das séries de TV, em que a reação de riso perante
certas cenas é dublada e inserida na trilha sonora, e à adoção de um avatar no ciberespaço, encontramos em ação o mesmo fenômeno. Quando construo uma "falsa"
imagem de mim mesmo que me representa numa comunidade virtual da qual
participo (nos jogos sexuais, por exemplo, um homem tímido assume muitas vezes
o personagem de uma mulher ativa e promíscua), as emoções que sinto e "finjo"
como parte do meu personagem não são simplesmente falsas. Embora aquilo que
experimento como sendo o meu "eu verdadeiro" não as sinta, nem por isso deixam,
em certo sentido, de ser "verdadeiras", da mesma forma que quando assisto a uma
série de televisão cheia de risadas enlatadas, mesmo que eu não ria e simplesmente
olhe para a tela, exausto após um longo dia de trabalho, ainda assim me sinto ali-
viado ao fim do programa...[21]

Os acontecimentos que tiveram lugar em Nova Orleans depois de a cidade ter
sido atingida pelo furacão Katrina introduzem um novo elemento nesta série de
"sujeitos supostos fazer isto ou aquilo": *o sujeito suposto saquear e estuprar*. Todos
nos lembramos das reportagens sobre a desintegração da ordem pública, a explosão
de violência entre a população negra, os roubos e as violentações – contudo, inves-
tigações posteriores demonstraram que, na grande maioria dos casos, estas alegadas
orgias de violência simplesmente *não aconteceram*: boatos não verificados eram re-

---

[21] Sobre o conceito de "sujeito suposto saber", ver o capítulo III de Slavoj Žižek, *The Plague of Fantasies* (Londres, Verso, 1997).

86 / Violência

feridos pelos meios de comunicação como fatos. Por exemplo, em 4 de setembro de 2005, o superintendente Eddie Compass, do Departamento de Polícia de Nova Orleans, foi citado pelo *New York Times* acerca das condições existentes na zona do Congresso no centro da cidade: "Quando veem os turistas que circulam por aqui, esses indivíduos tomam-nos por presas e atacam. Há espancamentos e estupros nas ruas". Numa entrevista concedida duas semanas mais tarde, Compass reconhecia que algumas dessas informações mais chocantes não eram verdadeiras: "Não dispomos de dados oficiais que documentem qualquer homicídio. Não temos dados oficiais que confirmem qualquer estupro ou agressão sexual"[22].

A realidade dos pobres negros abandonados e deixados sem meios de sobrevivência foi assim transformada no espectro de uma explosão de violência negra, de turistas assaltados e assassinados nas ruas invadidas pela anarquia, no cenário de um enorme estádio cheio de bandos que violavam mulheres e crianças... Estas descrições não eram simples palavras, eram palavras com *efeitos materiais* precisos: engendraram medos que levaram as autoridades a refrear as ações de socorro das forças militares, a atrasar as evacuações médicas, fazendo com que os funcionários da polícia saíssem da cidade e com que os helicópteros permanecessem em terra. Por exemplo, as viaturas da Acadian Ambulance Company foram fechadas à chave depois de correr a notícia, que se revelaria completamente infundada, de que as reservas de água de um quartel de bombeiros de Covington tinham sido saqueadas por assaltantes armados.

É evidente que o sentimento de ameaça foi ateado por desordens e violências autênticas: os saques *começaram* no momento em que a tempestade passou sobre Nova Orleans. E foram dos pequenos furtos aos assaltos motivados por necessidades vitais. No entanto, a realidade (limitada) dos crimes de modo algum desculpa os "relatórios" sobre o colapso total da lei e da ordem – não estando aqui em jogo o "exagero" dos dados, mas algo muito mais fundamental. Jacques Lacan sustentava que, ainda que a mulher de um paciente fosse de fato para a cama com outros homens, os ciúmes daquele deveriam continuar a ser tratados como uma condição patológica. Analogamente, ainda que os judeus ricos da Alemanha do início da década de 1930 explorassem "realmente" os trabalhadores alemães, seduzissem suas filhas, dominassem a imprensa popular e assim por diante, o antissemitismo nazista continuava a ser radicalmente "não verdadeiro", continuava a ser um quadro ideológico patológico. Por quê? O que o tornava patológico era o seu investimento libidinal denegado da figura do judeu. A causa de todos os antagonismos sociais era projetada no "Judeu", objeto de um amor-ódio patológico, figura espectral

---

[22] Ver Jim Ewyer e Christopher Drew, "Fear Exceeded Crime's Reality in New Orleans", *New York Times*, 29 set. 2005.

portadora de um misto de fascinação e repulsa. É exatamente o mesmo que se pode dizer da onda de saques de Nova Orleans: *ainda que TODAS as informações sobre violência e estupros tivessem se revelado factualmente verdadeiras, as histórias que circulavam a seu respeito continuariam a ser "patológicas" e racistas*, pois o que motivou tais histórias não foram fatos, mas preconceitos racistas, a satisfação experimentada pelos que podiam dizer: "Vejam, os negros são realmente assim – bárbaros violentos sob uma fina película de civilização!" Em outras palavras, estaríamos perante aquilo a que poderíamos chamar *mentindo sob a forma de verdade*: ainda que aquilo que digo seja factualmente verdadeiro, os motivos de dizê-lo são falsos.

E que dizer, então, do óbvio contra-argumento populista de direita: se dizer a verdade factual implica uma mentira subjetiva – a atitude racista –, significa que, sendo politicamente corretos, não estamos autorizados a referir os simples fatos quando os negros cometem um crime? A resposta é clara: a obrigação não consiste em mentir, em falsificar ou ignorar os fatos, a pretexto da invocação de uma verdade política superior, mas – e trata-se de algo muito mais difícil de fazer – de mudarmos a nossa posição subjetiva de tal modo que dizermos a verdade factual não implique a mentira na posição subjetiva da enunciação. Eis onde reside a limitação do politicamente correto que impera até hoje: em vez de mudar a posição subjetiva a partir da qual falamos, nos impõe um conjunto de regras relativas ao conteúdo do que dizemos. Não se refira ao fato de que negros cometeram crimes. Não mencione que há casais de lésbicas que maltratam seus filhos. Não aluda acasos em que membros de grupos desfavorecidos de minorias brutalizam mulheres e crianças... Mas todas estas regras relativas ao conteúdo deixam de fato a nossa posição subjetiva inalterada.

É claro, nós não assumimos abertamente essas motivações. Todavia, de vez em quando elas emergem no nosso espaço público em formas censuradas, disfarçadas de uma denegação, evocadas como uma alternativa e então imediatamente descartadas. Lembremos o que William Bennett, o hábil autor neoconservador de *O livro das virtudes*, afirmou em 28 de setembro de 2005 em seu programa radiofônico *Morning in America*: "Mas eu sei que é verdade que se quisessem reduzir o crime, poderiam; sei que se este fosse o seu propósito único, poderiam abortar todos os bebês negros neste país e a taxa de criminalidade diminuiria. Seria uma coisa ridiculamente impossível e moralmente condenável de se fazer, mas a taxa da criminalidade diminuiria". A Casa Branca reagiu prontamente: "O presidente acredita que os comentários não foram adequados". Dois dias depois, Bennett moderava sua declaração: "Eu estava apenas sugerindo uma proposta hipotética... e depois eu disse também que era moralmente condenável recomendar o aborto para todo um grupo da população. Mas é isso o que acontece quando você argumenta que os fins podem justificar os meios". Era exatamente este quadro que Freud tinha em mente quando escrevia que o inconsciente não conhece a negação: o discurso oficial (cris-

88 / Violência

tão, democrático...) é acompanhado e sustentado por todo um núcleo de fantasias obscenas, brutais, racistas e sexistas, que só podem ser admitidas na consciência sob uma forma censurada.

Mas não estamos lidando aqui apenas com o bom e velho racismo. Algo mais está em jogo: um traço fundamental de nossa sociedade "global" emergente. No 11 de Setembro, as Torres Gêmeas foram atingidas. Doze anos antes, em 9 de novembro de 1989, caía o Muro de Berlim. A data parecia anunciar os "felizes anos 1990", o sonho do "fim da história" de Francis Fukuyama – a crença segundo a qual a democracia liberal, em princípio, saíra vencedora; a busca chegara ao seu termo; o advento de uma comunidade liberal global espreitava ali na esquina; que os obstáculos com que este final feliz e ultra-hollywoodiano se deparava eram meramente empíricos e contingentes (bolsas de resistência locais cujos dirigentes ainda não tinham compreendido que o seu tempo havia terminado). Em contrapartida, o 11 de Setembro é o principal símbolo do fim dos felizes anos 1990 de Bill Clinton. É o marco de uma época em que novos muros se levantam por toda a parte, entre Israel e a Cisjordânia, em torno da União Europeia e na fronteira dos Estados Unidos com o México. A ascensão da Nova Direita populista é só o exemplo mais proeminente deste afã de construção de novos muros.

Há alguns anos, uma sinistra decisão da União Europeia passava quase desapercebida: o plano de estabelecer uma força de polícia de fronteiras pan-europeia a fim de garantir o isolamento do território da União e de impedir assim a chegada de imigrantes. *Esta* é a verdade da globalização: a construção de novos muros protegendo a Europa próspera do fluxo migratório. Sentimo-nos tentados a ressuscitar aqui a velha oposição "humanista" marxista "relações entre coisas" *versus* "relações entre pessoas": na amplamente celebrada livre circulação, aberta pelo capitalismo global, são as "coisas" (mercadorias) que circulam livremente, ao mesmo tempo que a circulação de "pessoas" é cada vez mais controlada. Não estamos lidando hoje com a "globalização" como um "projeto inacabado", mas com uma verdadeira "dialética da globalização": a segregação das pessoas *é* a realidade da globalização econômica. Este novo racismo das zonas desenvolvidas é em certo sentido muito mais brutal do que o anterior: sua legitimação implícita não é nem naturalista (a superioridade "natural" do Ocidente desenvolvido) nem culturalista (também nós, no Ocidente, queremos preservar a nossa identidade cultural), mas um egoísmo econômico sem vergonha. A divisão fundamental é a que passa entre aqueles incluídos pela esfera de (relativa) prosperidade econômica e aqueles por ela excluídos.

O que nos leva de volta aos boatos e aos supostos relatórios sobre os "sujeitos supostos saquear e estuprar". Nova Orleans está entre as cidades mais pesadamente marcadas pelo muro interno dentro dos Estados Unidos, que separa os elementos abastados da população de negros segregados. E é sobre aqueles que estão do outro lado do muro que nós fantasiamos: cada vez mais vivem em um outro mundo, numa zona neutra que funciona como uma tela para a projeção de nossos próprios medos, ansiedades e desejos secretos. *O "sujeito suposto saquear e estuprar" está do outro lado do muro*. É sobre este sujeito que Bennett pode se permitir deslizar a língua e confessar em termos censurados os seus sonhos assassinos. Mais do que qualquer outra coisa, os boatos e as falsas informações sobre o rescaldo do furacão Katrina são um testemunho da profunda divisão classista da sociedade norte-americana.

Quando, no começo de outubro de 2005, a polícia espanhola se pôs o problema de como deter o fluxo de imigrantes africanos desesperados que tentavam entrar no pequeno território espanhol de Melilla, na costa africana de Rif, conceberam planos de construir um muro entre o enclave espanhol e o Marrocos. As imagens apresentadas – de uma estrutura complexa com um equipamento eletrônico complexo – eram inquietantemente semelhantes ao Muro de Berlim, distinguindo-se dele somente pela função oposta a que se destinava: o muro serviria para impedir as pessoas de entrar, não de sair. A cruel ironia da situação é que fosse o governo de José Luis Zapatero, então talvez o líder de governo mais antirracista e tolerante da Europa, que se veria obrigado a adotar medidas de segregação desse gênero. Este é um sinal muito claro dos limites da abordagem multiculturalista "tolerante" que apregoa a abertura das fronteiras e a aceitação dos outros. Se nos preparássemos para abrir as fronteiras, as primeiras a revoltar-se seriam as classes trabalhadoras locais. Assim, fica cada vez mais claro que a solução não é "derrubem os muros e deixem todos entrar", nos termos da exigência fácil e vazia dos liberais "radicais" de coração mole. A única verdadeira solução é derrubarmos o *verdadeiro* muro – não o do Departamento da Imigração, mas o social e econômico: transformar a sociedade de maneira que as pessoas deixem de tentar desesperadamente fugir de seu próprio mundo.

4
PRESTO

Antinomias da razão tolerante

LIBERALISMO OU FUNDAMENTALISMO?
UMA PRAGA SOBRE AS CASAS DE UM E DE OUTRO!
Immanuel Kant elaborou a noção das "antinomias da razão pura". A razão humana finita cai inevitavelmente na autocontradição quando tenta ir além da experiência sensível concreta para abordar questões do tipo: terá o Universo um começo no tempo, um limite no espaço, uma causa inicial, ou é infinito? A antinomia se manifesta porque é possível construir argumentos válidos favoráveis tanto a uma resposta como a outra: podemos demonstrar conclusivamente que o universo é finito *e* que é infinito. Kant sustenta que se este conflito da razão não for resolvido, a humanidade cairá num ceticismo desolado a que chamou de "eutanásia da razão pura"[1]. As reações à indignação muçulmana perante as caricaturas dinamarquesas de Maomé – a outra explosão violenta que agitou a opinião pública ocidental no outono de 2005 – parecem confrontar-nos com uma antinomia análoga da razão *tolerante*: é possível contar duas histórias opostas sobre as caricaturas, cada uma delas convincente e bem argumentada, sem qualquer possibilidade de mediação ou reconciliação entre si.

Para o liberal ocidental, para quem a liberdade de expressão é um dos bens supremos, o caso é claro. Ainda que possamos rejeitar com repulsa as caricaturas, sua publicação de modo nenhum justifica uma violência de massa assassina e a estigmatização de um país inteiro. Aqueles que as caricaturas ofenderam deveriam ter movido uma ação em tribunal contra o autor da injúria, e não exigir a apresentação

---

[1] Ver Immanuel Kant, "The Antinomy of Pure Reason", *Critique of Pure Reason: The Transcendental Dialectic* (Londres, Palgrave, 2003), Livro II, cap. 2 [ed. bras.: *Crítica da razão pura*, Petrópolis, Vozes, 2012].

92 / Violência

de desculpas a um Estado que professa a liberdade da imprensa. A reação muçulmana manifesta uma clamorosa incompreensão do princípio ocidental de uma sociedade civil independente.

O que subjaz à atitude muçulmana é a crença no estatuto sagrado da escrita (é por isso que, tradicionalmente, os muçulmanos não usam papel nos banheiros). A ideia de uma escrita completamente secularizada – para não falar na possibilidade de um *A vida de Maomé* à la Monty Python – é inimaginável numa cultura islâmica. Há mais em jogo aqui do que pode parecer à primeira vista. Zombar de uma divindade faz parte da própria tradição religiosa europeia, desde a ridicularização ritual dos deuses do Olimpo na Grécia Antiga. Nada há de subversivo ou ateu neste traço: a zombaria é um elemento intrínseco da vida religiosa. No que se refere ao cristianismo, não devemos esquecer os momentos de ironia carnavalesca das parábolas e enigmas de Cristo. A própria crucificação comporta uma dose de escárnio, de espetáculo blasfemo em que o rei que é Cristo cavalga um burro, sua coroa feita de espinhos. O cristianismo rompe com a concepção pagã de inversão cômica das relações de autoridade estabelecidas, levando a que, por um período limitado de tempo, um louco seja entronizado como rei. No cristianismo, o "verdadeiro" rei é revelado como sendo a sua própria blasfêmia, um Senhor do Desgoverno, um louco. Foi por isso que quando, em dezembro de 2006, um grupo de membros nacionalistas conservadores do parlamento propôs seriamente que Jesus fosse proclamado Rei da Polônia, não só confundia as ordens religiosa e política, mas apresentava afinal uma proposta profundamente *pagã*, anticristã, que perdia de vista a ironia do próprio cristianismo.

Para o liberal ocidental há também o problema das caricaturas anticristãs e antissemitas brutais e vulgares que abundam na imprensa e em livros escolares dos países muçulmanos. Nesses países não há respeito por outros povos ou outras religiões – apesar de exigirem para eles esse respeito por parte do Ocidente. Mas a falta de respeito é estendida aos seus próprios povos, como demonstra o seguinte caso concreto protagonizado por um membro do clero. No outono de 2006, *sheik* Taj Din al-Hilali, o decano do clero muçulmano da Austrália, causou escândalo quando, depois da prisão de um grupo de muçulmanos condenados pela violação coletiva de uma mulher, proclamou as seguintes palavras: "Se se deixar um bocado de carne à vista no meio da rua [...] e aparecerem gatos para comê-la [...] de quem é a culpa? Dos gatos ou do bocado de carne à vista? O problema é a carne à vista"[2].

---

[2] Esta responsabilidade total da mulher pelo ato sexual foi legalmente sancionada no Irã, onde, em 3 de janeiro de 2006, uma garota de 19 anos foi condenada à forca por reconhecer ter apunhalado um dos três homens do grupo que tentara lhe estuprar. Eis o paradoxo: se tivesse optado por não se defender e consentir na violação, teria sido condenada a cem açoites, nos termos da lei da castidade iraniana. Se fosse casada no momento da violação, teria sido possivelmente considerada culpada de adultério e condenada à morte por lapidação. Assim, acontecesse o que acontecesse, a responsabilidade seria sempre exclusivamente dela.

A natureza explosivamente provocatória da comparação entre uma mulher sem véu e um pedaço visível de carne crua distraiu as atenções de uma outra premissa, muito mais surpreendente, subentendida pelo argumento de Hilali: se as mulheres são consideradas responsáveis pelo comportamento sexual dos homens, não implicará isso que os homens se encontram totalmente desamparados quando se deparam com o que percebem como tentação sexual, que são simplesmente incapazes de resistir a ela, que são tão completamente prisioneiros de seu apetite sexual como um gato que vê um pedaço de carne crua? Contrariando essa presunção de uma completa ausência de responsabilidade dos homens no que se refere à sua própria conduta sexual, a valorização pública dos traços eróticos femininos que caracteriza o Ocidente assenta na premissa de que os homens *são* capazes de contenção sexual, que não são escravos cegos de suas pulsões sexuais[3].

Alguns dos partidários ocidentais da tolerância multicultural que tentam aceder a certa "compreensão" da reação muçulmana assinalam que a hiperreação às caricaturas tem uma causa subjacente. A violência assassina inicialmente dirigida contra a Dinamarca, mas depois expandida a toda a Europa e a todo o Ocidente, indica que as manifestações não se referiam concretamente às caricaturas, mas às humilhações e frustrações associadas à atitude imperialista do Ocidente. Nas semanas que se seguiram às manifestações, os jornalistas rivalizaram uns com os outros na enumeração das "razões reais" que estariam por trás dos motins: a ocupação israelita, a insatisfação com o regime pró-americano de Musharraf no Paquistão, o antiamericanismo do Irã e assim por diante. O problema com essa lógica de indulgência é tornado mais evidente se a alargarmos ao caso também do antissemitismo: o antissemitismo muçulmano não é "realmente" contra os judeus, mas constitui um protesto deslocado contra a exploração capitalista. Mas tal indulgência só serve para tornar as coisas piores para os muçulmanos, obrigando-nos logicamente a perguntar: porque é que não atacam, então, a VERDADEIRA causa?

Por outro lado, podemos mover contra o Ocidente uma acusação não menos convincente. Depressa se soube que o mesmo jornal dinamarquês que publicou as caricaturas de Maomé, numa manifestação de partidarismo óbvia, rejeitara anterior-

---

[3] Há, no entanto, outra leitura mais sinistra dessa ausência de responsabilidade por parte dos homens: tal aptidão a realizar o ato sexual a qualquer momento, em qualquer lugar, não seria uma fantasia feminina? Lembremo-nos da ridícula proibição que os talibãs impuseram às mulheres de usar sapatos de salto, como se, até mesmo inteiramente cobertas pela roupa, o som dos saltos das mulheres pudesse provocar os homens. Não estaríamos pressupondo aqui, uma vez mais, uma imagem totalmente erotizada do homem, que pode ser provocado até mesmo por um som inocente, a partir do momento em que este assinale a presença de uma mulher? O outro lado da tolerância ocidental perante o comportamento provocante das mulheres poderia ser então o fato de, nas nossas sociedades permissivas, os homens estarem cada vez menos interessados na relação sexual, considerando-a mais um dever do que um prazer.

94 / Violência

mente a publicação de algumas caricaturas de Cristo, considerando-as demasiado ofensivas. Além disso, antes de recorrerem às manifestações públicas, os muçulmanos dinamarqueses tentaram durante meses adotar a via "europeia" do diálogo, pedindo para serem recebidos pelas autoridades governamentais. Foram ignorados. A realidade subjacente a tudo isto é o triste fato da xenofobia em ascensão na Dinamarca, que assinala o fim do mito da tolerância escandinava. Por último, deveríamos examinar as várias proibições e limitações implícitas na chamada liberdade de imprensa do Ocidente. Não é o Holocausto um fato sagrado e intocável? No preciso momento em que os protestos muçulmanos se ateavam, o historiador britânico David Irving estava numa prisão austríaca cumprindo uma pena de três anos por ter manifestado dúvidas acerca do Holocausto num artigo publicado havia quinze anos[4].

Como devemos ler essas proibições legais contra a formulação de dúvidas (em público) acerca do(s) fato(s) do Holocausto? O senso comum moral que nos diz que há algo falso aqui está certo: a legalização do estatuto intocável do Holocausto é, em certo sentido, a versão mais refinada e perversa da negação do Holocausto[5]. Embora reconhecendo plenamente o(s) fato(s) do Holocausto, essas leis neutralizam a sua eficácia simbólica. Através da sua existência, a memória do Holocausto é posta no exterior, e o indivíduo é posto ao abrigo do seu impacto. Passo a poder responder tranquilamente aos críticos: "Está escrito na nossa lei e determinado por ela. Então já tomaram conta do problema. O que mais vocês podem querer? Deixem-me viver em paz agora!". A ideia, evidentemente, não é que precisemos de vez em quando de um David Irving que ressuscite nossa memória histórica e nos desperte do sono dogmático da confiança na memória exterior(izada). É que certas vezes o reconhecimento direto de um crime pode ser a maneira mais eficaz de evitar a responsabilidade por ele.

A contrapartida muçulmana dessa hipocrisia legalista é a estranha inconsistência de suas referências ao Holocausto. O jornal jordaniano *Ad-Dustour* de 19 de outubro de 2003 publicou um cartum representando o caminho de ferro que levava ao campo de concentração de Auschwitz-Birkenau, no qual as bandeiras israelitas substituíam as bandeiras nazistas. O cartaz em árabe diz: "Faixa de Gaza ou campo de aniquilação israelita". (É interessante notar como essa identificação do

---

[4] O que, evidentemente, não justifica Irving, que fora convidado a visitar a Áustria por um partido de extrema-direita e sabia que seria detido.

[5] E na medida em que qualquer intuito de verificação dos números é também desqualificado, podemos imaginar a obscenidade suprema de um debate que se centre em torno do número "aceitável" de mortos – numa espécie de eco do debate sobre as taxas de álcool "aceitáveis" no sangue de motoristas: precisam ser 5,5 milhões mortos ou você pode continuar a ser um renomado historiador – e não um revisionista do Holocausto – se estimar que "apenas" 5,3 milhões de judeus foram assassinados?

exército israelita com os nazistas foi estranhamente retomada pelos colonos de Gaza que, quando foram evacuados coercivamente pelas Forças de Defesa de Israel, identificaram também os ônibus e os caminhões da força israelita com os trens que transportavam os judeus para Auschwitz, clamando que um novo Holocausto, uma nova destruição da nação judaica, acabaria por ter lugar se as novas deportações não fossem interrompidas. Estamos aqui perante dois exemplos opostos e que se espelham um ao outro da brutal instrumentalização do Holocausto.) Esta ideia segundo a qual as medidas políticas de Israel contra os palestinos eram comparáveis às ações nazistas contra os judeus contradizem estranhamente a negação do Holocausto. A anedota evocada por Freud para descrever a estranha lógica dos sonhos ilustra bem a estranha lógica que está em jogo aqui: 1) nunca peguei uma chaleira emprestada de você; 2) devolvi a chaleira intacta; 3) a chaleira já estava quebrada quando você me entregou. Esta enumeração de argumentos inconsistentes confirma, evidentemente, através da negação, aquilo que se pretende negar: o fato de eu ter devolvido a chaleira quebrada... Não será esta mesma inconsistência que caracteriza o modo como os islamitas radicais reagem perante o Holocausto? 1) O Holocausto não aconteceu; 2) aconteceu, mas os judeus mereciam o que tiveram; 3) os judeus não o mereceram, mas perderam o direito de se lamentar uma vez que fazem aos palestinos o mesmo que os nazistas lhes fizeram.

Ao falar em Meca em dezembro de 2005, o presidente Ahmadinejad do Irã argumentava que o sentimento de culpa causado pelo Holocausto levara os países europeus a apoiarem a implantação do Estado de Israel:

> Alguns países europeus insistem em dizer que Hitler assassinou milhões de judeus inocentes em fornos crematórios, de tal maneira que, se alguém demonstra o contrário, é condenado e metido na cadeia. [...] Embora não admitamos essa tese, se supusermos que é verdadeira, o que poderemos perguntar aos europeus é o seguinte: o extermínio de judeus inocentes por Hitler será razão que justifique o apoio dado aos ocupantes de Jerusalém? [...] Se os europeus fossem honestos, deveriam dar algumas das suas regiões da Europa – na Alemanha, na Áustria, noutros países – aos sionistas, e estes poderiam então estabelecer o seu Estado na Europa. Ofereçam-lhes uma parte da Europa, e nós apoiaremos essa medida.

Esta declaração, ao mesmo tempo que é repugnante, mostra-se parcialmente certeira. O aspecto repugnante é, sem dúvida, a negação do Holocausto e, mais problematicamente, a tese segundo a qual os judeus mereceram o Holocausto. ("Não aceitamos essa tese": que tese? A de que Hitler matou milhões de judeus ou a de *que os judeus eram inocentes* e não mereciam ser assassinados?) O aspecto certeiro da declaração citada é a evocação da hipocrisia europeia: a manobra europeia consistiu de fato em expiar as próprias culpas por meio da terra de outro

96 / Violência

povo. Por isso, quando o porta-voz do governo de Israel Ra'anan Gissin respondeu: "Gostaria apenas de lembrar o Sr. Ahmadinejad de que nós já estávamos aqui muito antes de seus antepassados. Portanto, temos um direito de nascença de estar aqui, na terra de nossos avós, e de viver aqui", evocava um direito histórico que, se fosse aplicado a uma escala universal, causaria uma matança não menos universal. Quer dizer, poderemos sequer imaginar um mundo em que os diferentes grupos étnicos "lembrassem" constantemente aos seus vizinhos que "já estávamos aqui antes de vocês"– ainda que o antes se refira a mil anos ou mais – e se servissem desse fato para justificar seus esforços tendentes a apoderarem-se das terras alheias? Adotando esta lógica, Cécile Winter, uma escritora judia francesa, propôs uma curiosa experiência mental: imaginemos Israel tal como é, e a sua trajetória ao longo do último meio século, *ignorando* o fato de os judeus terem chegado ao seu território estigmatizados pelo significante de vítimas absolutas e, por conseguinte, a salvo de qualquer reprovação moral. Estaremos nesse caso perante uma típica história de colonização[6].

Mas por que teríamos de *abstrair* do Holocausto quando julgamos a política israelita em relação aos palestinos? Não porque possamos comparar uma coisa e outra, mas precisamente porque o Holocausto *foi* um crime incomparavelmente mais grave. A própria necessidade de evocar o Holocausto em defesa dos atos de Israel implica secretamente que Israel está cometendo crimes tão horríveis que apenas o trunfo do Holocausto pode redimi-los. Então isso significa que devemos ignorar o fato do Holocausto quando nos referirmos à atual situação política, uma vez que cada caso em que é utilizado para legitimar atos políticos equivale a um passo a mais em sua obscena instrumentalização? Mas tal atitude seria muito próxima da obscenidade (pretensamente) de esquerda segundo a qual qualquer menção do Holocausto no discurso político do presente é uma desonestidade, uma manipulação destinada a deixar na sombra os crimes israelitas contra os palestinos (ou, mais geralmente, significa minimizar o sofrimento não menos aterrorizante do Terceiro Mundo, a cujos olhos a referência ao Holocausto serve para permitir aos colonos apresentarem-se como sendo eles as vítimas por excelência). Somos assim pegos por uma antinomia kantiana (embora fosse obsceno demais chamá-la de "a antinomia da razão do Holocausto"): enquanto qualquer referência positiva ao Holocausto equivalha à sua instrumentalização, a redução de qualquer referência ao Holocausto a esse tipo de instrumentalização (ou seja, a imposição de um silêncio total sobre o Holocausto no discurso político) não é menos inadmissível.

Mas talvez esta referência a Kant forneça também uma solução: segundo a linha de pensamento que conduz à concepção kantiana do uso negativo da razão como

---

[6] Ver Alain Badiou e Cécile Winter, *Circonstances*, v. 3, *Portées du mot "juif"* (Paris, Léo Scheer, 2005).

único uso legítimo quando tratamos de objetos numenais, deveríamos limitar a convocação do Holocausto a um registro negativo. A única referência permitida ao Holocausto deveria ser uma referência negativa. O Holocausto não deveria ser evocado para justificar/legitimar quaisquer medidas políticas, mas apenas para deslegitimá-las (algumas delas), para impor certos limites aos nossos atos políticos: seria justificado condenarmos atos que manifestem uma *hubris* cuja expressão extrema foi o Holocausto.

E se as verdadeiras caricaturas do Islã fossem as próprias manifestações violentas antidinamarquesas, que ofereceriam assim uma imagem ridícula do Islã em correspondência exata com os clichês ocidentais? A suprema ironia é, sem dúvida, que a ira das turbas muçulmanas se tenha virado contra a Europa que os anti-islamitas empedernidos – como a conhecida jornalista Oriana Fallaci, que morreu em setembro de 2006 – viam como demasiadamente tolerante frente ao Islã, ou pronta a capitular perante as suas exigências e, no interior da Europa, contra a Dinamarca, parte do modelo de tolerância representado pela Escandinávia. Essa constelação reproduz perfeitamente o paradoxo do supereu: quanto mais obedeço ao que o Outro me exige, mais culpado sou. É como se quanto mais tolerássemos o Islã, mais fortes fossem suas exigências sobre nós.

Oriana Fallaci era a mulher intolerante que funcionava como um sintoma dos homens tolerantes. Nos livros que escreveu durante seus últimos anos, quebrou duas regras capitais: sua escrita era apaixonada e inteiramente comprometida, e ela desrespeitava o *mantra* politicamente correto do respeito pelo Outro[7]. Sua alegação era de que a Guerra contra o Terrorismo em curso não era um choque de civilizações, mas um choque entre civilização e barbárie. O inimigo não é o uso político distorcido do Islã, mas o próprio Islã. O perigo interior é a atitude de compromisso predominante na Europa. Sua tese é que a Europa capitulou já no plano espiritual: trata a si própria como uma província do Islã, receando afirmar a sua identidade cultural e política. Fallaci chama repetidamente a atenção para a assimetria da tolerância: a Europa pede desculpa a todo o momento, apoia a construção de novas mesquitas, exige respeito pelo Islã e assim por diante. Entretanto, em alguns países islâmicos a simples conversão do fiel islâmico ao cristianismo é punida com a morte. A posição transparente de Fallaci talvez seja a razão pela qual seus livros são marginalizados e considerados inadmissíveis: depois de cada grande apelo à unidade contra a ameaça fundamentalista, Bush, Blair e o próprio Sharon nunca se esquecem de elogiar o Islã como uma grande religião de amor e tolerância que nada tem a ver com os repugnantes atos terroristas praticados em seu nome.

---

[7] Ver Oriana Fallaci, *The Rage and the Pride* (Nova York, Rizzoli, 2002) e *The Force of Reason* (Nova York, Rizzoli, 2006).

98 / Violência

Fallaci era uma ateia liberal esclarecida – não uma fundamentalista cristã –, sendo demasiado fácil desprezar seus livros considerando-os como uma explosão de reacionarismo racista histérico. Seu sucesso extraordinário tornou-a até certo ponto um objeto excrementício "intocável": o próprio embaraço que provocava entre os liberais multiculturalistas demonstrava que atingira o ponto vulnerável do liberalismo, o seu "recalque".

Mas o erro de Fallaci foi levar a sério o subserviente "respeito" multiculturalista pelo Outro muçulmano. Não conseguiu ver como esse "respeito" é uma contrafação, um sinal de racismo dissimulado e condescendente. Em outras palavras, longe de se opor apenas à tolerância multiculturalista, o que Fallaci fez foi expor à luz do dia seu núcleo oculto. O filósofo francês Alain Finkielkraut disse, em uma entrevista publicada em 18 de novembro de 2005 pelo *Ha'aretz*, comentando a agitação nos subúrbios franceses: "Se um árabe incendeia uma escola, é revolta. Se é um homem branco que o faz, é fascismo [...]. Passo a passo, a ideia generosa de uma luta contra o racismo vem se tornando monstruosamente uma ideologia mentirosa. O antirracismo será para o século XXI o que o comunismo foi para o século XX. Uma nascente de violência". Finkielkraut acerta aqui, mas pelas razões erradas: o que está errado no combate multiculturalista politicamente correto contra o racismo não é o seu antirracismo excessivo, mas o seu racismo encoberto.

Comparemos duas declarações de George W. Bush para examinarmos a questão. Em seu discurso inaugural, em fevereiro de 2005, Bush proclamava: "A América não fingirá que os dissidentes presos preferem a cadeia ou que as mulheres celebrem sua própria humilhação e servidão". Emparelhado a estas palavras, devemos pôr as repetidas afirmações de Bush segundo as quais o Islã é uma grande religião pacífica que simplesmente é *distorcida* pelos fundamentalistas. Um liberal multiculturalista tenderia a desprezar a primeira declaração como expressão de imperialismo cultural, assim como qualificar a segunda como aceitável, apesar de ser uma máscara da hipocrisia. Talvez devêssemos inverter este juízo e levar sem medo as coisas às suas últimas consequências. O problema que há no "respeito pelo Islã" declarado por Bush não é a sua hipocrisia, o fato de encobrirem um racismo e um imperialismo cultural eurocentrista subjacentes. O erro está no próprio conteúdo das declarações em causa. O jogo que consiste em absolver a verdade interna de uma religião ou ideologia e de separá-la de sua exploração política posterior ou secundária é simplesmente falso. É uma posição não filosófica. Devemos ser a este propósito implacáveis tanto no que se refere ao Islã como ao cristianismo... E como, de fato, ao marxismo. Com efeito, o que é hipócrita é a primeira declaração de Bush: podemos adotar na íntegra o seu conteúdo, fazendo notar ao mesmo tempo em que os atos políticos de Bush não o assumiram.

O círculo de giz de Jerusalém

É, todavia, demasiado fácil marcar pontos neste debate por meio de inversões espirituosas e que poderiam prosseguir indefinidamente – então vamos acabar com este polêmico diálogo imaginário e arriscar um passo que conduza diretamente ao "coração das trevas" do conflito do Oriente Médio. Muitos pensadores políticos conservadores (e não só conservadores), de Blaise Pascal a Immanuel Kant e Joseph de Maistre, elaboraram a ideia das origens ilegítimas do poder, a ideia de "crime fundador" sobre o qual os nossos Estados se baseiam, e é por isso que devemos oferecer ao povo "nobres mentiras" sob a forma de heroicas narrativas de origem. A respeito dessas ideias, o que muitas vezes se diz de Israel é bastante verdadeiro: o infortúnio de Israel é ter sido estabelecido como Estado-nação um ou dois séculos mais tarde do que devia, em condições nas quais tais crimes fundadores deixaram de ser aceitáveis. A suprema ironia aqui é o fato de que foi justamente a influência intelectual judaica que contribuiu para a afirmação dessa inadmissibilidade!

Durante minha última visita a Israel, fui abordado por um intelectual israelita que, a par das minhas simpatias palestinas, me perguntou em tom jocoso: "Não tem vergonha de estar aqui, em Israel, esse Estado ilegal e criminoso? Não tem medo de ver aqui contaminadas as suas credenciais de esquerda e de se tornar cúmplice do crime?".

Com toda a honestidade, tenho de admitir que toda vez que viajo a Israel experimento esse estranho estremecimento de quem entra num território proibido, de violência ilegítima. Será que isso significa que sou (não tão) secretamente antissemita? Mas o que me perturba é precisamente que me descubro num Estado que ainda não apagou a "violência fundadora" de suas origens "ilegítimas", recalcando-as para um passado intemporal. Nesse sentido, aquilo com que o Estado de Israel nos confronta é simplesmente o passado apagado de *todo e qualquer* poder de Estado.

Por que seremos hoje mais sensíveis a essa violência? Precisamente porque, num universo global que se legitima através de uma moralidade global, os Estados soberanos deixaram de poder eximir-se a juízos de ordem moral, mas são tratados como agentes morais puníveis por seus crimes, apesar de continuar a ser discutível tanto aquele que exerce a justiça como o estatuto de quem julga o juiz. A soberania do Estado é assim severamente constrangida. Este aspecto explica o valor emblemático do conflito no Oriente Médio: ele nos confronta com a fragilidade e a permeabilidade da fronteira que separa o poder não estatal "ilegítimo" do poder estatal "legítimo". No caso do Estado de Israel, suas origens "ilegítimas" ainda não puderam ser elididas. Seus efeitos são hoje plenamente sentidos. O que nos faz lembrar o lema da *Ópera dos três vinténs* de Bertolt Brecht: o que é um assalto a banco comparado com a fundação de um banco? Para dizê-lo de outra forma, o que são os assaltos que violam a lei comparados com os assaltos que têm lugar no quadro da lei? O que só faz crescer a tentação de propor uma nova variação em torno deste

100 / Violência

lema: o que é um ato de terrorismo face a um poder de Estado que faz a sua guerra contra o terrorismo?

Quando os observadores ocidentais se perguntam desesperados por que é que os palestinos persistem no seu apego obstinado à sua terra e se recusam a dissolver a própria identidade num mar árabe mais vasto, estão exigindo que os palestinos ignorem precisamente aquilo que constitui a violência fundadora de Estado "ilegítima" por parte de Israel. Numa demonstração de justiça poética que afirma a ironia da história, os palestinos devolvem a Israel a sua própria mensagem, sob uma forma invertida e verdadeira. Existe o apego patológico à terra, implicando um direito de regresso a ela ao cabo de milhares de anos – uma negação efetiva da desterritorialização que se alega ser característica do capitalismo global atual. Mas a mensagem invertida vai mais longe ainda. Imagine se lêssemos a seguinte declaração nos meios de comunicação atuais:

> Nossos inimigos nos chamaram de terroristas [...]. Pessoas que não foram nem nossos amigos nem nossos inimigos [...] também usaram esse nome latino [...]. E, no entanto, nós não fomos terroristas [...]. As origens históricas e linguísticas do termo político "terror" demonstram que ele não pode ser aplicado a uma guerra revolucionária de libertação [...]. Os combatentes da liberdade têm de usar armas; de outro modo seriam imediatamente esmagados [...]. O que tem a ver com o "terrorismo" uma luta em defesa da dignidade do homem, contra a opressão e a servidão?

Automaticamente atribuiríamos esta mensagem a um grupo terrorista islâmico e, consequentemente, o condenaríamos. Todavia, o autor dessas palavras não é outro senão o ex-primeiro-ministro de Israel Menachem Begin, durante os anos em que a Haganah combatia as forças britânicas na Palestina[8]. É interessante notar que, durante os anos de luta dos judeus contra o exército britânico na Palestina, o termo "terrorista" tinha uma conotação positiva. Passemos a outro exercício mental: imaginemos ler nos jornais contemporâneos uma carta aberta intitulada "Carta aos terroristas da Palestina", que contivesse as seguintes afirmações:

> Meus bravos amigos. Podem não acreditar no que escrevo a vocês, dada a atmosfera turva que hoje se respira. Mas dou a minha palavra de velho repórter quando afirmo que o que escrevo é verdade. Os palestinos da América estão do seu lado. Vocês são os nossos heróis. Vocês são o nosso sorriso. São a pluma que enfeita o nosso chapéu. São a primeira resposta que faz sentido – para o Novo Mundo. Toda vez que vocês explodem um arsenal israelita, assaltam uma prisão israelita, fazem ir pelos ares um trilho de trem

---

[8] Menachem Begin, *The Revolt* (Nova York, Dell, 1977), p. 100-1.

israelita, roubam um banco israelita ou combatem com suas armas e suas bombas os traidores israelitas invasores da sua pátria, os palestinos da América celebram uma pequena festa em seus corações.

Na realidade, uma carta aberta muito parecida foi publicada no fim da década de 1940 pela imprensa estadunidense, assinada por ninguém menos que Ben Hecht, o célebre roteirista de Hollywood. Limitei-me aqui a substituir a palavra "judeus" por "palestinos" e "britânicos" por "israelitas"[9]. É quase encantador vermos a primeira geração dos líderes israelitas confessarem abertamente o fato de suas reivindicações relativas à terra da Palestina não poderem basear-se numa noção de justiça universal, de se inscreverem no quadro de uma simples guerra de conquista travada entre dois grupos, não sendo possível qualquer tipo de mediação entre eles. Eis o que o primeiro-ministro de Israel David Ben-Gurion escreveu:

> Qualquer pessoa pode se dar conta do peso dos problemas nas relações entre árabes e judeus. Mas ninguém vê que não há solução para estes problemas. Não há solução! Estamos diante de um abismo e ninguém pode ligar seus dois lados [...]. Nós, como povo, queremos que esta terra seja nossa; os árabes, como povo, querem que esta terra seja deles.[10]

O problema que esta declaração nos coloca hoje é muito claro: a ignorância de qualquer consideração moral relativamente aos conflitos étnicos em torno da terra deixou de ser admissível. É por isso que se nos parece tão profundamente problemático o modo como o célebre caçador de nazistas Simon Wiesenthal abordou o problema em seu *Justiça não é vingança*:

> Um dia se compreenderá que é impossível instaurar um Estado sem afetar os direitos de algumas das pessoas que a essa altura vivem na região. (Porque onde ninguém viveu antes é presumivelmente impossível de se habitar.) Teremos de nos contentar com o fato dessas consequências serem limitadas e afetarem relativamente poucas pessoas. Tal era a situação na época da fundação de Israel [...]. Afinal, existira durante muito tempo uma população judaica na região, e a população palestina era relativamente dispersa e tinha alternativas relativamente numerosas perante a perspectiva de ceder as suas posições.[11]

O que Wiesenthal advoga aqui nada menos é do que uma violência fundadora de Estado com rosto humano; uma violência, portanto, cujos abusos sejam limita-

---

[9] A carta apareceu como um anúncio de página inteira no *New York Post*, 14 maio 1947, p. 42.
[10] Citado pela revista *Time*, 24 jul. 2006.
[11] Simon Wiesenthal, *Justice, Not Vengeance* (Londres, Mandarin, 1989), p. 266.

102 / Violência

dos. (No que se refere à dispersão comparativa dos colonos, a população do território palestino, em 1880, contava 25 mil judeus e 620 mil palestinos.) Todavia, na nossa atual perspectiva, a afirmação mais interessante do ensaio de Wiesenthal aparece uma página antes, onde escreve: "O continuamente vitorioso Estado de Israel não poderá contar eternamente com a simpatia demonstrada às vítimas"[12]. Wiesenthal parece querer dizer que hoje, quando o Estado de Israel se tornou "continuamente vitorioso", já não tem necessidade de se comportar como uma vítima, mas pode passar a afirmar plenamente a sua força. Talvez seja verdade, mas devemos acrescentar que tal posição de força implica também novas responsabilidades. O problema atualmente é que o Estado de Israel, apesar de "continuamente vitorioso", continua a apoiar-se na imagem dos judeus como vítimas para legitimar a sua política de potência, bem como para denunciar os que o criticam como simpatizantes disfarçados do Holocausto. Arthur Koestler, o grande convertido anticomunista, formulou uma intuição profunda: "Se o poder corrompe, a formulação inversa também é verdadeira; a perseguição corrompe as vítimas, embora talvez de formas mais sutis e trágicas".

Tal é a fraqueza fatal do único argumento forte em defesa da criação de um Estado-nação judaico após o Holocausto: ao criarem o seu próprio Estado, os judeus superariam a situação na qual a sua liberdade dependeria dos Estados da diáspora e da tolerância ou intolerância das respectivas maiorias nacionais. Embora esta linha de argumentação seja diferente da religiosa, tem de recorrer à tradição religiosa para justificar a localização geográfica do novo Estado. De outro modo, estaríamos na situação descrita pela velha piada em que um louco procura a sua carteira perdida perto de um poste de luz, ao invés de explorar o canto escuro em que efetivamente a perdeu, porque na luz é mais fácil de enxergar: foi porque era mais fácil assim que os judeus ocuparam a terra dos palestinos e não uma outra, tomada àqueles que lhes haviam causado tanto sofrimento e manifestamente lhes deviam reparação.

Robert Fisk, jornalista britânico que vive no Líbano, fez um documentário sobre a crise do Oriente Médio, em que descreve como os seus

vizinhos árabes, refugiados palestinos, lhe mostraram a chave da casa que tinham possuído outrora em Haifa, antes de ela lhes ter sido tirada pelos israelitas. Então ele visitou a família judia que morava naquela casa e perguntou aos seus membros de onde *eles* tinham vindo. A resposta foi Chrzanow, uma pequena cidade próxima de Cracóvia, na Polônia, e mostraram-lhe então uma fotografia da sua anterior casa polaca, que haviam perdido durante a guerra. O homem viajou, portanto, até a Polônia e procurou a mulher que então vivia na casa de Chrzanow. Era uma "repatriada" de Lemberg, atualmen-

---

[12] Ibidem, p. 265.

te na Ucrânia Ocidental. Não era difícil adivinhar qual seria o próximo elo da cadeia. A repatriada fora exilada da sua cidade natal por ocasião da sua conquista pela União Soviética. Sua casa fora evidentemente ocupada por russos enviados no pós-guerra pelo governo para a cidade a fim de promover a sua sovietização.[13]

E a história continua, é claro: a família russa provavelmente se mudou de uma casa na Ucrânia Oriental, destruída pelos alemães durante as grandes batalhas da Frente Leste... É aqui que entra o Holocausto: a referência ao Holocausto permite aos israelitas eximirem-se dessa cadeia de substituições. Mas quem evoca o Holocausto nestes termos, o que faz de fato é manipulá-lo, instrumentalizando-o ao serviço de objetivos políticos momentâneos.

O grande mistério do conflito israelo-palestino é ter persistido por tanto tempo quando toda a gente conhece a única solução viável para ele: a retirada dos israelitas da Cisjordânia e de Gaza e a instauração de um Estado palestino, bem como um compromisso conseguido de uma maneira ou de outra a propósito de Jerusalém. Sempre que um acordo pareceu exequível, acabou desaparecendo inexplicavelmente. Quantas vezes não aconteceu que, precisamente quando parece não faltar mais do que uma formulação adequada relativa a certas questões menores para se chegar à paz, tudo volta a se desfazer, revelando a fraqueza da solução negociada? O conflito do Oriente Médio assumiu a feição de um sintoma neurótico: toda a gente vê a maneira de vencer o obstáculo, e contudo ninguém quer removê-lo, como se houvesse algum tipo de benefício libidinal na persistência do beco.

É por isso que a crise do Oriente Médio é um ponto tão sensível para as políticas pragmáticas que visam resolver o problema passo a passo, de maneira realista. No caso vertente, o que é utópico é a própria ideia de que uma abordagem "realista" poderá funcionar quando a única solução "realista" seria aqui a de *maior* dimensão: resolver o problema pela raiz. A velha palavra de ordem de 1968 parece a única aplicável: *Soyons réalistes, demandons l'impossible!* [Sejamos realistas, vamos exigir o impossível!]. Só um gesto radical e "impossível" no quadro traçado pelas circunstâncias presentes poderia ser uma saída realista. Talvez a solução que "todo mundo conhece" como sendo a única viável – a retirada dos israelitas da Margem Ocidental e de Gaza, a instauração de um Estado palestino – não funcione, e tenhamos, portanto, de mudar de quadro, mudar as condições do problema e encarar o horizonte da solução de um só Estado.

Aqui nos sentimos tentados, uma vez mais, a falar sobre um *nó* sintomático: no conflito israelo-palestino, não é verdade que os papéis habituais se encontram de

---

[13] Norman Davies, *Europe at War* (Londres, Macmillan, 2006), p. 346 [ed. port.: *A Europa em guerra: 1939-1945*, Lisboa, Edições 70, 2008].

104 / Violência

certo modo invertidos, torcidos como à volta de um nó? Israel – representando oficialmente a modernidade liberal ocidental na região – é legitimado ao invocar a sua identidade étnico-religiosa, enquanto os palestinos – acusados de "fundamentalistas"– legitimam as suas reivindicações em termos de cidadania secular. (É grande a tentação de arriscar a hipótese de que foi a própria ocupação israelita dos territórios palestinos que impeliu os palestinos a perceberem-se como uma nação separada em busca do seu próprio Estado, e não mais como uma simples parte da massa árabe.) Temos assim o paradoxo do Estado de Israel, uma alegada ilha de modernidade liberal e democrática no Oriente Médio, opondo-se às reclamações árabes por meio de uma afirmação étnico-religiosa ainda mais "fundamentalista" do seu direito a uma terra santa. A ironia maior é que, segundo certas pesquisas, os israelitas constituem a nação mais ateia do mundo: cerca de 70% de sua população não crê em nenhum tipo de divindade. Sua referência à terra assenta, assim, numa denegação de tipo fetichista: "Sei muito bem que Deus não existe, mas acredito, apesar de tudo, que foi Deus quem nos deu a terra do Grande Israel...". E, como nos ensina a história do nó górdio, a única maneira de se sair do beco atual não é desenredar o nó, mas cortá-lo. Como? Badiou abordou recentemente o impasse:

> A fundação de um Estado sionista foi uma realidade composta altamente complexa. Por um lado, foi um acontecimento que fazia parte de um outro ainda maior: a ascensão dos grandes projetos revolucionários comunistas e socialistas, a ideia da fundação de uma sociedade inteiramente nova. Por outro lado, foi um contra-acontecimento, parte de um contra-acontecimento maior: o colonialismo, a conquista brutal por parte de gente que vinha da Europa, de uma nova terra onde já vivia um outro povo. Israel é uma mistura extraordinária de revolução e reação, de emancipação e opressão. O Estado sionista tem de se tornar o que continha em si de justo e de novo. Tem de se tornar o menos racial, o menos religioso e o menos nacionalista dos Estados. O mais universal de todos eles.[14]

Embora haja algo de verdadeiro nessa perspectiva, o problema persiste: será possível desatar de fato o nó diretamente e simplesmente separar os dois aspectos de Israel, no sentido de consumar a perspectiva do projeto revolucionário do Estado sionista sem a sua sombra colonizadora? Estamos como que perante a lendária resposta por meio de um "Se..." que um político norte-americano deu, na década de 1920, à pergunta "Apoia a proibição do vinho: sim ou não?": "Se por vinho você entende a terrível bebida que arruinou milhares de famílias, fazendo dos homens destroços que batiam nas mulheres e se esqueciam dos filhos, então sou inteira-

---

[14] Alain Badiou, "The Question of Democracy", *Lacanian Ink*, n. 28, 2º sem. 2006, p. 59.

mente favorável à proibição. Mas se por vinho você entender a nobre bebida, de gosto maravilhoso, que torna cada refeição um enorme prazer, então sou contra!"

Talvez precisemos de um pouco mais: não só do traçado da linha que distingue o bom do mau Israel, mas de um autêntico ato que transforme as próprias coordenadas da situação presente. O antigo primeiro-ministro israelita Isaac Rabin deu o primeiro grande passo nessa direção quando reconheceu a OLP como representante legítima dos palestinos e, por conseguinte, o único verdadeiro parceiro de negociação. Quando Rabin anunciou a inversão da política israelita de "não fazemos negociações com a OLP, organização terrorista" e pronunciou as simples palavras "vamos deixar esta comédia de negociarmos com os palestinos sem ligações públicas com a OLP e começar a falar com os nossos interlocutores reais", a situação do Oriente Médio mudou de imediato. Tal é o efeito de um verdadeiro ato político: torna pensável o impensável. Embora fosse um político trabalhista, Rabin efetuou assim um gesto que caracteriza os melhores momentos de certos políticos conservadores: só um De Gaulle podia assegurar a independência da Argélia; só um conservador como Nixon podia estabelecer relações com a China[15].

Que poderia, então, constituir hoje um *ato* desse tipo por parte dos árabes? Fazer o que Edward Norton faz em *Clube da luta*, de David Fincher: antes de mais nada, *atacarem a si próprios* – deixarem de atirar todas as culpas para cima dos judeus, como se a expansão sionista na palestina fosse a origem e a representação simbólica de todas as desgraças árabes, o que leva à ideia de que a vitória sobre Israel é a condição imprescindível da autoafirmação árabe. Os palestinos que sustentam que a libertação do seu território da ocupação israelita dará um novo impulso à democratização do mundo árabe não estão vendo as coisas direito. Estas são precisamente ao contrário. Deveríamos começar por denunciar abertamente os corruptos regimes clericais e militares, da Síria à Arábia Saudita, que se servem da ocupação israelita para se legitimarem. O paradoxo é que o foco de toda a sua atenção em Israel é a razão pela qual os árabes estão perdendo a batalha. O sentido fundamental da *jihad* no Islã não é a guerra contra o inimigo exterior, mas o esforço de purificação interior. Trata-se de uma luta contra as próprias fraquezas e derrotas. Por isso talvez os muçulmanos devessem proceder mais ativamente à passagem do sentido mais corrente entre o público ao verdadeiro sentido da *jihad*. Os três principais agentes da Guerra Contra o Terrorismo (os Estados Unidos pós-11 de Setembro, Israel e os árabes) veem-se a si próprios como vítimas e usam sua condição de vítimas para legitimar políticas expansionistas. Em certo sentido, o 11 de Setembro aconteceu no momento certo para justificar o expansionismo militar norte-americano: agora que

---

[15] Do mesmo modo, deveríamos elogiar Ehud Barak por sua resposta a Gideon Levy no *Ha'aretz*. Quando lhe perguntaram o que faria se tivesse nascido palestino, Barak respondeu, com efeito: "Teria aderido a uma organização terrorista".

106 / Violência

nós também somos vítimas, podemos nos defender e contra-atacar. A aliança Estados Unidos/Israel, essa estranha associação entre a nação (desenvolvida) mais religiosa do mundo insistindo na separação entre a religião e o Estado e o povo mais irreligioso do mundo cuja existência se baseia na natureza religiosa de seu Estado, pode assim apresentar-se como um eixo das vítimas.

Então vamos à grande questão: qual seria hoje o ato ético-político verdadeiramente radical no Oriente Médio? Tanto para os israelitas como para os árabes, consistiria no gesto de renúncia ao controle (político) sobre Jerusalém, isto é, a promoção da transformação da Cidade Velha de Jerusalém em um lugar extraestatal de culto religioso sob o controle (temporário) de uma força internacional neutra. O que os dois lados deveriam aceitar é que, ao renunciarem ao controle político de Jerusalém, não estão efetivamente renunciando a nada. Antes, estão *conseguindo* a elevação de Jerusalém a um autêntico lugar sagrado e extrapolítico. O que perderiam seria precisamente e só o que já, por si próprio, merece ser perdido: a redução da religião a uma parada em jogo na peça do poder político. Seria um verdadeiro acontecimento no Oriente Médio a explosão da verdadeira universalidade política no sentido de São Paulo: "Para nós não existem judeus nem palestinos." Ambos os lados teriam de compreender que essa renúncia do Estado-nação etnicamente "puro" seria uma libertação para eles e não um simples sacrifício que cada um faria ao outro.

Recordemos a história do círculo de giz caucasiano em que Bertolt Brecht baseou uma de suas últimas peças. Em tempos antigos, em algum lugar no Cáucaso, uma mãe biológica e uma mãe adotiva recorreram a um juiz para que este decidisse a qual delas pertencia a criança. O juiz desenhou um círculo de giz no chão, pôs o bebê no meio dele e disse às duas mulheres que cada uma delas agarrasse a criança por um braço; a criança pertenceria àquela que a conseguisse tirar para fora do círculo. Quando a mãe real viu que a criança estava se machucando por ser puxada em direções opostas, a compaixão levou-a a soltar o braço que segurava. Evidentemente, foi a ela que o juiz deu o filho, alegando que a mulher demonstrara um autêntico amor maternal. Segundo a mesma lógica, poderíamos imaginar um círculo de giz em Jerusalém. Aquele que amasse verdadeiramente Jerusalém preferiria perdê-la a vê-la dilacerada pela disputa. Evidentemente, a suprema ironia é aqui o fato de a pequena história brechtiana ser uma variante do juízo do Rei Salomão que aparece no Antigo Testamento, que, reconhecendo que não havia maneira justa de resolver o dilema maternal, propôs a seguinte solução de Estado: a criança deveria ser cortada em duas, ficando uma metade para cada mãe. A verdadeira mãe, é claro, desistiu da reivindicação.

O que os judeus e os palestinos têm em comum é o fato de uma existência diaspórica fazer parte de suas vidas, parte de sua própria identidade. E se ambos se unissem na base *deste* aspecto – não na base de ocuparem, possuírem ou dividirem o mesmo território, mas na de manterem-no partilhado, aberto como refúgio aos condenados à errância? E se Jerusalém se transformasse não no lugar de um ou do outro, mas no lugar dos sem-lugar? Tal solidariedade partilhada é a única base possível para uma verdadeira reconciliação: para o entendimento de que, ao combatermos o outro, combatemos o que há de mais vulnerável em nossa própria vida. É por isso que, com plena consciência da seriedade do conflito e de suas consequências potenciais, deveríamos insistir mais do que nunca na ideia de que estamos diante de um *falso* conflito, de um conflito que obscurece e mistifica a verdadeira linha de frente.

A RELIGIÃO ANÔNIMA DO ATEÍSMO

Na enfurecida massa muçulmana, deparamos com o limite da tolerância multicultural liberal, de sua inclinação pela autorrecriminação e de seu esforço visando "compreender" o outro. O Outro aqui tornou-se um outro real, real em seu ódio. Eis o paradoxo da tolerância sob a sua forma mais pura: até onde deve ir a tolerância à intolerância? Todas as belas e politicamente corretas fórmulas liberais – sobre o modo como as caricaturas de Maomé eram injuriosas e insensíveis, embora as reações a elas também sejam inaceitáveis, sobre como a liberdade traz consigo a responsabilidade e não deve ser abusivamente praticada – revelam aqui seus limites. O que seria a famosa "liberdade com responsabilidade" senão uma versão do bom e velho paradoxo da escolha forçada? Você tem a garantia de liberdade de escolha, sob a condição de que faça a escolha certa; tem a garantia de liberdade, sob a condição de que não venha realmente a usá-la.

Como romperemos, então, este círculo vicioso de uma oscilação perpétua entre o pró e o contra que deixa a razão tolerante num ponto morto que a mina? Só há uma maneira: recusarmos os próprios termos em que é posto o problema. Como Gilles Deleuze enfaticamente reiterou, não existem apenas soluções certas e erradas para problemas, mas também problemas certos e errados. Percebermos o problema como sendo o de uma justa medida entre o respeito pelo outro e a nossa própria liberdade de expressão é mistificador. Não surpreende que, a uma análise mais atenta, os dois polos opostos revelem a sua singularidade secreta. A linguagem do respeito é a linguagem da tolerância liberal: o respeito só tem sentido como respeito por aqueles com os quais eu *não* concordo. Quando os muçulmanos ofendidos reclamam respeito pela sua alteridade, aceitam o quadro de referência do discurso tolerante liberal. Por outro lado, a blasfêmia não é só uma atitude de ódio, uma tentativa de ferir o outro na qual a ferida lhe doa mais, naquilo que é o núcleo fundamental de sua crença. A blasfêmia é, no sentido estrito, um problema religioso: só funciona no interior dos contornos que definem um espaço religioso.

O que espreita no horizonte se evitarmos esta via é a aterrorizante perspectiva, própria a um pesadelo, de uma sociedade regulada por um pacto perverso entre os

108 / Violência

fundamentalistas religiosos e os pregadores politicamente corretos da tolerância e do respeito pelas outras crenças: uma sociedade imobilizada pela preocupação com não ferir o outro, por mais cruel e supersticioso que seja esse outro, e na qual os indivíduos se empenhassem em rituais regulares de "testemunho" de sua vitimização. Quando visitei a Universidade de Champaign, no Illinois, fui levado a um restaurante que oferecia "batatas toscanas" em seu cardápio. Quando perguntei aos meus amigos o porquê desse nome, explicaram-me que o proprietário do restaurante queria mostrar seu patriotismo rejeitando a atitude francesa de oposição à ofensiva dos Estados Unidos contra o Iraque, por isso deu ouvidos ao Congresso norte-americano e rebatizou suas batatas fritas, nomeando-as, em vez de "batatas francesas" [*French fries*], "batatas da liberdade"[*freedom fries*]. Mas os membros progressistas da faculdade (a maioria de seus clientes) ameaçaram mover um boicote ao estabelecimento se as *freedom fries* continuassem a figurar no menu. O proprietário do restaurante não queria perder a clientela, mas continuava querendo demonstrar seu patriotismo, e foi por isso que inventou aquele novo nome: "batatas toscanas" [*Tuscany fries*]. O novo nome tinha a vantagem suplementar de evocar ao mesmo tempo a Europa e a voga que conheciam os filmes românticos cujo cenário era a Toscana.

Numa atitude semelhante à tomada pelo Congresso dos Estados Unidos, as autoridades iranianas ordenaram às padarias que mudassem o nome dos "bolos dinamarqueses" para "rosas de Maomé". Seria simpático viver num mundo em que o Congresso dos Estados Unidos mudasse o nome das batatas fritas de "francesas" para "batatas Maomé", e em que as autoridades iranianas transformassem os bolos dinamarqueses em "rosas da liberdade". Mas a perspectiva da tolerância nos leva antes a imaginar que nossos estabelecimentos de comércio alimentar e os cardápios dos restaurantes se encham de exemplos comparáveis ao das "batatas toscanas".

Ao longo destes últimos anos, um debate público tem assolado minha terra natal, na Eslovênia: deveriam os muçulmanos, em sua maioria trabalhadores imigrantes advindos das repúblicas da ex-Iugoslávia, ser autorizados a construir uma mesquita em Liubliana, a capital eslovena? Enquanto os conservadores se opunham à construção da mesquita por razões culturais, políticas e mesmo de ordem arquitetônica, o semanário *Mladina* foi o mais constante e vociferante porta-voz do apoio à construção da mesquita, seguindo a sua linha habitual de defesa dos direitos sociais e cívicos das pessoas vindas das outras repúblicas da ex-Iugoslávia. Não é de surpreender que, de acordo com a sua postura libertária, *Mladina* tenha sido também a única publicação eslovena a reproduzir as caricaturas de Maomé. E, em contrapartida, os que mostraram maior "compreensão" pelos violentos protestos muçulmanos foram os mesmos que regularmente manifestam sua preocupação pela sorte da Europa cristã.

A atitude desses conservadores tem paralelo com um escândalo que aconteceu na Eslovênia há alguns anos. Um grupo de *rock*, Strelnikoff, imprimiu um cartaz para anunciar um show. O cartaz mostrava uma representação clássica de Maria com o Menino Jesus, mas com uma diferença. Em seu colo, Maria segurava um rato em vez de um bebê. O paralelismo resultou da condenação dessa caricatura que zombava do cristianismo, evocando a anterior condenação de que haviam sido objeto as caricaturas de Maomé. Mas os conservadores aproveitaram ao mesmo tempo a oportunidade para fazerem valer a diferença das reações das comunidades religiosas ofendidas, tornando esta uma prova da diferença entre duas civilizações. A Europa mostrava-se claramente superior, uma vez que os protestos contra a caricatura tinham sido simplesmente verbais, enquanto os protestos muçulmanos tinham causado mortes e incêndios.

Essas estranhas alianças confrontam a comunidade muçulmana europeia com uma escolha difícil, que resume sua posição paradoxal: o único grupo político que não reduz os muçulmanos a uma condição de cidadãos de segunda classe e lhes concede espaço para que possam afirmar a própria identidade religiosa é o dos liberais "sem deus", ateus – ao passo que aqueles que se mostram mais próximos de sua prática social da religião, os cristãos que lhes devolvem como um espelho a sua imagem, são seus maiores inimigos políticos. O paradoxo está no fato de não aqueles que começaram por publicá-las, mas aqueles que, solidários com a defesa da liberdade de expressão, reimprimiram as caricaturas de Maomé, serem seus únicos verdadeiros aliados.

Isso nos faz recordar a análise proposta por Marx do enredado combate político que teve lugar na França durante a Revolução de 1848. O Partido da Ordem que governava era uma coligação de duas alas monárquicas, os partidários dos Bourbon e os da casa de Orleans. Por definição, os dois partidos eram incapazes de chegar a um denominador comum para a questão monárquica, uma vez que ninguém pode ser genericamente monárquico, tendo de apoiar uma determinada casa real. A única maneira que lhes restava de se unirem era a representada pelo "reinado anônimo da República". Em outras palavras, a única maneira que qualquer um dos membros tinha de ser genericamente monárquico era ser republicano[16]. O mesmo vale para a religião. Não se pode ser religioso em geral. Tudo o que se pode é acreditar neste(s) deus(es) em detrimento de outro(s). O malogro de todos os esforços visando unir as religiões prova que a única maneira de se ser religioso em geral se encontra sob a bandeira da "religião anônima do ateísmo". Como mostra o destino das comunidades muçulmanas no Ocidente, é somente

---

[16] Ver Karl Marx, "Class Struggles in France", *Collected Works*, v. 10 (Londres, Lawrence and Wishart, 1978), p. 95 [ed. bras.: *As lutas de classes na França: de 1848 a 1850*, trad. Nélio Schneider, São Paulo, Boitempo, 2012, Coleção Marx-Engels].

110 / Violência

sob uma bandeira assim que podem avançar. Há por isso uma espécie de justiça poética no fato de as denúncias de todo o mundo muçulmano contra a Dinamarca destituída de deus terem sido imediatamente seguidas por uma violência exasperada entre sunitas e xiitas, as duas facções muçulmanas que se enfrentam no Iraque. A lição de todos os totalitarismos é bem exposta aqui: a luta contra o inimigo exterior transforma-se, cedo ou tarde, em cisão interior e luta contra o inimigo interior.

Depois de todos os argumentos recentes que proclamam o regresso "pós--secular" do religioso, os limites do desencantamento e a necessidade de redescoberta do sagrado, talvez estejamos precisando de uma dose do bom e velho ateísmo. Os protestos causados pelas caricaturas de Maomé nas comunidades muçulmanas parecem provar uma vez mais que as crenças religiosas são uma força que devemos levar em consideração. Por deplorável que seja a violência das massas muçulmanas, ela parece sublinhar o fato de os temerários e cínicos libertários ocidentais terem de aprender a sua lição: os limites do desencantamento secular. Pelo menos é isso o que nos dizem.

Mas será essa a lição que devemos tirar da violência homicida das multidões, dos saques e incêndios promovidos em nome da religião? Por muito tempo nos foi dito que, sem religião, seríamos simples animais egoístas lutando cada um pelo que é seu, não teríamos outra moral senão a de uma alcateia e que só a religião poderia nos elevar a um nível espiritual superior. Hoje, enquanto a religião emerge como a principal fonte de violência assassina neste mundo, começamos a nos cansar de ouvir constantemente afirmações de que os fundamentalistas cristãos, muçulmanos ou hindus nada mais fazem do que distorcer e perverter a nobre mensagem espiritual de suas crenças. Não será a hora de restaurarmos a dignidade do ateísmo, talvez a nossa única oportunidade de paz? De um modo geral, perante os casos de violência de inspiração religiosa, culpamos a violência em si: é o agente político violento ou "terrorista" que "distorce" uma religião nobre, tornando o objetivo a se atingir o resgate do núcleo autêntico de uma religião da sua instrumentalização política. O que se passaria, portanto, se assumíssemos o risco de inverter esta relação? E se descobríssemos que aquilo que aparece como uma força moderadora, que nos obriga a controlar a nossa violência, é o fator secreto que a instiga? Posto isso, e se, em vez de renunciarmos à violência, devêssemos renunciar à religião, incluindo aí suas reverberações seculares, como o comunismo stalinista e a sua confiança no Grande Outro histórico, e tomar a nossa violência pelo que ela é, assumindo a sua plena responsabilidade, deixando de tentar encobri-la por meio desta ou daquela figura do Grande Outro?

É comum de se afirmar que qualquer discussão ética contemporânea é na realidade um confronto entre Charles Darwin e o papa. Por um lado, existe uma (i) moralidade secular que considera aceitável e desejável usar e sacrificar impiedosamente os indivíduos. Por outro, há a moral cristã que afirma que cada indivíduo humano singular é uma alma imortal e por isso um ser sagrado. Neste contexto é interessante notar como, depois da explosão da Primeira Guerra Mundial, alguns darwinistas sociais foram pacifistas invocando o seu darwinismo anti-igualitário. Ernst Haeckel, um destacado representante do darwinismo social, opunha-se à guerra porque morriam assim as pessoas erradas: "Quanto mais forte, saudável e normal for um jovem, mais provável é que seja abatido por baionetas, canhões e outros instrumentos análogos da cultura"[17]. O problema advinha do fato de os fracos e doentes não serem admitidos no exército. Ficavam livres para ter filhos e impelir a nação no sentido do declínio biológico. Uma das soluções encaradas era a de forçar todos ao exército, usando nas batalhas, de modo implacável, os fracos e os doentes como bucha de canhão em sucessivos ataques suicidas.

O que complica hoje toda essa questão é que as chacinas de massa são cada vez mais legitimadas em termos religiosos, ao passo que o pacifismo é predominantemente ateu. É a própria crença num propósito divino superior que nos permite instrumentalizar os indivíduos, ao mesmo tempo que o ateísmo não reconhece um propósito da mesma ordem e por isso recusa todas as formas de sacrifício sagrado. Não é surpreendente, portanto, que como a AP noticiava em 12 de novembro de 2006, Elton John, embora admire os ensinamentos de Cristo e outros guias espirituais, se oponha a todas as religiões organizadas. "Penso que a religião sempre tentou suscitar o ódio contra os homossexuais", declarou ao suplemento musical do *Observer*. "A religião promove o ódio e o desprezo contra os gays [...] Do meu ponto de vista, gostaria que a religião fosse banida por completo. A religião organizada parece não funcionar. Transforma as pessoas em lêmingues cheios de ódio e ignora a compaixão verdadeira." Os líderes religiosos também não conseguiram fazer nada para remediar as tensões e conflitos deste mundo: "Porque não fazem um conclave? Porque não se reúnem?", perguntava o cantor.

O predomínio da violência religiosamente (ou etnicamente) justificada pode ser explicada pelo próprio fato de vivermos numa época que se percebe a si própria como pós-ideológica. Uma vez que as grandes causas públicas já não podem ser mobilizadas para justificar a violência de massa (quer dizer, a guerra), uma vez que a nossa ideologia hegemônica nos incita a gozar a vida e a realizarmos a nós mesmos, é difícil para a maioria vencer a própria repulsa diante da perspectiva de torturar e matar outro ser humano. A grande maioria das pessoas é espontaneamente "moral": matar outro ser humano é profundamente traumático. Assim, para que possam ser levadas a fazê-lo, é necessária uma causa "sagrada" maior, que faça parecer triviais as pequenas preocupações individuais associadas à ideia de matar. E o

---

[17] Citado segundo Edward T. Oakes, "Darwin's Graveyards", *Books & Cultures*, nov.-dez. 2006, p. 36.

112 / Violência

pertencimento étnico ou religioso desempenha perfeitamente esse papel. Há sem dúvida casos de ateus patológicos capazes de cometer assassinatos de massa por puro prazer, só pelo gosto de matar, mas esses casos são raras exceções. A maior parte de nós precisa ser "anestesiada" contra sua imediata sensibilidade diante do sofrimento dos outros. Para tanto, uma causa sagrada é necessária.

Há mais de um século, em seu *Os irmãos Karamazov*, Dostoiévski alertava para os perigos de um niilismo moral sem deus: "*Se Deus não existe, tudo é permitido*". O "novo filósofo" francês André Glucksmann aplicou a crítica do niilismo sem deus de Dostoievski ao 11 de Setembro, conforme sugere o título do seu livro: *Dostoievski em Manhattan*[18]. O erro não podia ser maior. A lição do terrorismo atual é que se *há* Deus, tudo, até mesmo alvejar centenas de transeuntes inocentes, é permitido aos que afirmam agir diretamente em Seu nome, como instrumentos da Sua vontade, uma vez que, manifestamente, a relação direta com Deus justifica que violemos quaisquer obrigações e considerações "meramente humanas". Os comunistas stalinistas "sem deus" são a demonstração suprema deste ponto: tudo lhes era permitido uma vez que se viam como instrumentos diretos da sua divindade, a Necessidade Histórica do Progresso Rumo ao Comunismo.

A fórmula da suspensão religiosa fundamentalista da ética foi avançada por Agostinho, que escrevia: "Ama a Deus e faz o que bem entendas". Alternativamente, a fórmula pode converter-se em "Ama e faz o que quiseres", uma vez que, na perspectiva cristã, ambas as fórmulas são, em última instância, a mesma. Deus, afinal de contas, é amor. A questão é, evidentemente, que, se realmente amarmos Deus, devemos querer o que ele quer – o que lhe for agradável, nos será agradável, e o que lhe desagradar nos fará sentir desgraçados. Por isso, não podemos fazer o que quisermos sem mais: o nosso amor por Deus, se for verdadeiro, garantirá que, em nosso querer, seguiremos os critérios éticos mais elevados. É até certo ponto como a anedota proverbial: "Minha namorada nunca chega atrasada a um encontro porque, quando se atrasa, deixa de ser minha namorada". Se amarmos Deus, podemos fazer o que quisermos, porque quando fazemos alguma coisa má, isso é por si só a prova de que realmente não amamos Deus... Todavia, a ambiguidade persiste, uma vez que não há garantia, exterior à nossa fé, quanto àquilo que Deus quer realmente que façamos. Na ausência de quaisquer critérios éticos exteriores à nossa fé em Deus e ao nosso amor a Deus, rondará sempre o perigo de usarmos esse amor a Deus como legitimação dos atos mais atrozes.

Yves Le Breton narrou como, durante a cruzada do rei São Luís, encontrou certa vez uma velha senhora que vagueava pela rua com um prato pegando fogo na mão direita e uma tigela cheia de água na esquerda. Quando lhe perguntaram o que es-

---

[18] André Glucksmann, *Dostoievski à Manhattan* (Paris, Robert Laffont, 2002).

tava fazendo, respondeu que com o fogo ela incendiaria o Paraíso até que dele nada restasse, e que com a água apagaria o fogo do Inferno até nada dele tampouco restar: "Porque não quero que ninguém faça o bem para receber a recompensa do Paraíso nem por medo do Inferno, mas que o faça tão somente por amor a Deus"[19]. Tudo o que há a acrescentar aqui é a seguinte pergunta: então, por que não deixar de lado o próprio Deus, fazendo o bem só pelo amor ao bem? Não é de admirar que hoje essa postura ética eminentemente cristã sobreviva sobretudo no ateísmo.

Os fundamentalistas fazem (o que percebem como) boas ações a fim de cumprirem a vontade de Deus e de merecerem a salvação; os ateus fazem-nas simplesmente porque é a coisa certa a ser feita. Não seria esta a nossa mais elementar experiência de moralidade? Quando faço uma boa ação, não é porque desejo conquistar o favor de Deus, mas porque não poderia fazer diferente – se não a fizesse, não seria capaz de me olhar no espelho. Uma ação moral é por definição a sua própria recompensa. O filósofo e economista do século XVIII David Hume, que era crente, defendeu essa posição de modo particularmente penetrante ao escrever que a única maneira de mostrarmos um verdadeiro respeito por Deus é agirmos moralmente enquanto ignoramos sua existência.

A história do ateísmo europeu, desde suas origens gregas e romanas no *De rerum natura* de Lucrécio aos clássicos da Idade Moderna como Espinosa, oferece uma lição de dignidade e coragem. Muito mais do que por ocasionais explosões de hedonismo, é uma história marcada pela consciência do desfecho amargo de toda a vida humana, uma vez que não existe uma autoridade superior que vele sobre os nossos destinos e garanta um feliz desenlace. Ao mesmo tempo, os ateus se esforçam para formular uma mensagem de alegria que não procede da fuga da realidade, mas da aceitação e da criatividade que nela encontram seu lugar. O que torna única essa tradição materialista é o modo como combina a humilde consciência de que não somos senhores do universo, mas simples partes de um todo muito mais vasto exposto às voltas contingentes da sorte, com a disposição a aceitar o pesado fardo da responsabilidade pelo que fazemos de nossas vidas. Com a ameaça de uma catástrofe imprevisível rondando por todos os lados, não seria uma atitude como esta que, mais do que nunca, nosso tempo requer de nós?

Há alguns anos um debate peculiar estremeceu a Europa: deveria o cristianismo ser mencionado como a componente fundamental do legado europeu no preâmbulo de um projeto de Constituição Europeia? Um compromisso foi elaborado em cujos termos o cristianismo era citado lado a lado do judaísmo, do Islã e do legado da Antiguidade. Mas que era feito do mais precioso legado da Europa moderna –

---

[19] Há uma versão semelhante no sufismo islâmico: "Ó, Senhor, se te prestar culto por medo ao inferno, faz com que eu nele arda. Se te adorar por ter esperança no paraíso, proíbe-mo. E se te adorar por ti mesmo, não me prives da tua beleza eterna" (Rabi'a al'Adawiyya de Basra, 713-801).

ou seja, o do ateísmo? O que torna a Europa moderna tão singular é o fato de ter sido a primeira e única civilização em cujo seio o ateísmo é uma opção plenamente legítima, que não impede o acesso a qualquer cargo público. Nunca será demais sublinhar que esse legado europeu é algo pelo que vale a pena lutar.

Da mesma forma que o verdadeiro ateu não tem a menor necessidade de promover sua posição chocando o crente por meio de declarações blasfemas, recusa-se a reduzir o problema das caricaturas de Maomé a uma questão de respeito pelas crenças alheias. O respeito pelas crenças dos outros como valor supremo só pode significar uma de duas coisas: ou tratamos o outro com condescendência e evitamos feri-lo para não arruinarmos suas ilusões, ou adotamos a atitude relativista dos múltiplos "regimes de verdade", desqualificando como uma imposição violenta qualquer insistência clara na verdade. E se, apesar de tudo, o Islã– juntamente com todas as outras religiões – fosse submetido a uma respeitosa mas nem por isso menos implacável análise crítica? É tão somente esta a única forma de mostrar verdadeiro respeito pelos muçulmanos: tratá-los como adultos sérios e responsáveis por suas crenças.

5
MOLTO ADAGIO – ANDANTE

A tolerância como categoria ideológica

A CULTURIZAÇÃO DA POLÍTICA

Por que motivo temos hoje tantos problemas percebidos como questões de intolerância, mais do que de desigualdade, exploração ou injustiça? Por que será que a tolerância é o remédio mais prescrito, mais do que a emancipação, a luta política ou até mesmo a luta armada? A resposta imediata reside na operação ideológica de base, liberal e multiculturalista: a "culturização da política". As diferenças políticas – diferenças condicionadas pela desigualdade política ou pela exploração econômica – são naturalizadas e neutralizadas em diferenças "culturais", ou seja, em diferentes "modos de vida" que são algo dado, inultrapassável. Tais diferenças e modos de vida podem apenas ser "tolerados". Isto demanda uma resposta nos termos formulados por Walter Benjamin: *da culturização da política à politização da cultura*. A causa dessa culturização é o recuo, o fracasso das soluções políticas diretas, como o Estado de bem-estar social ou os diversos projetos socialistas. A tolerância é o seu substituto pós-político[1].

Foi o cientista político Samuel Huntington quem propôs a fórmula mais conhecida dessa "culturização da política" ao situar as principais fontes atuais de conflito no "choque de civilizações", a que nos sentimos tentados a chamar de doença de Huntington de nosso tempo. Segundo Huntington, depois do fim da Guerra Fria, a "ideologia da cortina de ferro" foi substituída pela "cortina de veludo da cultura"[2]. A sombria visão de Huntington do "choque de civilizações" pode parecer o preciso oposto da luminosa perspectiva de Francis Fukuyama de um fim da his-

---

[1] Recorro aqui amplamente a Wendy Brown, *Regulating Aversion*, cit.
[2] Ver Samuel P. Huntington, *The Clash of Civilizations* (Nova York, Simon and Schuster, 1998) [ed. bras.: *O choque de civilizações*: e a recomposição da ordem mundial, São Paulo, Objetiva, 1997].

116 / Violência

tória sob a forma de uma democracia liberal em escala mundial. O que poderia ser mais diferente dessa ideia pseudo-hegeliana que Fukuyama fez do "fim da história"– a fórmula definitiva da melhor ordem social possível foi encontrada na democracia capitalista liberal, e por isso deixa de haver hoje espaço para um progresso conceitual posterior, restando apenas obstáculos empíricos a superar[3] – do que o "choque de civilizações" concebido como principal forma de combate político do século xxi? *O "choque de civilizações" é a política no fim da história.*

A oposição fundamental em que o conjunto da visão liberal se assenta é a traçada entre aqueles que são governados pela cultura, totalmente determinados pelo mundo da vida [*lifeworld*] em que nasceram, e aqueles que simplesmente "gozam" a sua cultura, se elevam acima dela, livres para escolhê-la. O que nos conduz ao seguinte paradoxo: a origem definitiva da barbárie é a própria cultura, a nossa identificação direta com uma cultura particular que nos torna intolerantes perante as outras culturas. A oposição fundamental aqui é aquela que existe entre o coletivo e o individual: a cultura é por definição coletiva e particular, provinciana, excludente de outras culturas, ao passo que – novo paradoxo – é o indivíduo que é universal, o local da universalidade, na medida em que se desprende e eleva acima de sua cultura particular. Todavia, uma vez que cada indivíduo deve sempre ser de certa forma particularizado, habitar um mundo da vida particular, a única maneira de resolver este impasse é dividir o indivíduo em universal e particular, público e privado (em que o "privado" oculta o porto seguro familiar *e ao mesmo tempo* a esfera pública não estatal da sociedade civil, da economia).

No liberalismo, a cultura sobrevive, mas de forma privatizada – como um modo de vida, um conjunto de crenças e de práticas, e não como uma rede pública de normas e regras. A cultura é, assim, literalmente transubstanciada: os mesmos conjuntos de crenças e práticas são transformados de um poder vinculativo de um coletivo em uma expressão de idiossincrasias pessoais e privadas. Na medida em que a própria cultura é a origem da barbárie e da intolerância, a conclusão inevitável é que o único modo de superar a intolerância e a violência é separar da cultura o núcleo do ser do sujeito, a sua essência universal: em seu núcleo, o sujeito terá de ser *kulturlos*[4]. A base filosófica desta ideologia do sujeito liberal universal é o sujeito cartesiano, especialmente em sua versão kantiana. Esse sujeito é concebido como capaz de se afastar de suas raízes sociais/culturais particulares e de afirmar sua plena autonomia e universalidade – a experiência fundadora da posição de dúvida uni-

---

[3] Ver Francis Fukuyama, *The End of History and the Last Man* (Nova York, Free Press, 2006) [ed. bras.: *O fim da história e o último homem*, São Paulo, Rocco, 1992].

[4] O que, diga-se de passagem, confere um novo teor à célebre forma atribuída a Goering: "Quando ouço a palavra 'cultura', puxo o revólver"– o que não se aplica, evidentemente, ao ouvir a palavra "civilização".

versal de Descartes é precisamente uma experiência "multicultural" do fato deque a própria tradição de uma pessoa não é melhor do que nos parecem ser as "excêntricas" tradições dos outros:

> fui ensinado, até mesmo em meus tempos de colégio, que nada poderíamos imaginar de tão estranho ou tão pouco crível que não tivesse sido dito por algum filósofo; depois, ao viajar, tendo reconhecido que nem todos os que têm sentimentos fortemente contrários aos nossos são por isso mesmo bárbaros e selvagens, mas que vários dentre eles possuem tanta ou mais razão do que nós [...].[5]

É por isso que, para um filósofo cartesiano, as raízes étnicas, a identidade nacional e assim por diante simplesmente *não são uma categoria da verdade*. Para colocá-lo em termos kantianos, quando refletimos a partir de nossas raízes étnicas, procedemos a um *uso privado da razão*, limitado por pressupostos dogmáticos contingentes, ou seja, agimos como indivíduos "imaturos" e não como seres humanos livres que habitam a dimensão da universalidade da razão. A oposição entre Kant e Richard Rorty no que se refere a esta distinção do público e do privado é raramente tida em conta, apesar de ser crucial: ambos distinguem claramente entre os dois domínios, mas de maneiras opostas. Para Rorty, o grande liberal contemporâneo por excelência, o privado é o espaço das nossas idiossincrasias, onde reinam a criatividade e a imaginação selvagem, e as considerações morais se encontram (quase) suspensas, ao passo que o público é o espaço da interação social, onde devemos obedecer a regras para não ferir os outros; em outras palavras, o privado é o espaço da ironia, enquanto o público é o espaço da solidariedade.

Contudo, para Kant, o espaço público da "sociedade civil mundial" designa o paradoxo da singularidade universal, de um sujeito singular que, numa espécie de curto-circuito, contornando a mediação do particular, participa diretamente no universal. É isso que Kant, numa célebre passagem de seu "O que é o esclarecimento?", entende por "público" em oposição a "privado". O "privado" não é a nossa individualidade em oposição aos laços da comunidade, mas a própria ordem comunitário-institucional que nos identifica particularmente, ao passo que o "público" é a universalidade transnacional do nosso exercício da razão. O paradoxo da fórmula subjacente: "pense livremente, mas obedeça!" (que, evidentemente, coloca por si só uma série de problemas, uma vez que assenta também na distinção entre o nível "performativo" da autoridade social e o nível do livre pensamento acompanhado pela suspensão da performatividade) é que cada um de nós participa na di-

---

[5] René Descartes, *Discourse on Method* (South Bend, Indiana, University of Notre Dame Press, 1994), p. 33 [ed. bras.: *Discurso do método*, São Paulo, L&PM Pocket, 2014].

118 / Violência

mensão universal da esfera "pública" precisamente enquanto indivíduo singular separado da (ou até mesmo oposto à) sua própria identificação substancial comunitária: só somos verdadeiramente universais quando somos radicalmente singulares, nos interstícios das identidades comunitárias. É Kant que deveria ser lido como crítico de Rorty. Em sua visão do espaço público do livre exercício da razão independente, afirma a dimensão da universalidade emancipatória *fora* dos confins da identidade social de cada um de nós, da posição de cada um de nós no interior da ordem do ser (social). Esta é a dimensão que falta a Rorty.

A UNIVERSALIDADE EFETIVA

É fácil tornar problemática essa noção liberal de tolerância, assim como tornar tangível a violência que a sustenta. Em primeiro lugar, não é verdadeiramente universal, *kulturlos*, sem cultura. Uma vez que em nossas sociedades prevalece ainda uma divisão do trabalho segundo o gênero, que imprime uma inflexão masculina nas categorias liberais fundamentais (autonomia, atividade pública, competição) e relega as mulheres à esfera privada da solidariedade familiar, o próprio liberalismo em sua oposição do privado e do público acolhe a dominação masculina. Além disso, é só na moderna cultura capitalista ocidental que a autonomia e a liberdade individuais são postas acima da solidariedade coletiva, da conexão, da responsabilidade pelos outros em situação de dependentes, a obrigação de respeitar os usos da comunidade a que cada um pertence. O próprio liberalismo privilegia, portanto, uma cultura específica – a do Ocidente moderno. No que se refere à liberdade de escolha, o liberalismo é também marcado por um pressuposto forte. É intolerante quando não é dado aos indivíduos de outras culturas a liberdade de escolha – o que é evidente a propósito de questões como a excisão clitoridiana, o casamento infantil, o infanticídio, a poligamia e o incesto. No entanto, ignora as terríveis pressões que, por exemplo, compelem as mulheres das nossas sociedades liberais a se submeterem a práticas como a cirurgia plástica, os implantes cosméticos e as injeções de botox, que se destinam a mantê-las competitivas no mercado sexual.

Assim, a ideia liberal de "livre escolha" parece ser sempre encurralada em um beco sem saída. Se o sujeito quiser, poderá optar pela tradição local em cujo interior nasceu, mas seria necessário que dispusesse de alternativas entre as quais escolher. Os adolescentes *amish*, em contrapartida, dispõem formalmente da liberdade de escolher, mas as condições em que se encontram no momento da escolha fazem dela um ato sem liberdade. Para poderem escolher livremente, teriam de ser adequadamente informados sobre todas as opções e educados em seus termos. Mas a única maneira de assegurar isso seria arrancar os adolescentes da comunidade *amish* e de sua americanização.

Os limites da atitude liberal típica são também evidentes perante o caso das mulheres muçulmanas que usam véu. É permitido às mulheres o uso do véu caso a sua escolha seja livre e não uma imposição do marido ou da família. No entanto, a partir do momento em que as mulheres usam o véu para exercerem uma livre escolha individual, por exemplo a fim de procurarem realizar-se no plano espiritual, o sentido do uso do véu muda completamente. O véu deixa de ser um sinal de seu pertencimento à comunidade muçulmana e passa a ser uma expressão da individualidade idiossincrática de cada mulher. A diferença é a mesma que existe entre um agricultor chinês que come comida chinesa porque é isso que se faz em sua aldeia desde tempos imemoriais e um cidadão de uma megalópole ocidental que decide jantar em um restaurante chinês local. É por isso que, em nossas sociedades seculares baseadas na escolha, aqueles que mantêm uma pertença religiosa substancial se encontram numa posição subordinada. Ainda que sejam autorizados a manter a própria fé, ela é "tolerada" como uma escolha ou opinião idiossincrática pessoal. A partir do momento em que optam por apresentá-la publicamente tal como ela é para eles mesmos – como, digamos, uma questão de pertencimento substancial –, são acusados de "fundamentalismo". O que significa que o "sujeito da livre escolha" no sentido multicultural "tolerante" do Ocidente só pode emergir como resultado de um processo extremamente *violento* de dilaceração de um mundo da vida particular, arrancado pela raiz.

Deveríamos ter sempre em mente o aspecto imensamente libertador dessa violência que faz com que experimentemos nossas condições culturais antecedentes de forma contingente. Não esqueçamos que o liberalismo emergiu na Europa depois da catástrofe da Guerra dos Trinta Anos entre católicos e protestantes. Foi uma resposta à questão premente que se punha sobre como assegurar a possibilidade de coexistência entre pessoas cujas fundamentais fidelidades religiosas eram diferentes. E reclamou dos cidadãos mais do que uma tolerância condescendente perante religiões diferentes, mais do que a tolerância entendida como compromisso temporário. Exigiu que respeitássemos as outras religiões não *apesar* de nossas convicções religiosas íntimas, mas *por causa* delas: o respeito pelos outros torna-se uma prova de verdadeira crença. Abu Hanifa, o grande intelectual muçulmano do século XVIII, exprime melhor do que ninguém essa atitude: "A diferença de opinião na comunidade é um sinal da Graça Divina"[6]. É somente no interior desse espaço ideológico que podemos experimentar nossa identidade como algo contingente discursivamente "construído". Para resumirmos uma história muito longa, digamos que, filosoficamente, não pode existir uma Judith Butler (ou sua teoria da identidade de gênero performativamente produzida) sem que exista o sujeito cartesiano. Seja do que for que alguém possa acusar o multiculturalismo liberal,

---

[6] Citado segundo Ziauddin Sardar e Merryl Wyn Davies, *The Nonsense Guide to Islam* (Londres, New Internationalist/Verso, 2004), p. 77.

120 / Violência

devemos admitir ao menos que ele é profundamente "antiessencialista": é o Outro bárbaro que é visto como essencialista *e, consequentemente, falso*. O fundamentalismo "naturaliza" ou "essencializa" traços contingentes historicamente condicionados. Para os europeus modernos, as outras civilizações são prisioneiras de suas culturas específicas, ao passo que os europeus modernos são flexíveis e transformam constantemente seus pressupostos.

Os críticos "pós-coloniais" gostam de sublinhar a insensibilidade do liberalismo diante de suas próprias limitações: ao defender os direitos humanos, tende a impor aos outros sua própria versão desses direitos. Todavia, a sensibilidade autorreflexiva perante as próprias limitações só pode emergir contra o pano de fundo das ideias de autonomia e de racionalidade promovidas pelo liberalismo. Podemos, evidentemente, sustentar que, de certo modo, a situação do Ocidente é ainda pior pelo fato de a própria opressão ser nele obliterada e mascarada de livre escolha. (Do que você está reclamando? Foi VOCÊ que escolheu fazer isso.) Nossa liberdade de escolha, efetivamente, funciona muitas vezes como um simples gesto formal de consentimento de nossa própria opressão e exploração. No entanto, devemos nos lembrar aqui da lição de Hegel que nos ensina como a forma é importante: a forma tem uma autonomia e uma eficiência que lhe são próprias. Por isso, quando comparamos uma mulher do Terceiro Mundo, obrigada a se submeter à excisão clitoridiana ou prometida como noiva desde criança, com a mulher do Primeiro Mundo "livre para escolher" uma cirurgia estética dolorosa, a forma da liberdade é importante – abre um espaço à reflexão crítica.

Além disso, a contrapartida da desqualificação de outras culturas como intolerantes ou bárbaras é a facilidade excessiva com que se reconhece a superioridade dos outros. Lembremos como muitos colonos britânicos da Índia admiravam a profundidade da espiritualidade indiana, fora do nosso alcance no Ocidente devido à obsessão pela racionalidade e pela riqueza material. Não seria um dos temas canônicos do liberalismo ocidental a exaltação do Outro como levando uma vida mais harmoniosa e orgânica, menos competitiva e orientada mais para a cooperação do que para a dominação? A este aspecto associa-se um outro: a cegueira perante a opressão motivada pelo "respeito" à cultura do Outro. A própria liberdade de escolha é nesse sentido evocada muitas vezes de maneira distorcida: essas pessoas escolheram o seu modo de vida – que inclui que as viúvas sejam queimadas na fogueira – e, por mais deplorável e repugnante que isso nos pareça, devemos respeitar a sua escolha.

A crítica pós-colonial "radical" do liberalismo continua assim a se formular em um nível tipicamente marxista de denúncia da falsa universalidade, demonstrando como uma posição que se apresenta a si própria como universal e neutra privilegia de fato uma certa cultura (heterossexual, masculina, cristã). Mais precisamente, essa posição inscreve-se numa posição antiessencialista tipicamente pós-moderna, uma espécie de versão política da noção de Foucault de um sexo engendrado pela multiplicidade das práticas sexuais: aqui o "homem", o portador dos direitos humanos, é engendrado por um conjunto de práticas políticas que materializam a cidadania. Os direitos humanos aparecem como uma falsa universalidade ideológica que mascara e legitima a política concreta do imperialismo e da dominação, das intervenções militares e do neocolonialismo ocidentais. A questão que se põe é a seguinte: será isto o suficiente para constituir uma crítica?

A leitura marxista sintomática é capaz de demonstrar de maneira convincente o conteúdo particular que confere um teor ideológico burguês específico à ideia de direitos humanos: os direitos humanos universais são efetivamente os direitos dos proprietários brancos homens que têm a liberdade de trocar livremente no mercado e de explorar os trabalhadores e as mulheres, ao mesmo tempo que exercem sua dominação política. Todavia, a identificação do conteúdo particular que hegemoniza a forma universal não é senão metade da história. A outra metade, decisiva, consiste em levantar uma questão suplementar muito mais difícil – a da emergência da própria forma da universalidade. Como e em que condições históricas concretas se torna a própria universalidade abstrata um "fato da vida (social)"? Em que condições os indivíduos experimentam a si mesmos como sujeitos de direitos humanos universais? É esta a questão que encontramos na análise de Marx para o fetichismo da mercadoria: numa sociedade em que prevalece a troca de mercadorias, os próprios indivíduos, em suas vidas cotidianas, entram em relação uns com os outros e do mesmo modo com os objetos com que se deparam, como encarnações contingentes de ideias universais abstratas. Aquilo que sou (minhas condições sociais ou culturais antecedentes) é experimentado como contingente, uma vez que aquilo que me define, em última análise, é a capacidade universal abstrata de pensar e/ou trabalhar. Qualquer objeto que possa satisfazer meu desejo é experimentado como contingente, uma vez que ele é concebido como uma capacidade formal abstrata, indiferente à multiplicidade de objetos particulares que podem satisfazê-lo, mas que nunca o fazem por completo. A concepção moderna de profissão implica que experimento a mim mesmo como um indivíduo que não está diretamente e por nascimento "dentro" de seu papel. Aquilo que me tornarei depende da interação entre circunstâncias sociais contingentes e minha livre escolha. Nesse sentido, o indivíduo contemporâneo tem uma profissão. É eletricista, professor ou garçom. Mas não faz sentido dizer que um servo medieval era um camponês de profissão. O ponto decisivo aqui é, uma vez mais, que, em certas condições sociais concretas da troca de mercadorias e da economia de mercado global, a "abstração" torna-se um traço direto da vida social atual. Seu impacto sobre o modo como os indivíduos concretos se comportam e se relacionam com a própria sorte e suas circunstâncias sociais. Marx compartilha a intuição de Hegel sobre o modo como a universalidade só se torna "para si" na medida em que os

122 / Violência

indivíduos deixem de se sentir plenamente identificados no núcleo do seu ser com a sua situação social particular. Uma outra circunstância que daí decorre é que esses mesmos indivíduos se experimentam sempre como que "desligados" de sua situação: a existência concreta e efetiva da universalidade produz um indivíduo sem lugar próprio no edifício global. Numa dada estrutura social, a universalidade só se torna "para si" naqueles indivíduos que não têm um lugar próprio nela. O modo de aparecimento de uma universalidade abstrata, sua introdução na existência atual, produz assim violência: irrompe violentamente no interior de uma estabilidade orgânica anterior.

Já não basta retomarmos a velha concepção marxista da lacuna entre a aparência ideológica da forma jurídica universal e o interesse particular que efetivamente a sustenta – como é tão comum entre os críticos de esquerda politicamente corretos. O contra-argumento (formulado por teóricos como Claude Lefort ou Jacques Rancière) segundo o qual a forma nunca é uma "mera" forma, mas comporta uma dinâmica que lhe é própria e deixa as suas marcas na materialidade da vida social, é aqui plenamente válido[7]. Afinal de contas, a "liberdade formal" do burguês põe em movimento todo um processo de exigências políticas "materiais" e práticas que vão do sindicalismo ao feminismo. Rancière sublinha justificadamente a *ambiguidade* radical da ideia marxista do hiato existente entre a democracia formal com o seu discurso dos direitos do homem e da liberdade política, por um lado, e a realidade econômica da exploração e da dominação, por outro. Tal hiato entre a "aparência" de liberdade-igualdade e a realidade social das diferenças econômicas e culturais pode ser interpretado de dois modos: ou do modo sintomático habitual, em cujos termos os direitos universais, a igualdade, a liberdade e a democracia são simplesmente uma expressão necessária, ainda que ilusória, de seu conteúdo social concreto, que é o universo da exploração e da dominação de classe; ou, no sentido muito mais subversivo de uma tensão, em que a "aparência" de *égaliberté* ("igualiberdade") justamente *não* é uma "mera aparência", mas tem um poder por si só. Esse poder permite por em movimento o processo da rearticulação das relações sociais e econômicas atuais através de sua "politização" progressiva. Por que as mulheres não deveriam também ter a opção de votar? Por que as condições de trabalho não deveriam também se relevar uma preocupação política pública? E assim por diante. Aqui, é grande a tentação de usar o velho termo lévi-straussiano de "eficácia simbólica": a aparência de *égaliberté* é uma ficção simbólica que, como tal, possui uma eficácia própria. Devemos resistir à tentação cínica de reduzi-la a uma simples ilusão que esconde uma realidade efetiva diferente. Caso contrário, cairíamos na

---

[7] Ver Claude Lefort, *The Political Forms of Modern Society: Bureaucracy, Democracy, Totalitarianism* (Cambridge, Massachusetts, MIT Press, 1986), e Jacques Rancière, *Hatred of Democracy* (Londres, Verso, 2007) [ed. bras.: *O ódio à democracia*, São Paulo, Boitempo, no prelo].

Molto adagio – Andante / 123

velha armadilha da hipocrisia stalinista que desprezava a liberdade burguesa "meramente formal": se essa liberdade era tão meramente formal e não perturbava as verdadeiras relações de poder, por que o regime stalinista não a permitia? Por que a receava tanto?

O momento-chave de qualquer luta teórica – e também, de fato, ética, política e, como demonstrado por Badiou, até mesmo estética – é o do *surgimento da universalidade a partir do mundo da vida concreto*. O lugar-comum segundo o qual todos estamos tão mergulhados em um mundo da vida concreto e contingente, que toda a universalidade será irredutivelmente colorida e encarnada por esse mundo da vida, deveria ser formulado ao contrário. O autêntico momento da descoberta, a ruptura, ocorre quando uma dimensão propriamente universal *explode a partir de um contexto particular, tornando-se "para si" e sendo diretamente experimentada como universal*. Tal universalidade-para-si não existe simplesmente fora ou acima de seu contexto particular: inscreve-se em seu interior. É perturbado e afetado por dentro, de tal forma que a identidade do particular se divide em seus aspectos particulares e seus aspectos universais. Marx sem dúvida já assinalava que o verdadeiro problema no que se referia a Homero não era explicar como sua poesia épica era enraizada na antiga sociedade grega, mas o fato de, embora claramente ligada ao seu contexto histórico, essa poesia ser capaz de transcender sua origem histórica e falar a todas as épocas. Talvez a mais elementar prova hermenêutica da grandeza de uma obra de arte seja a que se refere à sua capacidade de sobreviver separada de seu contexto original. A arte verdadeiramente grande é reinventada e redescoberta por cada nova época. Existe um Shakespeare romântico assim como um Shakespeare realista.

As óperas de Richard Wagner nos proporcionam um outro exemplo. Há uma investigação histórica recente que tenta apreender o "verdadeiro sentido" contextual de vários personagens e temas wagnerianos: o pálido Hagen é na realidade um judeu que se masturba; a ferida de Amfortas é na realidade a sífilis – e assim por diante. Seguindo por esta linha de argumentação, Wagner estava mobilizando códigos históricos que eram familiares a todos em seu tempo: quando uma pessoa tropeçava, cantava num tom esganiçado ou fazia gestos nervosos, "todo mundo" sabia que se tratava de um judeu. Por isso Mime, em *Siegfried*, é uma caricatura de um judeu. O mal nas virilhas cujo contágio sofrido é consequência do coito com uma mulher "impura" era, devido ao indício de que a mulher tinha sífilis, uma obsessão da segunda metade do século XIX, e por isso mesmo era óbvio para todos que Amfortas contraíra sífilis de Kundry. O primeiro problema que essas leituras têm é que, até mesmo no caso de serem exatas, as intuições obtidas não contribuem muito para uma compreensão pertinente da obra. Na realidade, os lugares-comuns historicistas podem atenuar o contato com a arte. Para apreendermos adequadamente o *Parsifal*, é necessário que sejamos capazes de *abstrair* as banalidades históricas, descontextua-

124 / Violência

lizar a obra, arrancá-la do contexto no qual originalmente se integrava. Há mais verdade na estrutura formal de *Parsifal*, que permite diferentes contextualizações históricas, do que em seu contexto original. Nietzsche, altamente crítico perante Wagner, foi o primeiro a efetuar essa descontextualização, propondo uma nova figura de Wagner: não mais um Wagner poeta da mitologia teutônica, de uma grandeza heroica bombástica, mas um Wagner "miniaturista", o Wagner da feminidade histerizada, das passagens delicadas, da decadência da família burguesa.

Na mesma linha de raciocínio, o próprio Nietzsche foi repetidamente reinventado ao longo do século XX: o Nietzsche protofascista, conservador e heroico, transformou-se numa versão francesa de Nietzsche e, mais tarde, no Nietzsche dos estudos culturais. Uma análise histórica convincente poderá mostrar com facilidade como a teoria nietzschiana se integrava na experiência política particular de seu autor. Seu virulento ataque contra a "revolta dos escravos" teve por detonador a Comuna de Paris. Mas isso de modo nenhum contradiz o fato de haver mais verdade no Nietzsche "descontextualizado" e francês de Deleuze e Foucault do que num tal Nietzsche historicamente bem delineado. O argumento aqui não é simplesmente pragmático. Não se trata de sustentar que a leitura que Deleuze faz de Nietzsche, embora historicamente pouco rigorosa, é mais produtiva. O que se passa, antes, é que a tensão entre o quadro universal fundamental do pensamento de Nietzsche e sua contextualização histórica particular se encontra inscrita na própria construção do pensamento de Nietzsche, faz parte de sua própria identidade, no mesmo sentido que a tensão entre a forma universal dos direitos humanos e seu "verdadeiro sentido" em seu momento histórico de origem faz parte da identidade desses direitos.

A hermenêutica marxista habitual que expõe a deformação particular da universalidade abstrata deve ser assim completada por uma hermenêutica oposta: pela operação propriamente hegeliana que descobre a *universalidade* daquilo que se apresenta a si próprio como posição particular. Vale a pena considerarmos novamente a análise que Marx elaborou sobre o modo como, na Revolução de 1848 na França, o Partido da Ordem republicano-conservador funcionava como coligação de dois ramos monárquicos, os orleanistas e os legitimistas, sob "o reinado anônimo da República"[8]. Os representantes parlamentares do Partido da Ordem percebiam seu republicanismo como uma farsa: durante os debates parlamentares cometiam constantemente "lapsos" monárquicos e ridicularizavam a República para fazerem saber que o seu verdadeiro propósito era a restauração do reino. Só não tinham consciência de serem eles próprios ludibriados pelo verdadeiro efeito social produzido por seu governo. O que de fato faziam era estabelecer nas condi-

---

[8] Ver Karl Marx, "Class Struggles in France", cit.

ções da ordem republicana burguesa que tanto desprezavam – através, por exemplo, das garantias de segurança que davam à propriedade privada. Por isso, não eram monarquistas simplesmente mascarados de republicanos (ainda que se vissem assim), mas era a sua própria convicção monárquica íntima que os iludia e mascarava aos seus olhos o papel social real que desempenhavam. Em resumo, longe de ser a verdade escondida de seu republicanismo público, seu credo monárquico sincero era o suporte fantasmático do seu republicanismo efetivo. Era o elemento que alimentava de paixão a sua atividade.

Não é esta a lição que o próprio Hegel nos propõe quando fala de "astúcia da Razão"? A particularidade pode, de fato, ser uma máscara da universalidade. Os monarquistas franceses de 1848 foram vítimas da astúcia da Razão, cegos ao interesse (capitalista-republicano) universal que serviam ao mesmo tempo que se dedicavam aos seus propósitos monárquicos particulares. Foram como o *valet de chambre* de Hegel, para o qual, uma vez que é incapaz de ver a dimensão universal, não há heróis. Em termos mais gerais, um capitalista individual pensa que age em seu interesse próprio, ignorando a forma como está servindo assim a reprodução alargada do capital universal. Não se trata simplesmente de que toda universalidade é assombrada por uma particularidade que a tinge, mas antes que qualquer posição particular é assombrada por sua universalidade implícita, que a mina. O capitalismo não é apenas universal em si, é universal para si, enquanto terrível e efetivo poder corrosivo que mina todos os mundos das vidas particulares, todas as culturas e tradições, atravessando-as de lado a lado, apanhando-as em seu vórtice. Não faz sentido perguntar se "essa universalidade é verdadeira ou uma máscara de interesses particulares?", pois ela é diretamente efetiva enquanto universalidade, enquanto força negativa de mediação e destruição de todo o conteúdo particular.

Este é o momento de verdade da exigência liberal de uma universalidade *kulturlos*: o capitalismo, cuja ideologia é o liberalismo, *é* universal, e não mais enraízado em uma cultura ou "mundo" particulares. Foi por isso que Badiou afirmou recentemente que o nosso tempo é *privado de mundo*: a universalidade do capitalismo reside no fato de o capitalismo não ser o nome de uma "civilização", de mundo simbólico-cultural específico, mas o nome da máquina simbólico-econômica verdadeiramente neutra que tanto opera com valores asiáticos como com quaisquer outros. Nesse sentido, o triunfo à escala mundial da Europa é a sua derrota, a sua auto-obliteração. O cordão umbilical do capitalismo com a Europa foi rompido. Críticos do eurocentrismo que se esforçam por denunciar a marca europeia secreta do capitalismo erram o alvo: o problema do capitalismo não é a sua marca eurocêntrica escondida, mas o fato de *ser realmente universal*, uma matriz neutra de relações sociais.

A mesma lógica vale para as lutas emancipatórias: a cultura particular que tenta desesperadamente defender a sua identidade tem de recalcar a dimensão universal ativa em seu próprio coração, esta é a distância que separa o particular (a sua iden-

126 / Violência

tidade) e o universal que o desestabiliza por dentro. É por isso que falham os argumentos do tipo "deixem-nos com nossa cultura". No interior de cada cultura particular, os indivíduos *sofrem*, as mulheres *protestam* quando são forçadas a submeter-se à clitoridectomia, e *estes protestos contra as imposições provincianas de cada cultura são formuladas do ponto de vista da universalidade.* A universalidade atual não é o sentimento profundo de que, acima de todas as diferenças, as diferentes civilizações partilham os mesmos valores básicos etc.; *a universalidade atual aparece (atualiza-se) como experiência da negatividade, da inadequação a si própria, de uma identidade particular.* A fórmula da solidariedade revolucionária não é "vamos tolerar as nossas diferenças", não é um pacto de civilizações, mas um pacto de lutas que atravessam as civilizações – um pacto entre aquilo que, em cada civilização, mina por dentro sua própria identidade, luta contra seu núcleo opressivo. Aquilo que nos une é a mesma luta. Uma formulação mais adequada seria: a despeito de nossas diferenças, podemos identificar o antagonismo fundamental ou a luta antagônica em que cada um de nós está implicado; então partilhemos a nossa *intolerância* e vamos reunir forças num mesmo combate. Em outras palavras, na luta pela emancipação, não são as culturas em suas identidades que se dão as mãos, são antes as partes recalcadas, exploradas, condenadas ao sofrimento, as "partes de parte nenhuma" de cada cultura que se juntam em uma luta partilhada.

Por diversas vezes perguntaram a Primo Levi se ele se considerava fundamentalmente um judeu ou um ser humano. Sua resposta frequentemente oscilava entre as duas alternativas. A solução óbvia – que precisamente enquanto judeu, ele era humano, ou seja, somos humanos e cada um de nós participa na humanidade universal através de nossa identificação étnica particular – parece falhar aqui. A única solução consistente não é dizer que Levi era um ser humano que calhava de ser judeu, mas que era humano (participava "por si só" na função universal da humanidade) precisamente e apenas na medida em que se sentia pouco à vontade ou incapaz de se identificar com o *judaísmo*: "ser judeu" era para ele um problema e não um fato, não um refúgio seguro no qual pudesse se retirar.

ACHERONTA MOVEBO: AS REGIÕES INFERNAIS

A substância étnica particular, o nosso "mundo da vida", que resiste à universalidade, é feita de costumes. Mas o que são costumes? Qualquer ordem jurídica ou ordem normativa explícita tem de assentar numa rede complexa de regras informais que nos diz como devemos lidar com as normas explícitas: como devemos aplicá-las, em que medida devemos tomá-las literalmente e como e quando nos é permitido (até mesmo solicitado) desrespeitá-las. Essas regras informais constituem o domínio do costume. Conhecer os costumes de uma sociedade é conhecer as metarregras que dizem como aplicar suas normas explícitas: quando podemos usá-las ou não, quando podemos violá-las, quando não devemos fazer uma escolha que nos é oferecida, quando somos efetivamente obrigados a fazer alguma coisa enquanto fingimos que o que fazemos corresponde a uma escolha livre (como no caso do *potlatch*). Tenhamos em mente todas aquelas ofertas bem educadas que supostamente devem ser recusadas: é um "costume" recusá-las, e se alguém aceitá-las estará cometendo um contrassenso desastroso. O mesmo vale para muitas situações políticas em que nos é dado o direito de escolher *sob a condição de que façamos a escolha certa*: somos solenemente lembrados de que podemos dizer "não" enquanto se espera que rejeitemos este ensejo e digamos entusiasticamente "sim". Em diversos casos de proibições sexuais, a situação é oposta: um "não" explícito funciona efetivamente como uma injunção implícita de que devemos mandar ver (discretamente, é claro!).

Uma das estratégias dos regimes totalitários é terem normas jurídicas (leis criminais) tão severas que, se as tomarmos literalmente, *todo mundo* será culpado de alguma coisa. Mas sua aplicação plena não tem lugar. O que faz com que o regime possa parecer compassivo — "Veem? Se quiséssemos, poderíamos prender e condenar todos vocês, mas não tenham medo, nós somos indulgentes...". Ao mesmo tempo, o mesmo regime brande constantemente a ameaça disciplinar diante dos olhos de seus súbditos: "Nada de grandes brincadeiras conosco, lembrem-se de que a qualquer momento, nós podemos...". Na ex-Iugoslávia, existia o iníquo artigo 133 do Código Penal que poderia ser invocado a qualquer momento para incriminar escritores e jornalistas. O artigo criminalizava qualquer texto que descrevesse com falsidade as realizações da revolução socialista ou pudesse *provocar tensão e insatisfação no público* devido aos termos de sua abordagem de temas políticos e sociais, dentre outros. Esta última categoria não só era manifestamente de uma plasticidade infinita, como podia se autojustificar sempre que aplicada pelo próprio fato de sua aplicação: o simples fato de você ser acusado pelos detentores do poder não prova por si só que você efetivamente *provocou tensão e insatisfação no público*? Lembro que, durante esses anos, perguntei a um político esloveno como ele justificava uma lei semelhante. O político limitou-se a sorrir e, com uma piscada de olho, disse: "Bem, temos de ter um instrumento para disciplinar do jeito que bem entendermos aqueles que nos causarem aborrecimentos". Temos aqui uma sobreposição de potencial culpabilidade total (o que quer que façamos *pode* ser um crime) e de indulgência (o fato de sermos autorizados a viver em paz a própria vida não é uma prova ou consequência de nossa inocência, mas uma prova da indulgência e da benevolência causadas pela "compreensão das realidades da vida" dos que estão no poder). O que funciona como mais uma prova de que os regimes totalitários são por definição regimes indulgentes: toleram violações da lei, uma vez que, dado o modo como enquadram a vida social, violar a lei, subornar e trapacear são condições de sobrevivência.

O problema dos caóticos anos pós-soviéticos do governo de Boris Iéltsin na Rússia pode ser entendido nesse âmbito: embora as normas legais fossem conheci-

128 / Violência

das e em grande medida as mesmas que tinham vigorado na União Soviética, o que se desintegrara fora a complexa rede de regras implícitas e não escritas que sustentavam todo o edifício social. Quando na União Soviética alguém queria receber um tratamento hospitalar melhor ou conseguir um novo apartamento, quando alguém pretendia apresentar uma queixa das autoridades, quando lhe era enviada uma convocatória do tribunal, quando queria que os filhos entrassem numa escola de elite ou quando o gestor de uma fábrica queria que as matérias-primas lhe fossem entregues a tempo pelos fornecedores estatais, e assim por diante, todos sabiam o que era preciso fazer. Todos sabiam a quem deviam se dirigir, quem tinham de subornar, o que podia e não podia ser feito.

Depois do colapso do poder soviético, um dos aspectos mais frustrantes da existência cotidiana das pessoas comuns resultou do fato de essas regras não escritas terem caducado. As pessoas simplesmente não sabiam o que fazer, como reagir, como lidar com as determinações legais explícitas e quais ignorar, do mesmo modo que não sabiam em que termos passara a funcionar o suborno. Uma das funções do crime organizado foi fornecer uma espécie de sucedâneo de legalidade: quem possuía um pequeno negócio e tinha um cliente em dívida podia recorrer ao seu protetor da máfia, que resolveria o problema, uma vez que o Estado legalmente estabelecido se mostrava incapaz de fazê-lo. A estabilização que se verifica sob o regime de Putin se deve sobretudo ao restabelecimento da transparência das regras não escritas a que aludimos: as pessoas voltaram a saber, no essencial, como lidar com a complexidade das interações sociais.

Tudo isto realça o modo como a troca simbólica de nível mais elementar se constitui por meio dos chamados "gestos vazios", ofertas que são feitas ou concebidas para serem rejeitadas. Brecht descreveu profundamente esse aspecto em suas primeiras peças, sobretudo em *Aquele que diz sim*, na qual pedem a um jovem que aceite livremente o seu destino inevitável: ser jogado de um vale. Como seu professor lhe explica, é costume perguntar à vítima se aceita o seu destino, mas é também costume que a vítima responda que sim. Pertencer a uma sociedade implica um momento paradoxal em que nos é ordenado que aceitemos livremente e tornemos nossa escolha aquilo que, de qualquer maneira, nos é imposto. Todos nós *precisamos* amar nosso país ou os próprios pais. Este paradoxo do querer ou do escolher livremente o que é em qualquer caso obrigatório, de manter a aparência de uma livre escolha onde não há escolha alguma, é estritamente correlativo da noção de um gesto simbólico vazio, de um gesto – uma oferta – que se destina a ser rejeitado.

Não se passa algo muito semelhante com nossos hábitos cotidianos? No Japão, os trabalhadores têm direito a quarenta dias de férias por ano. Todavia, é de se esperar que não usufruam plenamente esse direito; há um acordo implícito determinando que os dias de férias não serão mais do que a metade do número oficial. Em *A Prayer for Owen Meany*, de John Irving, depois de o pequeno Owen acidental-

Molto adagio – Andante / 129

mente matar a mãe de John (seu melhor amigo), o narrador (que é Owen) mostra-se, como é de se esperar, terrivelmente chateado. Para mostrar como lamenta o que aconteceu, Owen oferece discretamente ao amigo a sua coleção completa de figurinhas de beisebol, seu bem mais precioso. Dan, o afetivo padrasto de John, diz que o mais adequado a se fazer é devolver o presente.

Imaginemos um caso mais prático. Caso, depois de eu ter me empenhado em uma competição feroz por uma promoção profissional contra um bom amigo, eu venha a sair vitorioso, o mais adequado é que eu renuncie ao cargo, para que meu amigo fique com a vaga. E o mais adequado para ele é que recuse a minha oferta. Se assim for, talvez possamos continuar a ser amigos. O que vemos neste exemplo é uma troca simbólica nos termos mais puros: um gesto que é feito para ser recusado. A magia da troca simbólica é que, embora no final nós estejamos como estávamos no começo, houve um ganho distinto para cada uma das partes na sequência do pacto de solidariedade. Há uma lógica análoga que intervém no procedimento que consiste em pedir desculpas: se magoo alguém por meio de uma observação áspera, o que devo fazer é pedir as mais sinceras desculpas, e o que a pessoa magoada deve fazer é dizer algo do tipo "obrigado, agradeço a sua atitude, mas não fiquei ofendido, sei que não era isso que você queria dizer, por isso nem precisa pedir desculpas!". O que importa aqui é, sem dúvida, que embora a conclusão seja que não são necessárias desculpas, a pessoa implicada tem de assumir o procedimento de pedi-las mesmo assim: o "nem precisa pedir desculpas" só pode ser dito *depois* de eu ter pedido; assim, embora formalmente nada aconteça (e o pedido de desculpas seja declarado desnecessário), há um ganho no termo do processo e é possível que uma amizade tenha sido salva.

Mas e se a pessoa a quem a for feita uma oferta que deve ser rejeitada acabar por aceitá-la? Se, depois de ter sido derrotado na competição, eu aceitar a oferta de meu vitorioso amigo e ocupar a vaga no lugar dele? Uma situação semelhante é propriamente catastrófica: causa a desintegração da aparência de liberdade que faz parte da ordem social. O que equivale à desintegração da própria substância social, à dissolução dos laços sociais. É nesse preciso sentido que as figuras revolucionárias e igualitárias, de Robespierre ao abolicionista norte-americano John Brown, são – ao menos potencialmente – *figuras sem costumes*, na medida em que se recusam a considerar os costumes que modulam o funcionamento de uma regra universal. Se todos os homens são iguais, então todos os homens são iguais e assim devem ser efetivamente tratados; se os negros são também seres humanos, é necessário então que sejam imediatamente tratados como iguais.

A um nível menos radical, no começo da década de 1980 um jornal estudantil moderadamente dissidente da ex-Iugoslávia manifestou-se contra as eleições "livres", mas viciadas, que aconteciam no país. Conscientes das limitações da palavra de ordem "dizer a verdade ao poder" ("o problema dessa palavra de ordem é que

130 / Violência

ignora o fato de o poder não ouvir e de as pessoas já conhecerem a verdade, como as suas piadas tornam evidente"[9]), os estudantes, em vez de denunciarem diretamente a injustiça das eleições, decidiram tratá-las como se fossem *realmente* livres, como se seu resultado não estivesse determinado de antemão. Na véspera das eleições, imprimiram uma edição extraordinária do jornal com um título que apregoava: "Notícias de última hora sobre as eleições: os comunistas continuam no poder!". Esta simples intervenção quebrou o "costume" não escrito que determina que todos sabemos que as eleições não são livres, só não devemos declará-lo publicamente... Tratando as eleições como se fossem livres, era assim recordada para todo mundo a sua falta de liberdade.

Na segunda temporada da série de televisão *Nip/Tuck*, Sean descobre que o verdadeiro pai de seu filho adolescente, Matt, é o seu colega Christian. Sua primeira reação é uma explosão violenta. Depois, logo após uma operação que não deu certo que pretendia separar dois irmãos siameses, Sean volta a aceitar Chris como colega, proferindo um longo discurso diante da mesa de cirurgias: "Nunca lhe perdoarei pelo que você fez. Mas Matt é muito querido, o melhor resultado de nossa amizade, e isso é algo que não devemos perder". A mensagem é óbvia, óbvia demais. Uma solução muito mais elegante teria sido se Sean tivesse se limitado a dizer "Nunca lhe perdoarei pelo que você fez". A posição subjetiva de uma afirmação como esta é desde o princípio a da aceitação – é assim que falamos com alguém que já decidimos perdoar – e o problema é, de fato, que Sean *fala demais*. Mas por que ele fala mais do que precisava? Esta é a pergunta interessante. Será que o público norte-americano é tão estúpido assim? Não. Por que, então? Talvez um simples sinal de reconciliação verdadeira fosse demais, demasiado intenso, e as banalidades proferidas se destinem a atenuar essa intensidade. Talvez, sendo *Nip/Tuck* uma série norte-americana, esse excesso do que é dito possa ser referido a uma diferença entre a Europa e os Estados Unidos. Na Europa, o piso térreo de um prédio é numerado como 0, enquanto o piso imediatamente superior é o primeiro andar, ao passo que nos Estados Unidos, o primeiro andar é aquele que fica no nível da rua. Resumidamente, os norte-americanos contam a partir do 1, enquanto os europeus sabem que esse 1 é por si só um representante do grau 0. Ou, para colocá-lo em termos mais históricos, os europeus percebem que, antes de começarem a contar, precisa existir um "nível" de tradição, um nível sempre já dado e que, como tal, não pode ser contado, enquanto os Estados Unidos – um território sem tradição histórica pré-moderna – não têm esse nível. Lá, as coisas começam diretamente através da liberdade autolegislada. O passado é apagado ou

---

[9] Moustapha Safouan, *Why Are the Arabs not Free? The Politics of Writing* (Hoboken, NJ, Wiley-Blackwell, 2007).

transferido para a Europa[10]. Esta ausência de solo fundador tem de ser suprida por meio de um excesso verbal: Sean não pode confiar no nível simbólico que garantiria que Christian apreenderia a mensagem sem que fosse necessário explicitá-la.

Os costumes são a própria substância de que são feitas nossas identidades. Neles, encenamos e assim definimos o que de fato somos enquanto seres sociais, o que muitas vezes contrasta com a nossa percepção do que somos. São também, por sua própria transparência, o meio que veicula a violência social. Já em 1937, George Orwell explicitava a ambiguidade da atitude predominante da esquerda perante as diferenças de classe:

> Todos condenamos a distinções de classe, mas são muito poucos os que querem seriamente aboli-las. Encontramos aqui o fato notável de que qualquer opinião revolucionária extrai parte de sua força de uma convicção secreta de que nada mudará [...]. Enquanto se trata simplesmente de melhorar a sorte dos trabalhadores, qualquer pessoa decente está de acordo [...]. Mas infelizmente não se vai muito longe quando nos limitamos a desejar varrer as distinções de classe. Mais exatamente, *é* necessário desejar que desapareçam, mas trata-se de um desejo que não tem qualquer eficácia a menos que nos demos conta do que ele implica.
>
> O que temos de enfrentar aqui é que abolir as distinções de classe significa abolirmos uma parte de nós próprios. Aqui estou, um membro típico da classe média. É-me fácil dizer que gostaria de acabar com as distinções de classe, mas quase tudo o que penso e faço é resultado dessas distinções de classe [...]. Tenho de ser capaz de me transformar tão completamente que no fim dificilmente seria reconhecível como continuando a ser a mesma pessoa.[11]

A ideia de Orwell é que os radicais invocam a necessidade da transformação revolucionária como uma espécie de símbolo supersticioso que acaba por conduzir ao resultado oposto, *impedindo* que a transformação realmente aconteça. Hoje, acadêmicos de esquerda que criticam o imperialismo cultural capitalista têm, na realidade, horror da simples ideia de que seu campo de estudos desapareça. Está claro para Orwell que, em nosso cotidiano ideológico, nossa atitude

---

[10] Talvez esse traço possa explicar também outro fenômeno: em (quase) todos os hotéis norte-americanos com mais de doze andares, não há um décimo terceiro (para evitar o azar, evidentemente), saltando-se do décimo segundo ao décimo quarto andar. Para um europeu, trata-se de um procedimento sem sentido: quem estamos tentando enganar? Devemos fingir que Deus não percebeu que o andar a que chamamos de décimo quarto é na realidade o décimo terceiro? Os norte-americanos podem recorrer ao seu truque devido precisamente ao fato de seu Deus ser um simples prolongamento dos nossos eus individuais, não sendo percebido como um autêntico fundamento do ser.

[11] George Orwell, *The Road to Wigan Pier* (Londres, Gollancz, 1937) [ed. bras.: *O caminho para Wigan Pier*, trad. Isa Maria Lando, São Paulo, Companhia das Letras, 2010].

132 / Violência

predominante consiste em manter uma distância debochada em relação às nossas verdadeiras crenças:

> as opiniões de esquerda do "intelectual" médio são em grande parte espúrias. Por puro espírito de imitação troça de coisas nas quais de fato acredita. Como um exemplo entre muitos, pensemos no código de honra dos caros colégios internos, com o seu "espírito de equipe", o seu "Não se bate num homem caído" e todos os demais chavões do gênero. Quem não deu risada desse código? Quem, dentre os que se consideram "intelectuais", ousaria *não* rir? Mas as coisas são um pouco diferentes quando encontramos alguém que ri dele *do lado de fora*; é do mesmo modo que passamos a vida toda falando mal da Inglaterra, mas ficamos extremamente irritados quando ouvimos um estrangeiro dizer exatamente as mesmas coisas [...]. Só quando encontramos alguém com uma cultura diferente da nossa é que começamos a nos dar conta do que realmente se tratam as nossas crenças.

Não há nada de "interior" nesta verdadeira identidade ideológica definida por Orwell. As crenças íntimas encontram-se todas "do lado de fora", encarnadas em práticas que alcançam a realidade material imediata de meu corpo. Minhas ideias – do bem e do mal, do agradável e do desagradável, do divertido e do sério, do feio e do belo – são essencialmente ideias da *classe média*; meu gosto em matéria de livros, de mesa e de vestuário, meu sentido da honra, minhas maneiras à mesa, meu modo de falar, meu sotaque, os próprios movimentos característicos de meu corpo, tudo isso são questões de hábitos e costumes. Poderíamos acrescentar pertinentemente à lista o caso do *cheiro*. Talvez a diferença fundamental entre a classe inferior e a classe média resida na maneira como lidam com o cheiro. Para a classe média, as classes inferiores cheiram mal, seus membros não se lavam com a regularidade devida – e aqui deparamos com uma das possíveis definições do que significa hoje o Próximo: o Próximo é, por definição, alguém que *cheira*. É por isso que hoje os desodorantes e os sabonetes se tornam tão importantes – tornam os próximos ao menos minimamente toleráveis: Estou disposto a amar os meus próximos… contanto que não cheirem mal demais. Segundo uma notícia recente, os cientistas de um laboratório da Venezuela, por meio de manipulações genéticas, conseguiram produzir feijões cujo consumo não causa a formação de gases de cheiro desagradável e socialmente comprometedor. Assim, depois do café descafeinado, dos bolos sem gordura, da Coca-Cola *light* e da cerveja sem álcool, teremos feijões sem peido…[12]

---

[12] Embora, também neste campo, o benevolente Estado de bem-estar social possa tentar equilibrar a consideração do incômodo causado pelo próximo que cheira mal introduzindo considerações relativas à saúde. Assim, há alguns anos, o Ministério da Saúde holandês aconselhava os cidadãos a peidarem pelo menos quinze vezes por dia, a fim de evitarem tensões e pressões internas prejudiciais para o organismo.

Chegamos com isto ao "coração das trevas" dos costumes. Quem não se lembra dos numerosos casos de pedofilia que abalaram a Igreja Católica? Quando seus representantes insistem que tais casos, por deploráveis que sejam, são um problema interno da Igreja e mostram grande relutância em colaborar com a polícia em sua investigação, a verdade é que, em certo sentido, eles têm razão. A pedofilia do sacerdote católico não é uma coisa que diga meramente respeito às pessoas que, devido a razões acidentais de sua história privada sem relação com a Igreja enquanto instituição, calharam de escolherem por profissão o sacerdócio. É um fenômeno que diz respeito à Igreja Católica enquanto tal, que se encontra inscrito em seu próprio funcionamento como instituição social e simbólica. Não se refere ao inconsciente "privado" dos indivíduos, mas ao "inconsciente" da própria instituição: não é algo que acontece porque a instituição tem de conviver com as realidades patológicas da vida libidinal a fim de sobreviver, mas algo de que a própria instituição tem necessidade para se reproduzir. Podemos perfeitamente imaginar um sacerdote "reto" (não pedófilo) que, ao fim de anos de serviço, acaba se envolvendo na pedofilia porque a própria lógica da instituição o seduz a fazê-lo.

Um *inconsciente institucional* desse tipo designa o reverso obsceno repudiado que, precisamente por causa de seu repúdio, sustenta a instituição pública. No exército, esse reverso consiste nos rituais de humilhação sexualizados e obscenos que sustentam a solidariedade do grupo. Em outras palavras, não é apenas por razões conformistas que a Igreja tenta encobrir os escândalos de pedofilia; defendendo-se assim, a Igreja defende seu segredo obsceno mais íntimo. O que isto significa é que o ato de se identificar com esse lado secreto é um elemento constituinte fundamental da identidade de um sacerdote cristão: quando um sacerdote denuncia seriamente (não em termos apenas retóricos) esses escândalos, está por esse meio excluindo a si próprio da comunidade eclesiástica. Deixa de ser "um de nós", exatamente do mesmo modo que um sulista branco nos Estados Unidos da década de 1920 que fornecesse informações sobre o Ku Klux Klan se excluía de sua comunidade, por traição à solidariedade fundamental do movimento. Consequentemente, a resposta à relutância da Igreja não deveria ser simplesmente a que consiste em dizer que estamos diante de crimes e que, se a Igreja não participar plenamente na investigação da verdade a seu respeito, será cúmplice deles. É a Igreja enquanto instituição que deve ser investigada tendo em vista o modo como cria sistematicamente condições que favorecem esse tipo de crime.

É este lado subterrâneo obsceno, o terreno inconsciente dos costumes, que é realmente difícil de transformar. E é por isso que a divisa de qualquer revolução radical equivale a essa citação de Virgílio que Freud escolheu como epígrafe de *A interpretação dos sonhos*: moverei as regiões infernais – *acheronta movebo*. Ousar perturbar os suportes subterrâneos e não ditos de nossa vida cotidiana!

134 / Violência

A *Humoresca*, que pode com boas razões ser considerada a obra-prima para piano de Robert Schumann, deve ser entendida tendo em conta a gradual ausência de voz que descobrimos em suas canções: não é uma simples peça para piano, mas uma canção sem linha vocal, ou com a linha vocal reduzida ao silêncio, e que faz com que aquilo que efetivamente escutamos seja o seu acompanhamento do piano. É assim que deveríamos compreender a célebre "voz interior" (*innere Stimme*) acrescentada por Schumann à partitura como uma terceira linha entre as duas linhas do piano, superior e inferior: é a melodia vocal que se mantém enquanto "voz interior" não vocalizada. O que escutamos aqui é uma série de variações sem tema, um acompanhamento sem linha melódica principal, que existe apenas como *Augenmusik*, música só para os olhos, sob a forma de notas escritas. Esta melodia ausente deve ser reconstruída a partir do fato de o primeiro e o terceiro níveis – as linhas de piano da mão direita e da mão esquerda – não se ligarem diretamente, quer dizer, de sua relação não ser a de um espelhamento imediato. Para darmos conta de suas interconexões, somos assim levados a (reconstruir) um terceiro nível intermediário "virtual", a linha melódica, que por razões estruturais não pode ser tocada. Seu estatuto é o de um real impossível que só pode existir sob a forma escrita. Sua presença física aniquilaria as duas linhas melódicas que efetivamente ouvimos na realidade.

Em seu breve ensaio "Bate-se numa criança", Freud analisa a fantasia de um jovem que vê uma outra criança apanhar severamente; Freud situa esta fantasia como a última em uma cadeia constituída de três cenas, sendo "O meu pai bate numa criança" e "Estou sendo espancado por meu pai" as duas anteriores. A criança nunca toma consciência da segunda cena, e por isso esta tem de ser reconstruída de modo a fornecer o elo que falta entre a primeira e a última cena – como a linha melódica de Schumann que nunca é tocada, mas tem de ser reconstruída pelo ouvinte como elo que falta entre as duas linhas que escuta. Schumann leva esse procedimento da melodia ausente até uma autorreferência aparentemente absurda, quando, mais tarde, no mesmo fragmento da *Humoresca*, repete as mesmas duas linhas melódicas efetivamente tocadas, mas sem que desta vez a partitura contenha uma terceira linha melódica ausente, ou voz interior: o que está ausente aqui é a melodia ausente, ou a própria ausência. Como devemos tocar essas notas quando, ao nível do que é efetivamente tocado, elas repetem exatamente as notas anteriores? As notas tocadas são privadas apenas do que não está lá, da sua falta constitutiva, ou, para parafrasearmos a Bíblia: "perdem o que nunca tiveram"[13]. O verdadeiro pianista deveria ter assim o *savoir-faire* necessário para tocar as notas positivas e

---

[13] "Porque a todo aquele que tem, será dado mais, e terá em abundância; mas ao que não tem, até o que não tem lhe será tirado", Mateus, 25, 29.

existentes de tal maneira que pudéssemos discernir nelas o eco das notas "silencio-sas" e virtuais não tocadas que as acompanham.

E não é desta forma que a ideologia funciona? O texto ou a prática ideológicos explícitos são sustentados por uma série não tocada de suplementos superegoicos obscenos. Sob o socialismo realmente existente, a ideologia explícita da democracia socialista era sustentada por um conjunto de injunções e proibições obscenas implícitas e não ditas que diziam ao sujeito como não levar a sério certas normas explícitas e como observar um conjunto de proibições não reconhecidas publicamente. Uma das estratégias da dissidência durante os últimos anos do socialismo foi, portanto, precisamente tomar a ideologia dominante mais a sério e em termos mais literais do que se tomava a si própria, ignorando sua sombra virtual e não escrita: "Querem que pratiquemos a democracia socialista? Pois bem, aqui está, então!" E quando se recebia dos *apparatchiks* do partido sinais desesperados indicando que não era assim que as coisas funcionavam, bastava ignorá-los e persistir. Eis o que significa o *acheronta movebo* como prática da crítica da ideologia: não mudar diretamente o texto explícito da lei, mas antes intervir sobre o seu suplemento virtual obsceno.

Lembremos como a relação com a homossexualidade em uma comunidade militar funciona. Há dois níveis claramente distintos: a homossexualidade explícita é brutalmente atacada, os soldados identificados como gays são lançados ao ostracismo, espancados todas as noites etc. Todavia, esta homofobia explícita é acompanhada por uma rede implícita de alusões homossexuais subentendidas, de piadas e práticas obscenas. Uma intervenção verdadeiramente radical sobre a homofobia militar não deveria centrar-se fundamentalmente, portanto, na repressão explícita da homossexualidade, mas antes "mover o subsolo", atacar as práticas homossexuais implícitas que *sustentam* a homofobia explícita.

É este nível subterrâneo obsceno que nos permite abordar o fenômeno da prisão de Abu Ghraib em novos termos. Em sua reação às fotografias difundidas em finais de abril de 2004, que mostravam os prisioneiros iraquianos torturados e humilhados pelos soldados norte-americanos, George Bush reiterou, como era de esperar, que os atos dos soldados eram crimes isolados que não espelhavam aquilo que a América representava nem aquilo por que combatia: os valores da democracia, da liberdade e da dignidade pessoal. E, na realidade, o simples fato de o caso ter dado origem a um escândalo público que forçou a administração dos Estados Unidos a uma posição defensiva era por si só um sinal positivo. Num regime de fato "totalitário", o caso teria sido pura e simplesmente abafado. (Do mesmo modo, não esqueçamos que o próprio fato de as forças norte-americanas não terem descoberto armas de destruição em massa é um sinal positivo: um poder verdadeiramente "totalitário" teria feito o que fazem os maus policiais: levar as armas para o local e depois "descobri-las".)

No entanto, há um certo número de aspectos que complicam a simplicidade do quadro. O aspecto principal e mais vivamente visível é o do contraste entre as for-

136 / Violência

mas "típicas" de torturar os prisioneiros usadas, por um lado, pelo regime de Saddam Hussein e, por outro, pelas tropas norte-americanas. Sob o regime de Saddam, predominava a dor brutal e diretamente infligida. Os soldados norte-americanos privilegiavam a humilhação psicológica. *Documentar* a humilhação com uma câmara, com os autores da tortura sorrindo estupidamente, *presentes* no filme, ao lado dos corpos nus e contorcidos de seus prisioneiros, foi parte integrante do processo, e contrasta fortemente com o secretismo das torturas de Saddam. Quando vi a fotografia bem conhecida de um prisioneiro nu com um capuz negro escondendo sua cabeça, com cabos elétricos presos aos seus membros, instalado em uma cadeira numa pose ridiculamente teatral, minha primeira reação foi pensar que se tratava de uma ilustração de um espetáculo artístico do que há de mais novo no cenário artístico de *performances* nova-yorkinas. A própria postura e as roupas vestidas pelos prisioneiros sugerem uma atuação teatral, uma espécie de *tableau vivant* que não pode deixar de evocar todo o espectro da *performance* artística norte-americana e de seu "teatro da crueldade"– pensemos nas fotografias de Mapplethorpe e nas cenas insólitas dos filmes de David Lynch, para ficarmos em apenas dois exemplos.

É este aspecto que nos leva ao núcleo da questão: aos olhos de qualquer pessoa familiarizada com a realidade do modo de vida norte-americano, as fotografias evocavam imediatamente o reverso obsceno da cultura popular dos Estados Unidos – por exemplo, os ritos de iniciação marcados por tortura e humilhação que sofrem todos aqueles que buscam a admissão no interior de uma comunidade fechada. Fotografias do mesmo teor aparecem regularmente na imprensa do país quando um escândalo explode numa unidade militar ou num *campus* estudantil em que os ritos de iniciação cometeram excessos, onde soldados ou estudantes foram forçados a adotar posturas humilhantes ou a praticar atos infames (como enfiar o gargalo de uma garrafa de cerveja no ânus ou espetarem-se com agulhas enquanto seus companheiros desfrutam da cena). Em certos casos os danos assim infligidos ultrapassam o nível considerado tolerável, a imprensa é informada e acaba por noticiá-los. (Diga-se de passagem, uma vez que o próprio Bush é membro dos Skull and Bones, a mais reservada sociedade secreta de Yale, seria interessante sabermos a que ritos teve de se submeter para se tornar seu membro.)

Evidentemente, a diferença mais clara é que, no caso desses ritos de *iniciação* – como o próprio nome indica –, as provas são sofridas em resultado de uma livre escolha, onde o candidato sabe perfeitamente o que o espera e tem inteira consciência da recompensa final: ser admitido no novo círculo e – em último, mas não menos importante lugar – autorizado a aplicar os mesmos ritos sobre os futuros membros iniciantes. No caso da prisão de Abu Ghraib, os rituais não eram um preço que os prisioneiros tinham de pagar a fim de serem admitidos como "um de nós", mas, pelo contrário, eram justamente a marca da sua *exclusão*. E não será a "livre escolha" dos que se submetem aos ritos de iniciação semelhantes um caso exemplar de *falsa* livre escolha, evocando os termos da liberdade com que o trabalhador vende a sua força de trabalho? Pior ainda, deveríamos recordar aqui um dos mais repugnantes rituais de violência contra os negros praticados pelo velho Sul: um bando de arruaceiros encurrala um negro e obriga-o a efetuar um gesto agressivo ("Cospe na minha cara, moleque!"; "Me chama de monte de bosta!"), que alegadamente justifica o seu espancamento ou linchamento posterior. Por fim, há uma última mensagem cínica na aplicação aos prisioneiros árabes de um ritual de iniciação norte-americano: "Então você quer ser um de nós? Muito bem, aqui você vai ter uma amostra do verdadeiro sabor de nosso modo de vida...".

Isso me faz lembrar do filme *Questão de honra*, de Rob Reiner, que nos mostra um tribunal militar que aprecia o caso de dois marinheiros norte-americanos acusados de terem assassinado um companheiro de armas. O promotor militar afirma que tal ato foi um homicídio deliberado, ao passo que a defesa (que inclui as figuras de Tom Cruise e Demi Moore – como eles poderiam falhar?) consegue provar que os acusados se limitaram a observar o chamado Código Vermelho, a regra não escrita de um corpo militar que autoriza o espancamento noturno de um soldado que tenha infringido as obrigações éticas dos fuzileiros navais. Esse código absolve um ato de transgressão que, sendo "ilegal", reafirma, todavia, ao mesmo tempo a coesão do grupo. O ato deve ser praticado clandestinamente durante a noite, não reconhecido, indizível. Em público, todos devem fingir que nada sabem a respeito, chegando até mesmo a negar reiteradamente a sua existência. O clímax do filme, bastante previsível, mostra a explosão do oficial que ordenou o espancamento noturno (interpretado por Jack Nicholson): seu acesso de cólera público é, evidentemente, o momento também de sua queda. Embora viole as regras explícitas da comunidade, o código em causa representa o "espírito da comunidade" em seu máximo grau, exercendo sobre os indivíduos a mais forte das pressões no sentido da identificação com o grupo. Por contraste com a lei *escrita* explícita, esse código obsceno do supereu é essencialmente *oral*. Enquanto a lei explícita é sustentada pelo pai morto como autoridade simbólica (o "Nome do Pai" de Lacan), o código não escrito é sustentado pelo suplemento espectral do Nome do Pai, o espectro obsceno do "pai primitivo" freudiano[14]. É a mesma lição que podemos tirar de *Apocalypse Now*, de Francis Ford Coppola: na figura de Kurtz, o "pai primitivo" freudiano – o pai obsceno cujo gozo não se subordina a qualquer lei simbólica, o Senhor total que ousa confrontar-se com o aterrador Real do gozo – nos é apresentado não o sobrevivente de um passado de barbárie, mas algo como o desfecho necessário do moderno poder ocidental. Kurtz era um soldado perfeito. Através de

---

[14] Para uma abordagem mais desenvolvida desses problemas, ver o capítulo 3 de Slavoj Žižek, *The Metastases of Enjoyment* (Londres, Verso, 1995).

138 / Violência

sua superidentificação com o sistema do poder militar, transformou-se numa figura excessiva que o próprio sistema terá de eliminar. O horizonte definitivo de *Apocalipse Now* é esse *insight* de como o poder engendra o seu próprio excesso que tem de ser posteriormente aniquilado em uma operação que deve imitar aquilo que combate. A missão de Willard de matar Kurtz não aparece oficialmente registrada – "Nunca aconteceu", como declara o general que transmite as suas instruções a Willard. Entramos no domínio das operações secretas, daquilo que o poder faz sem jamais reconhecer. É sobre este ponto que Christopher Hitchens se engana quando escreve a propósito dos carcereiros de Abu Ghraib:

> De duas, uma: ou esses imbecis agiam obedecendo a autoridade de alguém – e, neste caso, há pessoas que ocupam cargos de nível intermediário a superior que pensam que não estão sujeitas às leis, códigos e disposições regulamentares –, ou agiam por conta própria, autorizando-se a si próprios – e, neste caso, equivalem aos amotinados, desertores ou traidores em campos de batalha. É por isso que perguntamos nostalgicamente se não haveria artigos nos códigos de justiça militar que permitam prendê-los e depois fuzilar um por um.[15]

O problema é que as torturas de Abu Ghraib não correspondem *nem a uma nem a outra* das duas opções: embora não possamos reduzi-las a atos cruéis de soldados individuais, também não foram, sem dúvida, diretamente ordenadas – eram legitimadas por uma versão particular do obsceno Código Vermelho. Afirmar que foram atos de "amotinados, desertores ou traidores em campos de batalha" equivale ao mesmo absurdo que dizer que os linchamentos do Ku Klux Klan eram atos de traidores à civilização cristã ocidental em vez de uma explosão do seu próprio reverso obsceno, ou que os atos dos sacerdotes católicos que abusam sexualmente de crianças são cometidos por "traidores" do catolicismo... Abu Ghraib não foi um simples exemplo da arrogância norte-americana perante um povo do Terceiro Mundo: ao serem submetidos a torturas humilhantes, os prisioneiros iraquianos estavam sendo efetivamente *iniciados na cultura norte-americana*. Estavam sendo apresentados a uma amostra do sabor de seu reverso obsceno, que constitui o suplemento necessário dos valores públicos de dignidade pessoal, democracia e liberdade. Bush estava, portanto, errado: aquilo que captávamos ao ver as fotografias dos prisioneiros iraquianos humilhados em nossas telas e nas primeiras páginas dos jornais era precisamente uma intuição direta dos valores norte-americanos, do próprio núcleo de gozo obsceno que sustenta seu modo de vida. Essas fotografias integram numa perspectiva adequada as teses bem conhecidas de Samuel Huntington

---

15 Christopher Hitchens, "Prison Mutiny", disponível em <www.slate.com/id/2099888>.

sobre o "choque de civilizações" em curso. O choque entre as civilizações árabe e norte-americana não é um choque entre a barbárie e o respeito pela dignidade humana, mas um choque entre a tortura brutal e anônima e a tortura enquanto espetáculo midiático no qual os corpos das vítimas servem de pano de fundo anônimo ao sorriso dos "inocentes rostos norte-americanos" dos próprios torturadores. Pode-se dizer, parafraseando Walter Benjamin, que todo o choque de civilizações é na realidade o choque entre as barbáries que lhes são subjacentes.

6
Allegro

Violência divina

Benjamin com Hitchcock

Em *Psicose,* de Alfred Hitchcock, o assassinato do detetive Arbogast nas escadas da velha casa nos oferece a versão hitchcockiana do ponto de vista de Deus. É de cima que vemos toda a cena que se passa no corredor do andar superior e nas escadas. Quando a criatura ululante entra, surge enquadrada pela câmara e começa a apunhalar Arbogast, que cai escadas abaixo, passamos a ocupar o ponto de vista subjetivo das criaturas: um primeiro plano do rosto de Arbogast ao cair esfaqueado nas escadas, como se nessa passagem de um registro objetivo a um subjetivo Deus em pessoa tivesse perdido sua neutralidade e "caísse dentro" do mundo, intervindo brutalmente, fazendo justiça[1]. A "violência divina" representa as intrusões brutais de uma justiça para além da lei.

Na nona de suas teses "Sobre o conceito de história", Walter Benjamin refere-se ao quadro *Angelus novus,* de Paul Klee, em que

> está representado um anjo, que parece estar a ponto de afastar-se de algo em que crava o seu olhar. Seus olhos estão arregalados, sua boca está aberta e suas asas estão estiradas. O anjo da história tem de parecer assim. Ele tem seu rosto voltado para o passado. Onde uma cadeia de eventos aparece diante de nós, ele enxerga uma única catástrofe, que sem cessar amontoa escombros sobre escombros e os arremessa a seus pés. Ele bem que gostaria de demorar-se, de despertar os mortos e juntar os destroços. Mas do paraíso sopra

---

[1] Esta dimensão "divina" reverbera na cena em que Marion é assassinada no chuveiro – uma passagem em que a violência surge do nada.

142 / Violência

uma tempestade que se emaranhou em suas asas e é tão forte que o anjo não pode mais fechá-las. Essa tempestade o impele irresistivelmente para o futuro, para o qual dá as costas, enquanto o amontoado de escombros diante dele cresce até o céu. O que nós chamamos de progresso é essa tempestade.[2]

E se a violência divina fosse a intervenção selvagem desse anjo? Ao ver o amontoado de escombros que cresce em direção ao céu, esses destroços da injustiça, o anjo contra-ataca de vez em quando para restabelecer o equilíbrio, vingando-se do impacto devastador do "progresso". Não poderia toda a história da humanidade ser vista como uma normalização crescente da injustiça, trazendo consigo o sofrimento de milhões de seres humanos sem nome e sem rosto? Em algum lugar, na esfera do "divino", talvez estas injustiças não tenham sido esquecidas. Acumulam-se, os erros são registrados, a tensão aumenta e torna-se cada vez mais insuportável, até o momento em que a violência divina explode numa cólera de retaliação devastadora[3].

No polo oposto a este tipo de imposição violenta da justiça encontramos a figura da violência divina como injusta, como explosão do capricho divino cujo caso exemplar é, evidentemente, o de Jó. Depois de Jó ser ferido pelas calamidades, seus amigos teológicos aparecem, portadores de interpretações que conferem sentido às calamidades. A grandeza de Jó não está tanto em protestar sua inocência como em insistir na falta de sentido das calamidades sofridas. Quando Deus entra por fim em cena, conforta a posição de Jó contra a dos defensores teológicos da fé.

Temos aqui uma estrutura que é exatamente a mesma do sonho da injeção em Irma de Freud, sonho que começa com uma conversa entre Freud e sua paciente Irma acerca do fracasso de seu tratamento devido a uma injeção com seringa infectada. No decorrer da conversa, Freud aproxima-se de Irma, aproxima-se de seu rosto e observa o interior de sua boca, deparando com a visão assustadora da carne viva vermelha de sangue. No momento em que o horror se torna mais insuportável, a tonalidade do sonho muda e o registro de terror passa bruscamente ao da comédia: aparecem três médicos, amigos de Freud, que, numa ridícula gíria pseudoprofissional, enumeram múltiplas – e mutuamente exclusivas – razões, mostrando que o envenenamento de Irma pela agulha infectada não era culpa de ninguém: não houvera injeção, a agulha estava limpa... Portanto, há primeiro um encontro traumático, a visão da carne viva da garganta de Irma, seguido por um salto brusco para o registro da comédia, ou seja

---

[2] Walter Benjamin, "Thesis on the Philosophy of History", tese IX, em *Illuminations* (Nova York, Schocken Books, 1968) [ed. bras.: trad. Jeanne Marie Gagnebin e Marcos Lutz Müller, em Michael Löwy, *Walter Benjamin: aviso de incêndio* – uma leitura das teses "Sobre o conceito de história", São Paulo, Boitempo, 2005, p. 87].

[3] Sobre outras modalidades da violência divina, ver Terry Eagleton, *Sweet Violence: The Idea of the Tragic* (Oxford, Blackwell, 2002).

para a troca de opiniões entre os três médicos ridículos que permite ao sonhador evitar o confronto com o verdadeiro trauma. A função dos três médicos é a mesma que a dos três amigos teológicos da história de Jó: dissimular o impacto do trauma por meio de uma aparência simbólica.

Essa resistência ao sentido é um aspecto decisivo quando enfrentamos catástrofes potenciais ou efetivas – da Aids e do desastre ecológico ao Holocausto, casos que se recusam a um "sentido mais profundo". Trata-se de um legado de Jó que nos impede de nos refugiarmos na figura transcendente e corrente de Deus como Senhor secreto que conhece o sentido do que nos parece uma catástrofe sem sentido, esse Deus que vê o quadro geral no qual aquilo que percebemos como uma mancha contribui para a harmonia global. Quando nos confrontamos com um acontecimento como o Holocausto ou a morte de milhões de pessoas no Congo durante os últimos anos, não será obsceno afirmar que essas manchas têm um sentido mais profundo através do qual contribuem para a harmonia do todo? Haverá uma totalidade que possa justificar teleologicamente, e assim redimir ou superar, um acontecimento como o Holocausto? A morte de Cristo na cruz significa sem dúvida que deveríamos decididamente pôr de lado a ideia de Deus como um supervisor transcendente que garante o desfecho feliz de nossos atos, quer dizer, que impõe uma teleologia da história. A morte de Cristo na cruz é em si própria a morte desse Deus *protetor*. É uma repetição da atitude de Jó: recusa qualquer "sentido mais profundo" que possa encobrir a realidade brutal das catástrofes históricas[4].

Há uma ressonância hitchcockiana na iconografia da catástrofe do 11 de Setembro: a repetição infinita do plano do avião que se aproxima e atinge a segunda torre do World Trade Center irrompe como uma versão da vida real da célebre cena de *Os pássaros*, em que Melanie avança a bordo de seu pequeno barco na direção do porto de Bodega Bay. Ao aproximar-se do deque, acena ao seu (futuro) amante. Um pássaro isolado, que começamos a perceber como um borrão negro indiscernível, entra inesperadamente no plano pelo lado superior direito e pica a cabeça dela[5]. O avião que atingiu a torre do World Trade Center poderia ser literalmente entendido como o definitivo borrão hitchcockiano, a mancha anamórfica que desnaturalizou a paisagem idílica de Nova York. Os pássaros atacantes são o último elemento da tríade *Intriga internacional*, *Psicose* e *Os pássaros*: primeiro o avião, a metáfora de um pássaro, ataca o herói na célebre sequência das planícies da pradaria ao largo de Chicago; a seguir, temos o quarto de Norman Bates cheio de pássaros embalsamados (uma metonímia); por fim, são os próprios pássaros que atacam.

---

[4] Deveríamos recordar aqui que a história de Jó desempenha um papel decisivo também no Islã, que o toma como símbolo do verdadeiro crente.

[5] Ver Raymond Bellour, *The Analysis of Film* (Bloomington, Indiana University Press, 2000), cap. 3.

144 / Violência

Duas produções de Hollywood assinalaram o quinto aniversário do 11 de Setembro: *Voo United 93*, de Paul Greengrass, e *World Trade Center*, de Oliver Stone. A primeira coisa que salta à vista no caso desses filmes é que ambos tentam ser o mais anti-hollywoodianos possível. Centram-se na coragem das pessoas comuns, sem estrelas fascinantes, sem efeitos especiais, sem gestos heroicos grandiloquentes, limitando-se a um quadro realista de pessoas como as que encontramos todos os dias e que se confrontam com circunstâncias excepcionais. Todavia, os dois filmes contêm também notáveis exceções formais: momentos que violam o seu estilo de base. *Voo United 93* começa com os sequestradores aéreos num quarto de motel, rezando e preparando-se para a ação. Têm um ar austero, como se fossem de certo modo anjos da morte. O primeiro plano que se segue aos créditos do filme confirma esta impressão: é uma visão panorâmica sobre Manhattan durante a noite, acompanhada pelo som das orações dos assaltantes, como se estes pairassem por cima da cidade preparando-se para descerem à terra e fazerem sua colheita. Do mesmo modo, não há planos que mostrem diretamente os aviões se chocando contra as torres em *World Trade Center*. Tudo o que vemos, segundos antes da catástrofe, é um policial numa rua movimentada, no meio de uma massa de gente, e uma sombra ameaçadora que passa lá em cima – a sombra do primeiro avião. (Significativamente, depois de os heróis-policiais terem sido soterrados pelos escombros, a câmara, num movimento hitchcockiano, volta a assumir o "olhar de Deus", numa perspectiva aérea do centro de Nova York.) Essa passagem direta da vida cotidiana na terra a uma visão obtida de cima confere a ambos os filmes uma estranha reverberação teológica – como se os ataques "terroristas" fossem uma espécie de intervenção divina. O que isto poderia significar?

A primeira reação aos ataques do 11 de Setembro por cristãos de direita como Jerry Falwell e Pat Robertson foi vê-los como um sinal de que Deus retirara sua proteção aos Estados Unidos devido à vida pecaminosa dos norte-americanos. Acusaram o materialismo hedonista, o liberalismo e a sexualidade invasora, e afirmaram que a América tivera o que merecia. O fato de a mesma condenação da América liberal proferida pelo Outro muçulmano se fazer ouvir também por parte de *l'Amérique profonde* deveria impor a todos uma pausa para refletirmos.

De modo oblíquo, *Voo United 93* e *World Trade Center* tendem para a interpretação oposta: querem ler a catástrofe do 11 de Setembro como uma bênção disfarçada, como uma intervenção divina que serviu para despertar a América de sua letargia moral e trazer à tona o que as pessoas têm de melhor. *World Trade Center* acaba com palavras em *off* que declamam sua mensagem: os acontecimentos terríveis, como a destruição das Torres Gêmeas, revelam o pior *e* o melhor das pessoas – coragem, solidariedade, sacrifício pela comunidade. As pessoas mostram-se capazes de fazer coisas que nunca tinham imaginado. Essa perspectiva utópica é um dos motivos subterrâneos de nosso fascínio pelos filmes-catástrofe: como se nossa sociedade necessitasse de um grande desastre para causar a ressurreição do espírito da solidariedade comunitária.

Contra todo tipo de tentações de buscar um "sentido mais profundo", G. K. Chesterton acerta quando remata "O oráculo do cão" por meio de uma defesa por parte do padre Brown da realidade do senso comum, em que as coisas são simplesmente o que são, e não portadoras de sentidos místicos ocultos, e do milagre cristão da encarnação, encarado como a exceção que garante e sustenta a realidade comum:

> – As pessoas aceitam de boa vontade afirmações sem provas disto, daquilo ou de outra coisa qualquer. É como um mar que avança e submerge todo o nosso velho racionalismo e ceticismo, é aquilo a que se chama superstição. – Levantou-se bruscamente, mostrando uma espécie de preocupação na expressão carregada do rosto, e continuou a falar como se estivesse a sós consigo mesmo. – O primeiro efeito de não acreditarmos em Deus é perdermos o senso comum e deixarmos de ser capazes de ver as coisas como elas são. Qualquer coisa que qualquer pessoa diga, e declare coisa corrente, ganha uma extensão indefinida como um panorama de pesadelo. E um cão é um portento, e um gato é um mistério, e um porco é um emblema, e um escaravelho é um deus, e temos de novo todo o jardim zoológico do politeísmo do Egito e da velha Índia; o Cão Anúbis e a Leoa Pachet e os clamorosos Touros de Bashan; eis de volta os deuses bestiais do início, que se confundem com elefantes e serpentes e crocodilos; e tudo isto, porque nos assustam as palavras que dizem: "Ele fez-se homem".[6]

Era portanto o próprio fato de ser cristão que levava Chesterton a preferir explicações prosaicas ao recurso apressado a causas mágicas e sobrenaturais. Essa é a origem de seu interesse na ficção policial: se uma joia foi roubada de um cofre fechado, a solução não é a telequinesia, mas a utilização de um ímã potente ou de qualquer outro expediente disponível; se uma pessoa desaparece inesperadamente, é porque deve existir um túnel secreto. As explicações naturalistas são *mais* mágicas do que o recurso à intervenção sobrenatural. A explicação pelo detetive do complicado ardil através do qual o criminoso cometeu o homicídio num quarto fechado é muito mais "mágica" do que a ideia de que possuiria uma faculdade sobrenatural que lhe permitia atravessar paredes!

Sentimos aqui uma grande tentação a dar um passo além e sugerir uma leitura diferente das últimas linhas de Chesterton – leitura não assumida, sem dúvida, pelo próprio Chesterton, mas que nem por isso deixa de nos aproximar de uma insólita verdade. Quando as pessoas imaginam toda sorte de sentidos mais profundos porque as "assustam as palavras que dizem: 'Ele fez-se homem'", aquilo que

---

[6] Disponível em <www.cse.dmu.ac.uk>.

146 / Violência

realmente as assusta é perderem assim o seu Deus transcendente. É esse Deus que garante o sentido do universo, o Deus que é uma espécie de senhor escondido manobrando os cordéis por de trás do palco. Em contrapartida, Chesterton nos oferece um Deus que abandona a sua posição transcendente e se precipita na sua própria criação. Esse Deus-homem compromete-se inteiramente com o mundo, chegando ao ponto de até mesmo morrer. Nós, humanos, ficamos sem qualquer poder superior que vele sobre nós, e resta-nos apenas o terrível fardo da liberdade e da responsabilidade do destino da criação divina – e, portanto, do próprio Deus.

O QUE NÃO É A VIOLÊNCIA DIVINA...
A nossa primeira conclusão deverá ser que a concepção da "violência divina" de Benjamin nada tinha a ver com a violência terrorista levada a cabo pelos fundamentalistas religiosos de hoje em dia, que pretendem agir em nome de Deus e como instrumentos da Vontade Divina – ainda que o tratamento que lhes é dado pela imprensa nos induza a associarmos precipitadamente uma coisa com a outra. O candidato mais óbvio à "violência divina" é a violenta explosão de ressentimento que encontra expressão nesse espectro que vai dos linchamentos de massa ao terror revolucionário organizado. Uma das principais tarefas da "pós-esquerda" de hoje tem sido referir-se a esta dimensão da violência a fim de denunciar a própria ideia de revolução. O mais recente representante desta tendência é o filósofo alemão Peter Sloterdijk, cujo modo de proceder típico é suplementar uma categoria filosófica bem conhecida com o seu contrário deixado na sombra. Por exemplo, na sua leitura crítica de Heidegger, acrescenta ao "ser-para-a-morte" heideggeriano o trauma oposto do nascimento, de se nascer no interior, e ser atirado para dentro, da abertura da vida[7]. De modo semelhante, seu *Ira e tempo* [*Zorn und Zeit*, numa alusão ao *Sein und Zeit* de Heidegger] acrescenta à lógica erótica prevalecente a sua contrapartida obliterada, *thymos. Eros* (a posse de objetos, a sua produção e o gozo deles) é contrastado com *thymos* (inveja, competição, reconhecimento)[8].

A premissa de Sloterdijk é que só podemos apreender o verdadeiro sentido dos acontecimentos de 1990, em torno da desagregação dos regimes comunistas, em

---

[7] Toda a elaboração a que se entrega Sloterdijk do tema das "esferas" se baseia nesse deslocamento da tônica: as esferas são ventres maternos reconstruídos e expandidos – das casas à própria linguagem como "casa do ser".

[8] Sloterdijk propõe em *Ira e tempo* uma leitura crítica interessante de Lacan: a fraqueza central de Freud é a sua atenção exclusivamente centrada em *eros*, o que o torna incapaz de dar conta das lutas timóticas [de *thymos*, e por analogia com "eróticas", de *eros* – N. T.] (sendo que a pulsão de morte, inventada para esse efeito, é um infeliz fracasso); para compensar a fraqueza de Freud, Lacan "timotiza" o próprio *eros* (reinterpretando Freud a partir de Hegel-Kojève: o desejo é sempre um desejo de reconhecimento, a sua consumação é o reconhecimento do desejo etc.), mas perde assim de vista a especificidade do erótico.

contraposição ao pano de fundo do *thymos*. O ano em causa assinalou tanto o fim da lógica revolucionária e emancipatória por via estatal como o fim da lógica messiânica de ira acumulada e vingança total que correspondeu à explosão judaico-cristã e cuja forma secularizada foi o projeto comunista. Sloterdijk propõe assim uma história alternativa do Ocidente como história da *raiva*. A *Ilíada*, o texto fundador do Ocidente, começa com a palavra "ira": Homero invoca a deusa, pedindo-lhe que o ajude a cantar o canto da ira de Aquiles e suas consequências devastadoras. Embora a disputa entre Aquiles e Agamêmnon se ligue ao erótico – Agamêmnon toma Briseida, escrava de Aquiles –, a verdade é que Briseida não é objeto de um investimento erótico intenso, mas uma figura por si só completamente irrelevante. O que conta não é a gratificação sexual frustrada, mas o orgulho ferido. Todavia, o aspecto decisivo nessa posição é a posterior mutação judaico-cristã monoteísta da ira. Enquanto na Grécia Antiga é dado à ira explodir diretamente, segue-se agora sua sublimação, adiamento temporal e transferência: não somos nós mas Deus quem manterá até o Juízo Final um livro de registro das injustiças e contas a pagar. A proibição cristã da vingança ("dá a outra face") é absolutamente correlativa do cenário apocalíptico dos Últimos Dias.

Essa ideia do Dia do Juízo Final, em que as dívidas acumuladas serão integralmente pagas e um mundo desconjuntado há de ser refeito, será assumida mais tarde sob uma forma secularizada pelo moderno projeto da esquerda. Aqui o agente do juízo não é mais Deus, mas o povo. Os movimentos políticos de esquerda são como que "bancos de ira". Recolhem os investimentos de ira do povo e prometem-lhes uma remuneração de vingança em grande escala, o restabelecimento global da justiça. Uma vez que, depois da explosão de ira revolucionária, a plena satisfação nunca chega a ter lugar e a desigualdade e a hierarquia voltam à tona, volta a manifestar-se sempre um impulso no sentido da *segunda* – e verdadeira, e completa – revolução que satisfará os desenganados e levará efetivamente a cabo a tarefa da emancipação: 1792 depois de 1789, Outubro depois de Fevereiro...

O problema é simplesmente que nunca existe suficiente capital de ira. É por isso que é necessário completá-lo com empréstimos de outras iras ou combiná-lo com elas: de ordem nacional ou cultural. No fascismo, a ira nacional prevalece; o comunismo de Mao mobiliza a ira dos agricultores pobres explorados, que não são proletários. Não é surpreendente que Sloterdijk utilize sistematicamente o termo "fascismo de esquerda" e se refira regularmente a Ernst Nolte, o historiador "revisionista" alemão que elaborou uma concepção do nazismo enquanto lamentável, mas compreensível – uma reação perante o terror comunista. Para Sloterdijk, o fascismo é em última análise uma variante secundária do – e uma reação ao – projeto propriamente de esquerda da ira emancipatória. No nosso tempo, quando esta ira global esgotou o seu potencial, permanecem ativas duas formas de ira: o Islã (a ira das vítimas da globalização capitalista) e as explosões "irracionais" dos jovens.

148 / Violência

Talvez devêssemos acrescentar a elas o populismo latino-americano, os ecologistas, os movimentos anticonsumistas e outras formas de ressentimento antiglobalização. O movimento de Porto Alegre não logrou implantar-se como banco global para esta ira, uma vez que lhe faltou uma visão positiva alternativa. Sloterdijk chega a mencionar o "murmúrio do fascismo de esquerda reemergente nas margens das universidades"[9], área na qual, imagino eu, me incluirá. Embora estes surtos locais sejam celebrados pelos críticos de Fukuyama como um "regresso da história", não passam de pobres sucedâneos incapazes de dissimularem o fato de se ter esgotado o potencial da ira global.

Qual é, portanto, o programa de Sloterdijk? Devemos ir "para além do ressentimento", desejo que se formula na última parte do livro. Devemos deslegitimar a ligação fatal entre os intelectuais e o ressentimento sob todas as suas formas, incluindo as versões feministas, pós-colonialistas e ecologistas. Deveríamos reassumir a abordagem liberal cuja primeira formulação se encontra na tríade de John Locke, vida-liberdade-propriedade, assistida pela amarga pílula antirressentimento de Nietzsche. Precisamos aprender a viver no interior de uma cultura mundial pós-monoteísta, numa meritocracia antiautoritária que respeite as normas civilizadas e os direitos pessoais, equilibrada entre o elitismo e o igualitarismo. Precisamos formular um "código de comportamento" liberal que consiga equilibrar a interação de múltiplos agentes timóticos e impedir assim a fatal corrente que conduz à destruição ecológica e ética. Não admira que Sloterdijk mantenha uma estreita proximidade com o filósofo francês Alain Finkielkraut, com o qual publicou um livro de diálogos: embora num contexto ideológico diferente, Finkielkraut combate segundo as mesmas linhas anti"totalitárias". Então voltemos a Benjamin: será que a sua concepção da violência divina também indica explosões de ressentimento? Precisamos aqui de uma dupla estratégia; e, para começar, devemos reabilitar a ideia de ressentimento. Recordemos o que W. G. Sebald escrevia sobre o modo como Jean Améry se confrontava com o trauma dos campos de concentração nazistas:

> A energia subjacente às polémicas de Améry tinha origem num ressentimento implacável. Grande parte dos seus ensaios dedica-se a justificar essa emoção (comumente considerada como uma exigência perversa de vingança) como elemento essencial de uma

---

[9] Sloterdijk, *Zorn und Zeit*, cit., p. 107. A ironia é que nesse livro Sloterdijk recorre constantemente ao termo *Linksfaschismus*, que foi celebrizado pelo seu arqui-inimigo na Alemanha, Jürgen Habermas, que já o usara em 1968 para denunciar os manifestantes violentos que queriam substituir a "ação direta" ao debate. Talvez este detalhe nos diga mais do que parece, tanto mais que a conclusão de Sloterdijk, o seu "programa positivo", não difere muito do programa de Habermas, apesar do antagonismo público entre os dois.

Allegro / 149

visão verdadeiramente crítica do passado. O ressentimento, escreve Améry com plena consciência da natureza ilógica de sua tentativa de definição, "crava cada um de nós na cruz do seu próprio passado em ruínas. De modo absurdo, reclama que o irreversível regresse, que o acontecimento seja anulado". [...] A questão, pois, não é resolver, mas revelar o conflito. O impulso do ressentimento que Améry nos comunica com a sua exigência polêmica de reconhecimento do *direito* ao ressentimento, implica nada menos que a tentativa programática de sensibilizar a consciência de um povo "já reabilitado pelo tempo".[10]

Quando um sujeito é ferido de modo tão devastador que a própria ideia de vingança segundo o *ius talionis* não é menos ridícula do que a promessa de reconciliação com o agressor após sua reparação, tudo o que resta é persistir na "incessante denúncia da injustiça". Deveríamos dar a esta posição todo o seu peso antinietzscheano: aqui, o ressentimento nada tem a ver com a moral do escravo. Representa antes uma recusa de "normalizar" o crime, de torná-lo parte do curso habitual/explicável/compreensível das coisas, de integrá-lo numa narrativa de vida consistente e dotada de sentido; depois de todas as explicações possíveis, eis que retorna com a questão: "Sim, tive tudo isso, mas, apesar de tudo, *como pôde você fazê-lo?* A sua versão da história não faz o menor sentido!" Em outras palavras, o ressentimento que Sebald advoga é um ressentimento nietzschiano heroico, a recusa do compromisso, a insistência "contra toda a expectativa".

Como se liga, portanto, este ressentimento autêntico à tríade composta pela punição (vingança), perdão e esquecimento, que são os três modos habituais de lidar com um crime? A primeira coisa a fazer aqui é afirmarmos a prioridade do princípio judaico da vingança/castigo justos –"olho por olho", o *ius talionis* – sobre a fórmula costumada do "perdoaremos seu crime, mas não o esqueceremos". A única maneira de perdoar e *esquecer* é exercer a vingança (ou castigo justo): depois do criminoso ter sido devidamente punido, posso tocar a vida e deixar todo o assunto para trás. Assim, há algo de libertador no fato de sermos punidos pelo nosso crime: pago a minha dívida à sociedade e sou de novo livre, não carrego fardos passados. A lógica "misericordiosa" do "perdoar, mas não esquecer" é, pelo contrário, muito mais opressiva: eu (o criminoso perdoado) continuo para sempre assombrado pelo crime que cometi, uma vez que o crime não foi "desfeito" (*ungeschehengemacht*), anulado retroativamente, apagado, por meio daquilo que Hegel vê como sendo o sentido do castigo.

A rigorosa justiça judaica e a misericórdia cristã (o gesto inexplicável do perdão imerecido) são opostas. Na visão cristã, nós, seres humanos, nascemos em pecado.

---

[10] W. G. Sebald, *On the Natural History of Destruction* (Londres, Penguin, 2003), p. 160-2.

150 / Violência

Nunca poderemos pagar as nossas dívidas e redimir-nos a nós próprios através de nossos próprios atos. A nossa única salvação reside na misericórdia de Deus, em seu sacrifício supremo. Todavia, no próprio gesto de quebrar a cadeia da justiça através do inexplicável ato de misericórdia, do pagamento da nossa dívida, o cristianismo nos impõe uma outra dívida ainda mais forte: estamos para sempre em dívida com Cristo, nunca poderemos retribuir-lhe o que fez por nós. O nome freudiano para esta premência excessiva que nunca poderemos saldar é, sem dúvida, *supereu*. Habitualmente, o judaísmo é concebido como a religião do supereu e da sujeição do homem a um Deus ciumento, poderoso e severo, em um claro contraste com o Deus da misericórdia e do amor que é o cristão. Mas é precisamente *não* reclamando de nós o preço de nossos pecados, pagando ele próprio esse preço por nós, que o Deus cristão de misericórdia se instala como instância superegoica suprema: "Paguei o mais alto preço pelos vossos pecados, e por isso estareis *para sempre* em dívida para comigo..."[11].

Numa carta ao pai, Franz Kafka registra este mesmo paradoxo da misericórdia (graça): "das muitas ocasiões nas quais, segundo a sua opinião claramente expressa, mereci uma sova, mas fui poupado no último momento devido à sua misericórdia e tudo o que acumulei, uma vez mais, foi só um enorme sentido de culpa. Sob todos os aspectos da minha culpa, era eu seu devedor"[12]. Os traços deste Deus enquanto instância superegoica cuja misericórdia é, ela própria, geradora de uma culpabilidade indelével nos fiéis são bem detectáveis em Stalin. Nunca deveríamos esquecer que, como as minutas hoje acessíveis das reuniões a partir da década de 1930 do Politburo e do Comitê Central demonstram, as intervenções de Stalin eram de um modo geral misericordiosas. Quando os membros mais jovens do CC, ansiosos por exibir seu fervor revolucionário, reclamavam uma imediata sentença de morte contra Bukharin, Stalin intervinha sempre e dizia: "Paciência! A culpa dele ainda não foi provada!", ou qualquer outra coisa do mesmo gênero. Tratava-se, sem dúvida, de uma atitude hipócrita: Stalin dava-se plenamente conta de que era ele próprio quem engendrava o ardor devastador dos membros mais jovens, que se sentiam ansiosos por lhe agradar – mas, apesar de tudo, uma aparência de misericórdia continuava sendo necessária.

Há mais do que uma ironia de mau gosto na proposta de uma síntese pseudo-dialética dos dois termos como modo de resolver o eterno dilema "punir ou perdoar": primeiro punir o perpetrador para depois perdoá-lo... Não é esse o desenlace

---

[11] Nesta mesma ordem contextual, deveríamos recusar também a fórmula típica de justificação dos atos de vingança através da desculpa habitual dos israelitas perante os palestinos, que "têm" de bombardear: "Perdoo os teus crimes, mas nunca te perdoarei o fato de me levares a fazer estes atos violentos que não posso deixar de fazer". O certo é que podemos perfeitamente imaginar Hitler ou Himmler dizendo a mesma coisa aos judeus!

[12] Disponível em <www.kafka.franz.com/KAFKA-letter.htm>.

da trilogia "feminina" de Lars von Trier, composta por *Ondas do destino, Dançando no escuro* e *Dogville*? Nos três filmes, a heroína (Emily Watson, Björk, Nicole Kidman) é exposta a uma tremenda, senão escandalosamente melodramática, humilhação e sofrimento; no entanto, enquanto nos dois primeiros filmes a prova da heroína culmina numa morte dolorosamente desesperada, em *Dogville* a heroína contra-ataca sem piedade e executa uma mais do que plena vingança pelo modo vergonhoso como foi tratada pelos moradores da pequena aldeia onde procurara refúgio, acabando por matar pessoalmente seu ex-amante. ("Há certas coisas que temos de fazer nós mesmos.") Este desfecho não pode deixar de suscitar, no espectador, uma profunda – ainda que eticamente problemática – satisfação, pois todos os malfeitores recebem com juros o que mereciam. Podemos também imprimir a tudo isto uma inflexão feminista: depois do espetáculo do sofrimento masoquista feminino que se prolonga até um nível insuportável, a vítima acaba por reunir forças para revidar vingando-se, afirmando-se a si própria como um sujeito que reconquista um pleno domínio sobre suas circunstâncias. Pode-se dizer que teríamos assim o melhor de dois mundos: nossa sede de vingança não só é satisfeita, como a vemos legitimada em termos feministas. O que arruína esta solução fácil não é o previsível (mas falso) contra-argumento feminino segundo o qual a vitória da heroína tem como contrapartida a adoção de uma atitude violenta "masculina". Há um outro aspecto que deve ser ponderado seriamente: a heroína de *Dogville* só é capaz de exercer sua vingança implacável a partir do momento em que seu pai (um chefe mafioso) chega ao povoado à sua procura. Em resumo, sua assunção de um papel ativo assinala sua submissão renovada à autoridade paterna.

Uma outra abordagem da trilogia consistiria em ler *Dogville* como sendo, muito literalmente, o filme da verdadeira misericórdia. Grace é desprovida de misericórdia na medida em que "compreende" condescendentemente os moradores, lhes oferece seus serviços, sofre silenciosamente sua provação, recusa a vingança. O seu pai gângster tem razão: *esta* é a sua arrogância. Somente quando ela decide se vingar passa efetivamente a agir e se torna alguém como os outros, perdendo a sua arrogante posição de superioridade. Ao matá-los, reconhece-os em termos hegelianos. Quando os vê a uma "nova luz", vê como são, e não mais como pobres habitantes idealizados de uma pequena terra.

O grande argumento dos que se opõem à condenação à pena (de morte) é a arrogância que denunciam nos que querem punir outros seres humanos, ou até matá-los. Quem nos dá o direito de fazê-lo? Estaremos realmente em condições de julgar? A melhor resposta a tais objeções consiste em inverter o argumento. O que é realmente arrogante e pecaminoso é assumirmos a prerrogativa da misericórdia. Quem dentre nós, mortais comuns, sobretudo quando não somos vítimas imediatas do culpado, tem o direito de rasurar o crime de outra pessoa, tratá-lo com brandura? Somente Deus em pessoa – ou, nos termos do Estado, o vértice da pirâ-

152 / Violência

mide, rei ou presidente – tem, dada a sua posição excepcional, a prerrogativa de anular a culpa de outrem. Nosso dever é agirmos de acordo com a lógica da justiça e punir o crime: *não* o fazermos implica a verdadeira blasfêmia de nos elevarmos ao nível de Deus, de agirmos com uma autoridade que lhe pertence.

Como intervém, então, o ressentimento autêntico em tudo isto? Enquanto quarto termo suplementar da tríade de punição (vingança), perdão e esquecimento, entra em cena como a única posição autêntica que podemos assumir perante um crime de uma monstruosidade tão grande– como o extermínio pelos nazistas dos judeus da Europa – que as outras três instâncias perdem o seu impacto. Não podemos perdoar e menos ainda esquecer um ato semelhante, do mesmo modo que não podemos puni-lo adequadamente.

E aqui voltamos a Sloterdijk: de onde parte a denúncia a que o filósofo procede de todo e qualquer projeto de emancipação global enquanto caso de inveja e ressentimento? De onde vem a sua insistência obsessiva e compulsiva de descobrir por trás de toda e qualquer solidariedade uma inveja de um ser frágil e a sua sede de vingança? Em suma, de onde vem a sua ilimitada "hermenêutica da suspeita" *à la* Nietzsche em uma versão caricaturizada? E se precisamente *esta premência for sustentada por uma inveja e um ressentimento próprios repudiados, pela inveja da posição emancipatória universal*, e se for por esse motivo que TEM de ser encontrada na origem que a funda alguma mancha que a prive da sua pureza?[13] O objeto da inveja é aqui o MILAGRE da universalidade ética que não pode ser reduzida a um efeito distorcido de processos libidinais "inferiores".

Talvez o resultado fundamental da leitura de *Antígona* proposta por Jacques Lacan seja a insistência neste ponto: não encontramos nessa leitura os temas "freudianos" que seriam de se esperar, nada sobrea ligação incestuosa entre irmão e irmã[14]. É também aqui que descobrimos a chave do "Kant *avec* Sade" de Lacan[15]. Hoje, na nossa era pós--idealista da "hermenêutica da suspeita", não sabemos todos que a chave do *avec* ("com") está em significar que a verdade do rigorismo ético de Kant é o sadismo da lei – ou seja, que a lei kantiana é uma instância superegoica que goza sadicamente o impasse do sujeito, a sua incapacidade de corresponder às suas exigências inexoráveis, à semelhança das do proverbial professor que tortura os alunos fixando-lhes tarefas impossíveis e secretamente saboreia os seus fracassos? E todavia, o que Lacan nos diz é exatamente o

---

[13] E não será por isso que o próprio Nietzsche mergulhou na loucura? Não terão decorrido os últimos meses que precederam a queda final sob o signo de uma inveja ambígua perante o enigma de Cristo? Recordemos o fato de, ao longo desse período difícil, Nietzsche ter assinado muitas vezes com o nome "Cristo".

[14] Jacques Lacan, *The Ethics of Psychoanalysis* (Londres, Routledge, 1992), cap. 19-21 [ed. bras.: *Seminário VII – A ética da psicanálise*, Rio de Janeiro, Zahar, 1988].

[15] Ver idem, "Kant with Sade", em *Ecrits*, cit., p. 645-8.

oposto dessa primeira associação: não era Kant um sádico disfarçado, mas Sade é que era um kantiano disfarçado. O que significa que devemos ter em mente que o tema fulcral de Lacan é sempre Kant, não Sade: o que lhe interessa são as consequências últimas e as premissas negadas da revolução ética kantiana. Em outras palavras, Lacan não tenta a habitual operação "reducionista" que vê qualquer ato ético, por mais puro e desinteressado que possa parecer, como tendo por origem uma motivação "patológica" (o próprio interesse a longo prazo do agente, a admiração de seus pares, até mesmo a satisfação "negativa" proporcionada pelo sofrimento e a extorsão frequentemente requeridos pelos atos éticos). O tema fulcral do interesse de Lacan reside antes na inversão paradoxal através da qual o próprio desejo (ou seja, o agir segundo o nosso próprio desejo, sem o comprometer) não pode mais ter por origem qualquer interesse ou motivação de ordem "patológica", e por isso corresponde aos critérios do ato ético kantiano, de tal modo que "seguir o próprio desejo" coincide com "fazer o próprio dever". É por isso que Lacan, na sua concepção do ato, inverte a "hermenêutica da suspeita" estabelecida: quando o próprio Kant, movido pela suspeita, admite que nunca podemos saber ao certo se o que fizemos foi um verdadeiro ato ético, não sustentado em segredo por algum motivo "patológico" (ainda que esse motivo seja a simples satisfação narcísica decorrente do fato de termos feito o nosso dever), incorre então em erro. O que é verdadeiramente traumático para o sujeito não é o fato de um puro ato ético ser (talvez) impossível, de a liberdade ser (talvez) uma aparência, baseada na ignorância das verdadeiras motivações dos nossos atos; o que é verdadeiramente traumático é a própria liberdade, o fato de que a liberdade É possível, e de nós procurarmos desesperadamente estas ou aquelas determinações "patológicas" a fim de evitarmos esse fato. Para dizê-lo de outra forma, a verdadeira teoria freudiana nada tem a ver com a redução da autonomia ética a uma ilusão baseada na repressão dos nossos "baixos" motivos libidinais.

... E O QUE, AFINAL, É A VIOLÊNCIA DIVINA!

Os intérpretes de Benjamin esforçam-se por decidir o que pode realmente significar a "violência divina". Não será mais um sonho esquerdista de um acontecimento "puro" que nunca tem de fato lugar? Deveríamos lembrar aqui a referência que Friedrich Engels faz em 1891 à Comuna de Paris, como exemplo da ditadura do proletariado:

> E eis que o filisteu alemão foi novamente tomado de um saudável terror com as palavras: ditadura do proletariado. Pois bem, senhores, quereis saber como é esta ditadura? Olhai para a Comuna de Paris. Tal foi a ditadura do proletariado.[16]

---

[16] Friedrich Engels, "Introduction", em Karl Marx, *The Civil War in France*, em *Marx/Engels/Lenin on Historical Materialism* (Nova York, International Publishers, 1973), p. 242 [ed. bras.: Friedrich Engels, "Introdução à *Guerra civil na França*, de Karl Marx (1891)", em Karl Marx, *A guerra civil na França*, São Paulo, Boitempo, 2011, p. 197].

154 / Violência

Podíamos repetir a mesma coisa, *mutatis mutandis*, a propósito da violência divina: "Pois bem, senhores críticos teóricos, quereis saber como é esta violência divina? Olhai para o Terror revolucionário de 1792-1794. Tal foi a violência divina." (E a série poderia continuar: o Terror Vermelho de 1919...) Isso para dizer que talvez devêssemos identificar sem receio a violência divina com fenômenos históricos positivamente existentes, evitando assim qualquer mistificação obscurantista.

Eis algumas passagens das densas últimas páginas de "Para uma crítica da violência", de Benjamin:

> Assim como em todos os domínios Deus se opõe ao mito, a violência divina se opõe à violência mítica. E, de fato, estas são contrárias em todos os aspectos. Se a violência mítica é instauradora do direito, a violência divina é aniquiladora do direito; se a primeira estabelece fronteiras, a segunda aniquila sem limites; se a violência mítica traz, simultaneamente, culpa e expiação, a violência divina expia a culpa; se a primeira é ameaçadora, a segunda golpeia; se a primeira é sangrenta, a divina é letal de maneira não sangrenta [...] Pois o sangue é o símbolo da mera vida. O desencadeamento da violência do direito remete [...] à culpa inerente à mera vida natural, culpa que entrega o vivente, de maneira inocente e infeliz, à expiação com a qual ele "expia" sua culpa – livrando também o culpado, não de sua culpa, mas do direito. Pois com a mera vida termina o domínio do direito sobre o vivente. A violência mítica é violência sangrenta exercida, em favor próprio, contra a mera vida; a violência divina e pura se exerce contra toda a vida, em favor do vivente. A primeira exige sacrifícios, a segunda os aceita. [...]
>
> Pois a pergunta "Tenho permissão para matar?" recebe irrevogavelmente a resposta na forma do mandamento "Não matarás!". Esse mandamento precede o ato, assim como o próprio Deus precede, para que este não se realize. Mas assim como o medo da punição não deve ser o motivo para se respeitar o mandamento, este permanece inaplicável, incomensurável, em relação ao ato consumado. Do mandamento não pode ser deduzido nenhum julgamento do ato. Assim, não se pode nem prever o julgamento divino do ato, nem a razão desse julgamento. Aqueles que condenam toda e qualquer morte violenta de um homem por outro com base neste mandamento estão, portanto, enganados. O mandamento não existe como medida do julgamento, e sim como diretriz de ação para a pessoa ou comunidade que age, as quais, na sua solidão, têm de se confrontar com ele e assumir, em casos extremos, a responsabilidade de não levá-lo em conta.[17]

---

[17] Walter Benjamin, "Critique of Violence", cit., p. 249-51 [ed. bras.: p. 150-3]. A palavra alemã *Gewalt* significa tanto "violência" como "autoridade" ou "poder estabelecido". (Um nexo semelhante pode ser identificado na expressão inglesa "*to enforce the law*" ["aplicar" ou "impor a lei"], que sugere ser impossível pensarmos a lei sem nos referirmos a uma certa violência, quer na origem, quando a lei é criada pela primeira vez, quer repetidamente, mais tarde, quando a lei é "aplicada".)

É esse domínio da violência divina pura que é o domínio da soberania, o domínio em que matar não é nem uma expressão de patologia pessoal (de uma pulsão idiossincrática e destrutiva), nem um crime (ou sua punição), nem um sacrifício sagrado. Não é algo de estético, nem de ético, nem de religioso (um sacrifício aos deuses tenebrosos). Assim, paradoxalmente, a violência divina coincide em parte com o dispositivo biopolítico dos *Homines sacri*: em ambos os casos, matar não é um crime nem um sacrifício. Aqueles que são aniquilados pela violência divina são plena e completamente culpados: não são sacrificados, uma vez que não são dignos de serem sacrificados a Deus e por Ele aceitos: são aniquilados sem que seja feito um sacrifício. De que são culpados? De viverem uma simples vida (natural). A violência divina purifica o culpado, não da culpa, mas da lei, porque a lei se limita aos seres vivos: não tem alcance além da vida, não pode tocar o que é excesso sobre a vida, o que é mais do que a simples vida. A violência divina é uma expressão da pura pulsão, da não morte, do excesso de vida, que fere a "vida nua" regulada pela lei. A dimensão "teológica" sem a qual, para Benjamin, a revolução não pode vencer é a própria dimensão do excesso da pulsão, da sua "demasia"[18].

É a violência mítica que exige sacrifício e mantém o seu poder sobre a vida nua – ao passo que a violência divina é não sacrificial e expiatória. Não deveríamos assim recear afirmar a existência de um paralelo formal entre a aniquilação pelo Estado dos *Homines sacri*, como o extermínio nazista dos judeus, e o terror revolucionário, em cujo âmbito também podemos matar sem cometer crime e sem sacrifício – a diferença reside no fato do extermínio nazista continuar a ser um meio do poder de Estado. Embora, no parágrafo da conclusão, Benjamin afirme que a "violência revolucionária – nome que deve ser dado à mais alta manifestação da violência pelo homem – é possível", introduz uma observação fundamental:

> Porém não é igualmente possível nem igualmente urgente para os homens decidir quando a violência pura realmente se efetivou num casa o determinado. Com efeito, apenas a violência mítica, não a divina, será reconhecida como tal com certeza, a não ser por efeitos incomparáveis, pois a força expiatória da violência não é clara aos olhos dos homens. [...]
>
> Esta [a violência divina] pode se manifestar na guerra verdadeira do mesmo modo como pode se manifestar o juízo de Deus proferido pela multidão acerca do criminoso. [...] A violência divina, que é insígnia e selo, nunca meio de execução sagrada, pode ser chamada de "violência que reina" [*waltende Gewalt*].[19]

---

[18] Ver Eric Santner, *On the Psychotheology of Everyday Life* (Chicago, University of Chicago Press, 2001).

[19] Walter Benjamin, "Critique of Violence", cit., p. 155-6.

156 / Violência

É decisivo interpretarmos corretamente a última frase: a oposição entre a violência mítica e a violência divina é aquela que existe entre o meio e o signo – ou seja, a violência mítica é um meio de estabelecer o governo da Lei (a ordem social legal), enquanto a violência divina não serve como meio, tampouco para a punição dos culpados em vista do restabelecimento do equilíbrio da justiça. É simplesmente o signo da injustiça do mundo, de um mundo eticamente "desarticulado". O que, todavia, *não* implica que a justiça divina tenha um sentido: antes, é um signo sem sentido, e devemos precisamente resistir aqui à tentação a que Jó resistiu com sucesso, a tentação de dotá-la de um "sentido mais profundo". Decorre daqui, para usarmos os termos de Badiou, que a violência mítica pertence à ordem do Ser, enquanto a violência divina pertence à ordem do Acontecimento: não há critérios "objetivos" que nos permitam identificar um ato como sendo de violência divina; o mesmo ato que, para um observador externo, é meramente uma explosão de violência pode ser um ato de violência divina para aqueles que estão envolvidos – não há Grande Outro que garanta a sua natureza divina, o risco de interpretar e assumi-la como divina cabe inteiramente ao próprio sujeito. O que se assemelha ao que o jansenismo ensina sobre os milagres: não podem ser verificados objetivamente; para um observador neutro, poderão ser sempre explicados em termos da causalidade natural comum. É somente ao crente que o acontecimento em causa é um milagre.

Quando Benjamin escreve que a proibição de matar é uma linha de orientação para as ações de pessoas ou de comunidades que terão de decidir por si sós e, em casos excepcionais, assumir a responsabilidade de ignorá-la, não estaria nos convidando a entendê-la como uma Ideia Reguladora kantiana, em vez de um princípio constitutivo direto da realidade ética? Observemos como Benjamin se opõe aqui à justificação "totalitária" do matar apresentada por aqueles que agem como instrumentos do Grande Outro (a necessidade histórica etc.): teremos de "decidir a sós", assumindo a plena responsabilidade da decisão. Ou seja, a "violência divina" nada tem a ver com as explosões de "loucura sagrada", com os bacanais em que os sujeitos renunciam à sua autonomia e responsabilidade, uma vez que há um poder divino maior que age através deles.

Mais precisamente, a violência divina não é uma intervenção direta de um Deus onipotente vindo punir a humanidade pelos seus excessos, uma espécie de previsão ou antecipação do Juízo Final: a distinção última entre a violência divina e as *passages a l'acte* violentas/impotentes que são as nossas, dos humanos, é que, longe de exprimir a onipotência divina, a violência divina é *um signo da própria impotência de Deus (o Grande Outro)*. Tudo o que muda entre a violência divina e uma *passage a l'acte* cega é o *local* da impotência.

A violência divina não é a origem ilegal reprimida da ordem legal – o Terror revolucionário jacobino não é a "origem tenebrosa" da ordem burguesa, no sentido da violência heroico-criminosa fundadora do Estado que Heidegger celebra. A violência divina deve ser portanto distinguida da soberania do Estado enquanto exceção que funda a lei, e também da violência pura enquanto explosão anárquica. No que se refere à Revolução Francesa, foi significativamente Danton – e *não* Robespierre – quem forneceu a formulação mais concisa da transição imperceptível da "ditadura do proletariado" para a violência estatal, ou, nos termos de Benjamin, da violência divina para a violência mítica: "Sejamos terríveis para que o povo não tenha de ser"[20]. Para Danton, o terror de Estado revolucionário jacobino era uma espécie de ação preventiva cujo verdadeiro propósito não era a vingança sobre os inimigos, mas impedir a violência "divina" direta dos *sans-culottes*, dos próprios interessados. Em outras palavras, façamos o que o povo nos exige *para que não seja ele próprio a fazê-lo...*

A violência divina deveria ser assim concebida como divina no sentido preciso do velho adágio latino *vox populi, vox dei*: *não* no sentido perverso do "fazemos isto enquanto simples instrumentos da Vontade do Povo", mas no sentido de uma assunção heroica da solidão da decisão soberana. Trata-se de uma decisão (matar, arriscar ou perder a própria vida) levada a cabo numa solidão absoluta, sem cobertura por parte do Grande Outro. Se é extramoral, não é "imoral", não autoriza simplesmente o agente a matar com uma espécie de inocência angélica. Quando os que se encontram fora do campo social estruturado ferem "às cegas", reclamando e impondo justiça/vingança imediata, eis a violência divina. Lembremos o pânico que se apoderou do Rio de Janeiro quando massas de favelados desceram do morro para as regiões ricas da cidade e começaram a saquear e a incendiar supermercados. Isto era de fato a violência divina... Os assaltantes eram como gafanhotos bíblicos, um castigo divino pelas ações pecaminosas dos homens. Essa violência divina que ataca vinda do nada é um meio sem fim – ou, como Robespierre afirmava em seu discurso ao reclamar a execução de Luís XVI:

> Os povos não julgam da mesma maneira que os tribunais; não pronunciam sentenças, disparam os canhões; não condenam os reis, precipitam-nos no vazio de onde vieram; e esta justiça não vale menos do que a dos tribunais.[21]

É por isso que, como era evidente para Robespierre, sem a "fé" na (pressuposição puramente axiomática da) ideia eterna de liberdade que persiste para lá de todas as derrotas, uma revolução "não é mais do que um crime ruidoso que destrói outro crime". Esta fé exprime-se em termos comoventes no último discurso de Robespierre, pronunciado a 8 de termidor de 1794, um dia antes de sua prisão e execução:

---

[20] Citado em Simon Schama, *Citizens* (Nova York, Viking, 1989), p. 706-7 [ed. bras.: *Cidadãos: uma crônica da Revolução Francesa*, São Paulo, Companhia das Letras, 2000].

[21] Maximilien Robespierre, *Virtue and Terror*, cit.

158 / Violência

Mas há, posso asseverar-vos, almas que são sensíveis e puras; há essa doce, imperiosa e irresistível paixão, que é o tormento e a delícia dos corações magnânimos; esse horror profundo à tirania, esse zelo compassivo pelos oprimidos, esse sagrado amor da pátria, esse amor pela humanidade ainda mais sublime e santo, sem o qual uma grande revolução não é mais do que um crime ruidoso que destrói outro crime; há essa generosa ambição de estabelecer aqui na terra a primeira República do mundo.[22]

O que isto nos faz compreender é que a violência divina pertence à ordem do Acontecimento. Não existem critérios "objetivos" que nos permitam identificar um ato de violência como divino; o mesmo ato que, para um observador de fora, não passa de uma explosão de violência, pode ser divino para os que nele participam – não há Grande Outro que garanta a sua natureza divina. O risco de interpretar e assumi-la como divina cabe plenamente ao próprio sujeito: a violência divina é o *trabalho do amor* do sujeito. Duas famosas e difamadas citações de Che Guevara formulam claramente o que está aqui em causa:

> Arriscando-me a parecer ridículo, deixem-me dizer que o verdadeiro revolucionário é guiado por um grande sentimento de amor. É impossível pensar num revolucionário autêntico a que falte essa qualidade.[23]

> O ódio é um dos elementos da luta; o incansável ódio ao inimigo que nos impele para além das limitações naturais do homem e nos transforma em máquinas de matar eficazes, violentas, seletivas e frias. Nossos soldados têm de ser assim; um povo sem ódio não pode vencer um inimigo brutal.[24]

Tais atitudes aparentemente opostas combinam-se na divisa de Che: "*Hay que endurecerse sin perder jamás la ternura*". (Temos de endurecer – sermos duros, nos tornarmos firmes – sem nunca perdermos a ternura.[25]) Ou, para parafrasearmos uma vez mais Kant e Robespierre: o amor sem crueldade é impotente; a crueldade sem o amor é uma paixão cega e efêmera que perde o seu gume persistente. O paradoxo subjacente é que aquilo que torna o amor angelical, o que o eleva acima de uma sentimentalidade instável e patética, é a sua própria crueldade, a sua ligação com a violência – é esta ligação que o ergue acima e para lá das limitações naturais

---

[22] Idem.

[23] Citado por Jon Lee Anderson, *Che Guevara: A Revolutionary Life* (Nova York, Grove Press, 1997), p. 636 [ed. bras.: *Che: uma biografia*, trad. Michele Macculloch, São Paulo, Objetiva, 2012].

[24] Disponível em <www.marxists.org/archive/guevara/1967/04/16.htm>.

[25] Peter McLaren, *Che Guevara, Paulo Freire and the Pedagogy of Revolution* (Oxford, Rowman and Littlefield, 2000), p. 27.

do homem e o transforma deste modo numa pulsão incondicional. Portanto, embora Che Guevara acreditasse decerto no poder transformador do amor, nunca seria possível ouvi-lo sussurrando *"love is all you need"* ("tudo que você precisa é de amor") – porque o que você precisa é *amar com ódio*. Ou, como Kierkegaard afirmou muito tempo atrás: a consequência necessária (a "verdade") da exigência cristã de *amarmos os nossos inimigos* é

> a exigência de odiarmos o ser amado por amor e no amor... Tão longe – humanamente falando, trata-se de uma espécie de loucura – é o cristianismo capaz de levar a exigência do amor, uma vez que deva ser o amor o cumprimento da lei. Consequentemente, nos é ensinado que o cristão deverá ser capaz, se isso lhe for requerido, de odiar o seu pai e a sua mãe, a sua irmã e o ser amado.[26]

Kierkegaard aplica aqui a lógica da *hainamoration*, definida mais tarde por Lacan*, que releva da cisão no amante entre o ser amado e a verdadeira causa-objeto de meu amor por ela, isso que é "nela mais do que ela" (Deus, para Kierkegaard). Por vezes, o ódio é a única prova de que realmente te amo. À ideia de amor devemos atribuir aqui toda a sua carga pauliniana: *o domínio da violência pura*, o domínio fora da lei (poder legal), o domínio da violência que não é fundação da lei nem suporte da lei, *é o domínio do amor*.

---

[26] Søren Kierkegaard, *Works of Love* (Nova York, Harper and Row, 1962), p. 114 [ed. bras.: *As obras do amor: algumas considerações cristãs em forma de discurso*, Petrópolis, Vozes, 2007].

* Lacan forja o neologismo *hainamoration* – onde estão se condensam e fundem os nomes do amor e do ódio (*haine*) – para vincar a conjunção recíproca de um e de outro no "excesso" da paixão. (N. T.)

Epílogo
ADAGIO

Assim é concluído o círculo de nossa investigação: partimos da rejeição de uma falsa antiviolência e chegamos à aceitação da violência emancipatória. Começamos pela hipocrisia daqueles que, combatendo a *violência subjetiva*, se servem de uma *violência sistêmica* que engendra precisamente os fenômenos que detestam. Situamos a causa definitiva da violência no *medo do Próximo* e mostramos como este se fundava na *violência inerente à própria linguagem*, que é justamente o meio de superar a violência direta. Continuamos ao analisar três tipos de violência que obsidiam nossos meios de comunicação: as *explosões juvenis* "irracionais" dos subúrbios de Paris em 2005, os *ataques terroristas* recentes, o *caos em Nova Orleans* após o furacão Katrina. Passamos em seguida a mostrar as *antinomias da razão tolerante* a propósito das manifestações violentas contra a publicação das caricaturas de Maomé por um jornal dinamarquês. Consideramos as limitações da *tolerância* na sua qualidade de concepção privilegiada subjacente à atual ideologia. Por fim, abordamos diretamente a dimensão emancipatória da categoria de *violência divina*, tal como foi enunciada por Walter Benjamin. Que lição tirar, portanto, deste livro?

A lição é tripla. Primeiro, estigmatizar a violência, condená-la como "má", é uma operação ideológica por excelência, uma mistificação que colabora no processo de tornar invisíveis as formas fundamentais da violência social. É profundamente sintomático que as sociedades ocidentais, que exibem tanta sensibilidade perante diferentes formas de assédio, sejam ao mesmo tempo capazes de mobilizar uma multiplicidade de mecanismos destinados a nos tornarem insensíveis às formas mais brutais de violência – muitas vezes, paradoxalmente, até mesmo sob a forma de simpatia humanitária para com as vítimas.

Segunda lição: é difícil ser realmente violento, efetuar um ato que perturbe violentamente os parâmetros fundamentais da vida social. Ao ver uma máscara japonesa de um demônio malvado, Bertolt Brecht escreveu um poema em que diz

162 / Violência

"Compreensivo observo / As veias dilatadas da fronte, indicando / Como é cansativo ser mau"*. O mesmo se pode dizer da violência que exerça algum efeito sobre o sistema. Qualquer filme de ação realizado segundo os cânones de Hollywood nos prova isso. Na parte final do filme *O fugitivo*, de Andrew Davis, o médico inocente que é alvo da perseguição (Harrison Ford) confronta-se com o seu colega (Jeroen Krabbé) num congresso médico e acusa-o de falsificar dados clínicos a serviço de uma grande companhia farmacêutica. Nesse preciso momento, quando esperaríamos que a atenção passasse a focar nas grandes empresas farmacêuticas (o capital das grandes companhias), mostrando-as como as verdadeiras culpadas, Krabbé interrompe Ford e convida-o a sair da sala, para lá fora se envolver num combate apaixonado e violento com ele: esmurram-se os dois no rosto e ficam cobertos de sangue. A cena é eloquente em seu caráter francamente ridículo, como se, a fim de evitar as complicações ideológicas de um ataque contra o capitalismo, fosse necessária uma manobra que torna diretamente palpáveis as falhas da narrativa. O vilão da história transforma-se assim em um personagem perverso, desprezível e patológico, como se a depravação psicológica (que acompanha o espetáculo ofuscante da luta) de algum modo substituísse, por meio de um deslocamento, a pulsão anônima e inteiramente não psicológica do capital. Um procedimento muito mais adequado teria sido apresentar o colega corrupto como um médico psicologicamente sincero e honesto em sua vida privada que, devido às dificuldades financeiras do hospital em que trabalha, tivesse decidido engolir o engodo da companhia farmacêutica...

O fugitivo proporciona-nos assim uma versão clara da *passage a l'acte* violenta que serve de isca, o veículo do deslocamento ideológico por excelência. Um passo além deste nível zero de violência é o que podemos ver em *Taxi Driver*, de Paul Schrader e Martin Scorcese, por ocasião da explosão final de Travis Bickle (Robert De Niro) contra os cafetões que controlam a jovem que ele quer salvar (Jodie Foster). Um traço decisivo aqui é a dimensão suicida da *passage a l'acte*: quando Travis se prepara para o combate, treina sacar uma arma diante de um espelho: na cena mais famosa do filme, dirige-se à sua própria imagem no espelho com um "Tá falando comigo?", entre o agressivo e o condescendente. Como que num exemplo de manual da concepção lacaniana do "estado do espelho", a agressão aqui é claramente dirigida contra a sua própria pessoa, contra sua própria imagem no espelho. Esta dimensão suicida volta à tona no final da cena do massacre, quando Travis, muito ferido e vacilando contra a parede, imita com o indicador da mão direita uma arma apontada à sua cabeça manchada de sangue e ironicamente finge disparar, como se dissesse:

---

* Aqui utilizamos a tradução de Paulo César de Souza publicada em Bertolt Brecht, *Poemas 1913--1956* (São Paulo, Editora 34, 2012), p. 291. (N.E.)

Adagio / 163

"O verdadeiro alvo de minha fúria era eu mesmo". O paradoxo de Travis é perceber a *si mesmo* como parte desse lixo degenerado da vida da cidade que quer eliminar, de tal maneira que, nos termos usados por Brecht a propósito da violência revolucionária no texto de *A decisão* [*Die Massnahme*], quer ser também a última peça de roupa suja que, depois de ser removida, deixará limpa a casa.

Mutatis mutandis, o mesmo vale também para a violência coletiva organizada em larga escala. A Revolução Cultural Chinesa pode servir aqui de lição: provou-se que a destruição de velhos monumentos não era uma verdadeira negação do passado. Era antes uma impotente *passage a l'acte*, um *acting out*[1] que dava testemunho do malogro da tentativa de escapar do passado. Há uma espécie de justiça poética no fato do resultado final da Revolução Cultural de Mao ter sido a atual explosão sem precedentes da dinâmica capitalista na China. Existe uma profunda homologia estrutural entre a autorrevolução permanente do maoismo, o combate permanente contra a ossificação das estruturas do Estado, e a dinâmica intrínseca do capitalismo. Uma vez mais somos tentados a parafrasear Brecht a este propósito: "O que é um assalto a um banco comparado com a fundação de um banco?". O que são as explosões devastadoras e violentas de um guarda vermelho empenhado na Revolução Cultural comparadas com a verdadeira Revolução Cultural, que é a dissolução permanente de todas as formas de vida ditada pela reprodução capitalista?

O mesmo também se aplica, evidentemente, à Alemanha nazista, na qual o espetáculo da aniquilação brutal de milhões de seres humanos não deveria nos iludir. Uma caraterização de Hitler que o descrevesse como um vilão, responsável por milhões de mortes, mas ao mesmo tempo como um sujeito de culhões que perseguiu seus objetivos com uma vontade de ferro, não só é eticamente repulsiva como também pura e simplesmente *errada*: não, Hitler "não teve as bolas" para realmente mudar as coisas. Todas as suas ações foram fundamentalmente reações: agiu para evitar que nada fosse realmente mudado; agiu para impedir a ameaça comunista de uma mudança real. Quando tomou por alvo os judeus, procedeu em última análise a um deslocamento por meio do qual evitava o seu verdadeiro inimigo – o núcleo das relações sociais capitalistas em si. Hitler encenou o espetáculo de uma revolução a fim de que a ordem capitalista pudesse sobreviver. A ironia aqui é que foram os seus grandes gestos de desprezo pela autocomplacência burguesa que permitiram a essa mesma complacência se manter: longe de perturbar a muito denunciada

---

[1]   O termo *acting out* é muitas vezes, em psicanálise, importado diretamente em vez de traduzido para português. No entanto, usa-se também o termo "agir" como sua tradução. No "agir" o sujeito age, em vez de representar psiquicamente, uma fantasia não elaborada – ou "passa ao ato" essa fantasia. De resto, a "passagem ao ato" é outro termo usado por vezes para traduzir a expressão *acting out* – do mesmo modo que o termo "agir", já referido, pode ser usado também para traduzir, agora do francês, a expressão *passage à l'acte*. (N. T.)

164 / Violência

ordem burguesa "decadente", longe de despertar os alemães, o nazismo foi um sonho que lhes permitiu que adiassem o momento do despertar. A Alemanha só despertou de fato após a derrota de 1945.

Se quisermos citar um ato realmente ousado, exigindo deveras de quem o fez que "tivesse bolas" para tentar o impossível, mas que foi ao mesmo tempo um ato de atroz violência, um ato que causou um sofrimento para além do que podemos conceber, teremos de nos referir à coletivização forçada empreendida por Stalin no fim da década de 1920. Todavia, também essa exibição de implacável violência culminou nos grandes expurgos de 1936-1937, que foram, uma vez mais, uma *passage a l'acte* impotente:

> Não era uma perseguição movida aos inimigos, mas um surto de fúria e pânico cegos. Refletia não o controle dos acontecimentos, mas um reconhecimento de que o regime não possuía mecanismos regulares de controle. Não era uma política, mas o malogro da política. Era um sinal da incapacidade de governar a não ser pela força.[2]

A própria violência infligida pelo poder comunista aos seus próprios membros é prova da radical contradição interna do regime. Se nas origens do regime tinha havido um "autêntico" projeto revolucionário, tornavam-se agora necessários expurgos incessantes não só para apagar as marcas das origens do regime, mas também como uma espécie de "retorno do recalcado", assinalando a negatividade radical no coração do regime. Os expurgos stalinistas dos escalões superiores do partido assentavam nesta traição fundamental: os acusados eram efetivamente culpados na medida em que, enquanto membros da nova *nomenklatura*, tinham traído a revolução. O terror stalinista não é simplesmente a traição da revolução, ou seja, uma tentativa de apagar as marcas do passado revolucionário autêntico. É também testemunho da ação de uma espécie de "gênio perverso" que obriga a nova ordem pós-revolucionária a (re)inscrever a sua traição da revolução no interior de si própria, a "refleti-la" ou a "remarcá-la" sob a forma de prisões e execuções arbitrárias que ameaçam todos os membros da *nomenklatura*. Como sabemos pela psicanálise, a confissão stalinista da culpa esconde a verdadeira culpa. É bem sabido que Stalin recrutou sabiamente para o NKVD membros de origem social inferior. Estes podiam assim passar ao ato o seu ódio pela *nomenklatura* prendendo e torturando os seus *apparatchiks*. A tensão interior entre a estabilidade do governo da nova *nomenklatura* e o "retorno do recalcado" perverso sob a forma de expurgos repetidos das fileiras da *nomenklatura* encontra-se no núcleo profundo do fenôme-

---

[2] J. Arch Getty e Oleg V. Naumov, *The Road to Terror. Stalin and the Self-Destruction of the Bolsheviks, 1932-39* (New Haven/Londres, Yale University Press, 1999), p. 14.

no stalinista: os expurgos são precisamente a forma sob a qual o legado revolucionário traído sobrevive e assombra o regime[3].

Numa das primeiras histórias de Agatha Christie, *Assassinato no beco*, o detetive Poirot investiga a morte de Mrs. Allen, que fora encontrada baleada em seu apartamento na noite de Guy Fawkes. Embora sua morte tenha uma aparência de suicídio, numerosos detalhes indicam que é mais provável que tenha se tratado de um homicídio, seguido de uma tentativa desajeitada de sugerir que Mrs. Allen pusera fim à própria vida. Mrs. Allen dividia o apartamento com Miss Plenderleith, que na ocasião não se encontrava em casa. Logo se descobre um botão na cena do crime e o seu proprietário, o major Eustace, parece envolvido no crime. A solução de Poirot é uma das melhores de toda a obra de Agatha Christie: inverte a intriga consagrada de um homicídio que se disfarça de suicídio. A vítima, que, anos antes, estivera implicada num escândalo na Índia, onde também conhecera Eustace, estava noiva de um deputado conservador. Sabendo que a divulgação pública desse escândalo do passado arruinaria as suas esperanças de casamento, Eustace estava chantageando-a. Desesperada, Mrs. Allen se matou. Ao chegar a casa imediatamente após o suicídio, Miss Plenderleith – que estava a par da chantagem exercida por Eustace e que o odiava – apressou-se a compor os pormenores da cena para sugerir a ideia de que o assassino tentara desajeitadamente apresentar a morte como um suicídio, o que faria com que Eustace acabasse sendo punido por ter impelido Mrs. Allen a se matar. A história organiza-se em torno da questão de decidir em que sentido devem ser entendidas as inconsistências observáveis no cenário do crime: seria um homicídio mascarado de suicídio ou um suicídio mascarado de homicídio? A narrativa funciona porque, em vez de um assassinato encoberto, como é habitualmente o caso, estamos diante da encenação de um assassinato: em vez de ser escondido, o crime é uma contrafação enganadora.

É precisamente o que fazem os instigadores das violentas *passages a l'acte* a que nos referimos. Deformam o suicídio apresentando-o como assassinato. Em outras palavras, falsificam as pistas de modo que uma catástrofe que é um "suicídio" (resultado

---

[3] A condenação que habitualmente se faz de Stalin comporta duas afirmações: 1) era um cínico que sabia muito bem como as coisas se passavam (que os acusados nos processos eram realmente inocentes etc.); 2) sabia o que fazia, ou seja, tinha pleno controle sobre os acontecimentos. Os documentos dos arquivos, que recentemente se tornaram acessíveis, apontam antes no sentido contrário: basicamente, Stalin *acreditava* (na ideologia oficial, no seu papel de dirigente honesto, na culpabilidade dos acusados etc.) e, na realidade, *não* controlava os acontecimentos (os resultados efetivos de suas próprias medidas e intervenções chocavam-no frequentemente). Ver a importante "Introduction" de Lars T. Lih, em Lars T. Lih, Oleg V. Naumov e Oleg V. Khlevniuk (orgs.), *Stalin's Letters to Molotov* (New Haven, Yale University Press, 1995), p. 60-4. Lih adianta uma conclusão deprimente: "O povo da União Soviética teria provavelmente ficado melhor se Stalin fosse mais cínico do que era" (p. 48).

166 / Violência

de antagonismos imanentes) surja como obra de um agente criminoso – os judeus, traidores ou reacionários. É por isso que, para colocá-lo em termos nietzschianos que aqui se mostram apropriados, a diferença fundamental entre a política emancipatória radical e as explosões de violência impotente consiste no fato de um gesto político autêntico ser *ativo*, impor e instaurar uma visão, ao passo que as explosões de violência impotente são fundamentalmente *reativas*, a reação a uma intrusão incômoda.

A última mas nem por isso menos importante lição é que nos mostra a relação intrincada entre a violência subjetiva e a violência sistêmica é que a violência não é uma propriedade exclusiva de certos atos, distribuindo-se entre os atos e seus contextos, entre atividade e inatividade. O mesmo ato pode aparecer como violento ou não violento conforme o contexto; por vezes, um sorriso educado pode ser mais violento do que uma explosão brutal. Uma breve referência à física quântica aqui talvez possa nos ser útil. Uma das mais desconcertantes noções da física quântica é a do campo de Higgs. Entregues aos seus próprios dispositivos num ambiente ao qual podem transmitir a sua energia, todos os sistemas físicos acabam por passar a um estado de energia mais baixa. Ou seja, quanto mais massa tiramos de um sistema, mais se reduz a sua energia, até chegarmos ao estado de vácuo em que a energia é zero. Todavia, existem fenômenos que nos obrigam a formular a hipótese de que existe alguma coisa (uma substância) que *não podemos tirar de um dado sistema sem ELEVAR o seu grau de energia* – esse "alguma coisa" é chamado de campo de Higgs: quando esse campo *aparece* num recipiente que foi esvaziado e cuja temperatura se reduziu ao máximo, a sua energia será *reduzida*. O que aparece é algo que tem *menos* energia do que zero. Em resumo, por vezes o zero não é o estado "mais barato" de um sistema, pelo que, paradoxalmente, "nada" custa mais do que "alguma coisa". Recorrendo a uma analogia crua, o "nada" social (a estase de um sistema, a sua simples reprodução sem transformações) "custa mais do que alguma coisa" (uma transformação), ou seja, requer uma grande quantidade de energia, de tal maneira que o primeiro gesto a fazer para provocar uma transformação do sistema é abandonar a atividade, não fazer nada.

O romance de José Saramago *Ensaio sobre a lucidez* (cujo título foi traduzido para *Seeing* [Ver] na edição inglesa[4]) pode efetivamente ser considerado uma experiência mental da política bartlebyana[5]. O romance narra os estranhos acontecimentos que têm lugar numa capital não nomeada de um país democrático não nomeado. Quando na manhã do dia das eleições cai uma chuva torrencial, registra-

---

[4] José Saramago, *Seeing* (Nova York, Harcourt, 2005) [ed. bras.: *Ensaio sobre a lucidez*, São Paulo, Companhia das Letras, 2004].

[5] O termo "bartlebyana" evoca evidentemente o Bartleby de Hermann Melville, um empregado de escritório de Nova York, inquietantemente passivo, que responde a qualquer coisa que o patrão lhe reclama com um "preferia não fazê-lo".

-se um comparecimento às votações inquietantemente baixo, mas, quando a meio da tarde o tempo se desanuvia, a população corre em massa aos postos eleitorais para votar. Todavia, o alívio do governo tem vida curta, pois logo a contagem dos votos revela que mais de 70% dos votos da capital são votos em branco. Incomodado por esse lapso cívico manifesto, o governo dá aos cidadãos uma ocasião de se emendarem repetindo as eleições dali uma semana. Os resultados são ainda piores: agora são 83% de votos em branco. Os dois maiores partidos políticos – o partido da direita no governo (PDD) e o seu principal adversário, o partido do meio (PDM) – entram em pânico, enquanto o tristemente marginalizado partido da esquerda (PDE) formula uma análise afirmando que os votos em branco são, em essência, um voto em seu programa progressista.

Será isso uma conspiração organizada para derrubar não só o governo da situação, mas o conjunto do sistema democrático? Se assim for, quem estará por trás dessa conspiração e como conseguiram organizar centenas de milhares de pessoas numa ação subversiva sem que se tenha percebido? Quando são perguntados em quem votaram, os cidadãos comuns limitam-se a responder que isso diz respeito à sua vida privada, perguntando, além disso, se votar em branco não é um direito de cada um, afinal. Inseguro acerca da resposta que se deveria dar a um protesto tranquilo, mas dando por certa a existência de uma conspiração antidemocrática, o governo apressa-se em considerar o movimento como "terrorismo puro e duro", declarando estado de sítio e suspendendo todas as garantias constitucionais.

Quinhentos cidadãos escolhidos ao acaso são presos e desaparecem em sedes de interrogatório secretas, e seu estatuto é mantido no "grau máximo de segredo, vermelho/vermelho, que havia sido atribuído à delicada operação". As famílias dos presos são orwellianamente informadas "de que não deveriam surpreender-se nem inquietar-se pela falta de notícias de seus queridos ausentes, porquanto nesse mesmo silêncio, precisamente, estava a chave que poderia garantir a segurança pessoal deles". Quando essas operações não resultam em nada, o governo de direita adota uma série de medidas drásticas, que vão da declaração do estado de sítio a planos ocultos cozinhados para criar desordem, retirando a polícia e o governo da capital, proibindo o acesso a todas as entradas da cidade e, por fim, fabricando ele próprio um dirigente máximo dos terroristas. A cidade continua, no entanto, a funcionar quase normalmente durante todo esse tempo, uma vez que a população desarma uma atrás das outras todas as ofensivas do governo, dando mostras de uma unidade inexplicável e de um alto nível realmente gandhiano de resistência não violenta.

Em sua inteligente leitura crítica do romance, Michael Wood assinala um paralelo com Brecht:

Num célebre poema, escrito na Alemanha Oriental em 1953, Brecht cita alguém que nessa ocasião diz que o povo perdeu a confiança no governo. Não seria mais fácil, per-

168 / Violência

gunta Brecht maliciosamente, dissolver o povo e fazer com que o governo elegesse outro? O romance de Saramago é uma parábola do que acontece quando nem o governo nem o povo podem ser dissolvidos.[6]

Embora o paralelo seja pertinente, a conclusão sobre o caráter do romance parece um tanto escassa: a inquietante mensagem de *Ensaio sobre a lucidez* não é tanto a indissolubilidade conjunta do povo e do governo como a natureza compulsiva dos rituais democráticos de liberdade. O que acontece é que, ao abster--se de votar, o povo efetivamente dissolve o governo – não só no sentido de derrubar o governo existente, mas de uma forma mais radical. Por que é que o governo entra em pânico diante da abstenção dos eleitores? O que acontece é que se vê assim forçado a enfrentar o fato de só existir ele próprio – de só existir poder – na medida em que aqueles que lhe estão sujeitos o reconheçam – ainda que tal reconhecimento se faça sob a forma da rejeição. A abstenção dos eleitores vai mais longe do que a negação intrapolítica, do que o voto de desconfiança: o que rejeitam é o quadro da decisão em si.

Em termos psicanalíticos, a abstenção dos eleitores é de certo modo como a *Verwerfung* psicótica (forclusão, rejeição/repúdio), que é um movimento mais radical do que o recalque (*Verdrängung*). Segundo Freud, o recalcado é intelectualmente reconhecido pelo sujeito, uma vez que é nomeado, e é ao mesmo tempo negado porque o sujeito recusa-se a reconhecê-lo, recusa-se a reconhecer-se a si próprio nele. Em contraste, o encerramento rejeita o termo do campo simbólico enquanto tal. Para circunscrevermos os contornos desta rejeição radical, sentimo-nos tentados a evocar a provocação da tese de Badiou: "É melhor não fazermos nada do que contribuirmos para a invenção de formas de tornar visível aquilo que o Império já reconhece como existente"[7]. É melhor não fazermos nada do que nos empenharmos em ações localmente limitadas que em última instância funcionam de forma a permitir que o sistema aja com menos atrito (ações do tipo proporcionar espaço

---

[6] Michael Wood, "The Election with No Results", <www.slate.com/id/2139519>. No romance, há uma outra definição brechtiana que Wood detecta e que também define os livros de Saramago: "São romances, não ensaios. Mas evocam a forma ensaística. Em suas obras, há pessoas que não têm nome, mas simplesmente funções sociais: o ministro da Justiça, a mulher do médico, o policial, o funcionário dos correios etc. As conversas que travam são assinaladas apenas por vírgulas e letras maiúsculas; não há aspas nem espaços entre as linhas. Os diálogos e os personagens agrupam--se em formas sociais, como se uma cultura inteira agisse e falasse através de seus representantes mais significativos". Não seriam estes aspectos estritamente homólogos das sóbrias peças de Brecht, nas quais os personagens também não têm nome, mas tão somente funções sociais (capitalista, trabalhador, revolucionário, policial), de tal maneira que é como se "uma cultura inteira (ou, antes, uma ideologia) falasse e agisse por meio de seus representantes mais identificáveis"?

[7] Alain Badiou, "Fifteen Theses on Contemporary Art", *Lacanian Ink*, n. 23, 1º sem. 2004, p. 119.

para a multidão das novas subjetividades). A ameaça hoje não é a passividade, mas a pseudoatividade, a premência de "sermos ativos", de "participarmos", de mascararmos o nada do que se move. As pessoas intervêm a todo o momento, estão sempre "fazendo alguma coisa"; os universitários participam em debates sem sentido e assim por diante. O que é verdadeiramente difícil é darmos um passo atrás e nos abstermos. Aqueles que estão no poder preferem muitas vezes até mesmo uma participação "crítica", um diálogo, ao silêncio: implicar-nos no "diálogo", de modo a assegurarem-se de que a nossa ameaçadora passividade foi quebrada. A abstenção dos eleitores é assim um verdadeiro *ato* político: nos obriga confrontarmo-nos com o vazio das democracias atuais.

Se por violência entendermos uma alteração radical das relações sociais de base, então por mais insensato e de mau gosto que pareça dizê-lo, o problema dos monstros históricos que massacraram milhões de seres humanos foi não terem sido suficientemente violentos. Por vezes, não fazer nada é a coisa mais violenta que temos a fazer.

Posfácio
VIOLÊNCIA, ESTA VELHA PARTEIRA:
UM SAMBA-ENREDO

> *Aqueles homens são loucos, dizeis dos oradores violentos*
> *que em França ouvimos gritar nas ruas e praças.*
> *Loucos me parecem também; mas um louco, livre, dirá*
> *Sábias sentenças, quando, ai!, no escravo a sabedoria cala!*
>
> JOHANN WOLFGANG VON GOETHE
> (*Epigramas*, Veneza, 1790)

Mauro Iasi

Aquecendo os tamborins

O livro *Violência: seis reflexões laterais*, de Slavoj Žižek, agora oferecido ao leitor brasileiro, apresenta uma instigante reflexão sobre o tema, recusando as leituras superficiais e os mecanismos de defesa – psicológicos, intelectuais e políticos – acionados quando nos defrontamos com a forma e o conteúdo da violência que marca nossa contemporaneidade.

O filósofo esloveno abarca o tema a partir de acontecimentos marcantes, como os ataques de 11 de Setembro nos Estados Unidos, o furacão Katrina e as subsequentes explosões sociais em Nova Orleans, o conflito entre palestinos e o Estado de Israel e as rebeliões nos bairros árabes da Europa, entre outros, buscando em um vasto arsenal teórico os caminhos que nos levam a compreender o fenômeno.

E nós com isso? Um dos componentes ideológicos presentes em nosso país é o mito da cordialidade. No entanto, através de um procedimento muito bem descrito pelo autor, a violência, aqui, não é negada como um componente da realidade (seria um esforço vão), mas enquadrada, como gostaria de analisar lacanianamente Žižek, numa cadeia de significantes que resultam na imagem simbólica de um povo pacífico e ordeiro, cuja própria miséria expressa como samba, a contravenção como malandragem, a escravidão como encontro, o racismo como miscigenação, a antropofagia como um ato violento de amor e respeito para com o outro. A tragédia do fascismo seria aqui encenada por um simpático gordinho sorridente que depois se metamorfoseia em presidente democrático de

172 / Violência

um país cindido por desigualdades abissais que se irmanam na festa da carne uma vez por ano, na qual homens saem vestidos de mulher, ricos se fantasiam de pobres e a pobreza absoluta se veste como a nobreza se vestia – ou, ainda, nos igualamos na nudez sem castigo e culpa; para tudo acabar na quarta-feira, quando voltamos a acordar em uma sociedade de classes, machista e homofóbica, autoritária, violenta, vestida, calada e desigual.

Pareceu à competente editora que faltava uma reflexão específica sobre nós, brasileiros. Parece-nos pertinente, também, ainda que tudo que se apresenta no texto de Žižek diga respeito a todos nós. Quando olhávamos o mundo em convulsão, com suas guerras, a crise e manifestações na velha Europa e nos Estados Unidos, se apresentava às mentes de parte considerável dos brasileiros e certamente nas salas do governo um paradoxo, como se disséssemos: "Ainda bem que o Brasil não faz parte do mundo!".

Aqui se evidencia de forma nítida um traço indicado pelo autor ao refletir sobre os matizes da violência que se disfarça de "tolerância", seja diretamente, na forma brutal do racismo, seja no crescimento da intolerância/tolerância religiosa, seja cotidianamente nos efeitos da exploração capitalista, seja na crônica e estrutural miséria da maioria da população. A rotinização da exploração, como definiria Weber[1], acaba por transformar as posições de poder das classes dominantes em um poder legítimo e sacralizado, de maneira que, nas palavras de Žižek "a violência simbólica social na sua forma mais pura manifesta-se como seu contrário, como a espontaneidade do maio que habitamos, do ar que respiramos"[2].

A irrupção violenta das massas nas ruas do Brasil em 2013, principalmente pela forma como se deu, funcionou como um choque de realidade, rompendo a película ideológica e nos jogando abruptamente no deserto do real. Como na situação descrita por Žižek ao falar dos levantes dos jovens árabes nos bairros de Paris ou na rebelião de maio de 1968, nas quais o maior dos feitos talvez tenha sido a afirmação perturbadora: "Nós estamos aqui"; "Vocês estão nos ouvindo!".

---

[1] Ver Max Weber, *Ensaios de sociologia* (4. ed. Rio de Janeiro, Jorge Zahar, 1979).

[2] Dizia Weber que a rotinização do carisma leva à "necessidade de camadas sociais, privilegiadas através de ordens política, social e econômica existentes, terem 'legitimadas' as suas posições sociais e econômicas. Desejam ver estas posições transformadas de relações de poder apenas de fato em um cosmo de direitos adquiridos, e saber que, assim, estão santificadas", ibidem, p. 302. Em *O capital*, Livro I (São Paulo, Boitempo, 2013), Marx afirma que não basta termos, de um lado, proprietários dos meios de produção e, de outro, seres humanos expropriados, assim como não basta também forçar esses expropriados a vender a única coisa que lhes resta – sua força de trabalho. Ocorre que, com o progresso da "produção capitalista, desenvolve-se uma classe trabalhadora que por educação, tradição e costume aceita as exigências daquele modo de produção como leis naturais evidentes". Desta forma, continua o autor, a violência direta ainda será empregada em caráter excepcional, mas o hábito consolidado, a passagem da subordinação formal para a subordinação real do trabalho ao capital, permite deixar o domínio dos trabalhadores sob "a coação surda das relações econômicas".

Dizendo ter "ouvido as vozes das ruas", a presidente Dilma Rousseff reúne os ministros, governadores e prefeitos na capital federal e anuncia cinco pactos. O primeiro deles era a enfática defesa da "responsabilidade fiscal", o que anulava todas as outras intenções de mais verbas para educação, mobilidade urbana e saúde. De forma evidente falava não com as ruas, mas com a plateia ali reunida por ela, para o Fundo Monetário Internacional e para os empresários capitalistas.

Os manifestantes gritavam contra o aumento das passagens, os gastos com a Copa do Mundo, em defesa da saúde e da educação, contra a violência da polícia, mas também explicitavam sua saudável convicção que o sistema político representativo que sucedera à ditadura havia falido, não os representava.

A situação fática é que, independente do que foi dito pela gaguejante presidente, a resposta ao grito das ruas – "Vocês estão nos ouvindo" – foi um sonoro: "Sim, sim... não estamos"! Seria de se esperar que as manifestações seguissem, como de fato ocorreu.

Contra as manifestações desencadearam-se dois tipos de violência. Uma direta, através de Polícia Militar e seu batalhão de choque, e outra simbólica. Era necessário que o bisturi da ideologia dissecasse as manifestações, separando um suposto núcleo saudável, que polidamente manifestava seu descontentamento, de uma "minoria" de "vândalos e arruaceiros", que manchavam com violência a pureza da manifestação pacífica.

Através dessa operação ideológica, justificava-se a brutal violência policial contra os manifestantes para supostamente defendê-los, da mesma forma que a violência na guerra contra o narcotráfico, que criminaliza e ataca a população pobre e negra nas periferias das grandes cidades e nas favelas, se reveste de segurança pública. No discurso psiquiátrico contra a loucura, já precisamente criticado por Baságlia[3], o argumento pela internação procura se justificar porque o louco é uma ameaça contra a sociedade e contra si mesmo. A violência psiquiátrica, então, protege o próprio louco contra ele mesmo, assim como as operações de limpeza urbana que recolhem os viciados em crack das ruas de nossas cidades são apresentadas como "tratamento", mesmo que forçado, se necessário.

As manifestações seriam "legitimas", mas estariam sendo desvirtuadas pelo uso da violência por parte de alguns. A dissecação do real produz, de um lado, "cidadãos" que exatamente pelo sucesso do atual governo seriam levados a pedir mais e, de outro, "vândalos" e "baderneiros" que, ao lançar mão da violência contra pessoas e o patrimônio público e privado, podem e devem ser contidos pela força.

Um representante de um partido da base de sustentação do governo Dilma, sintomaticamente de um partido pseudocomunista, numa reunião de mobiliza-

---

[3]   Ver Franco Baságlia, *A instituição negada* (Rio de Janeiro, Graal, 1985).

174 / Violência

ção nas quais as centrais sindicais tentavam correr atrás das manifestações populares desencadeadas, expõe a curiosa teoria do copo meio cheio. Dizia ele: "nós
que participamos desse governo e vemos tudo de bom que já foi feito, sabemos
que ainda falta muito, mas vemos o copo meio cheio, enquanto os manifestantes,
até pelo espaço democrático que é garantido pelo Estado de direito, apontam
para o que falta fazer e veem o copo meio vazio". Ora, os manifestantes, ao contrário, estavam chutando seu copo meio cheio/meio vazio, sua metáfora e suas
esperanças na continuidade do apassivamento que prevalecia no período imediatamente anterior às manifestações.

Interessante notar que o significante – que aqui funciona claramente como um
significante mestre nos termos lacanianos – é a violência. Ela separa manifestantes
de vândalos. Aceitando-se tal premissa, o problema não é a Polícia Militar reprimir
uma manifestação, mas os manifestantes reagirem a essa repressão. Um cidadão
reprimido deveria entender que, apesar de alguns desvios e abusos, a polícia está lá
para protegê-los quando o agride. Na manifestação são todos muito parecidos, fica
difícil discernir entre o cidadão e o vândalo, assim como entre um traficante e uma
dona de casa, ou um pedreiro, ou um jovem que anda de bermuda e chinelo numa
atitude ameaçadora, de forma que você pode acabar sendo atacado violentamente
por quem está lá para lhe proteger.

No romance de Ribakov, *Os filhos da rua Arbat*[4], o jovem militante bolchevique
que é preso quando fazia aquilo que aprendera com seus camaradas desenvolve o
seguinte pensamento: "O Estado tem muitos inimigos, eles não se mostram facilmente, e o Estado tem de se proteger. Ao me prender, o Estado identificou-me
como uma ameaça aos trabalhadores. Sei que não sou, mas o Estado não tem como
saber e se questionar isso pode enfraquecer o Estado na sua necessária luta contra
nossos inimigos, então meu papel diante disso, para contribuir com nossa causa, é
ser prisioneiro".

Parte essencial da estigmatização simbólica é a condição de "minoria". Primeiro
tratava-se de uma minoria que protestava em um país em que tudo ia bem; depois,
diante da explosão social e do caráter massivo das manifestações, tratava-se de uma
minoria dentro dessa primeira minoria que partia para a violência. Era necessária
uma forma estigmatizadora, assim como na guerra contra o crime e as drogas
exigem-se o marginal e o traficante. Repper Fiell, da favela Santa Marta, no Rio de
Janeiro, disse certa vez que no morro só se mata traficantes, pois quando um trabalhador é morto, imediatamente se transforma em traficante.

Nos adeptos das táticas *black bloc*, foram encontrados o simbolismo e a forma
adequada. Com o capuz de seu moletom negro cobrindo a cabeça, escudos picha-

---

[4] Rio de Janeiro, Best Seller, 1990.

Violência, esta velha parteira: um samba-enredo / 175

dos com seus símbolos, máscaras antigás e óculos de soldador, representavam a violência e não a reivindicação. Encontrara-se o "inimigo".

Até mesmo setores da esquerda em oposição ao governo petista aliado com a burguesia embarcaram, infelizmente, nessa operação ideológica. Por outros motivos, alguns até razoáveis, setores de esquerda apressaram-se para diferenciar e isolar os *black blocs*, mas, ao fazê-lo, acabaram por reforçar a estigmatização, facilitando a violência simbólica contra as manifestações. Dever-se-ia diferenciar da ação violenta desses grupos porque eles afastavam a população das manifestações e davam o pretexto para a violência policial.

Tal argumento é falho por várias razões, apontemos apenas as principais. O aparato policial já reprimira as manifestações e estava montado para mantê-las nos limites da ordem antes que tais grupos pudessem alcançar a dimensão que alcançaram. Segundo, contra todas as evidências, tais setores da esquerda faziam coro com meios de comunicação e com a política governamental que insistia na divisão entre "manifestantes" de um lado e "vândalos" de outro. Na efetividade do Real, lá no âmbito da objetividade, os jovens que enfrentavam a polícia com seus escudos precários ganhavam a simpatia não só da maioria dos manifestantes (alguns com um misto de respeito e medo) como da população em geral, inclusive.

É conhecido o irônico episódio em que, durante seu programa de televisão – caracterizado por ser exemplar na estigmatização caricatural na suposta guerra contra o crime –, um boçal apresentador chamou uma enquete de opinião ao vivo, na certeza dos resultados previsíveis que a manipulação midiática logra produzir, perguntando se os telespectadores aprovavam ou reprovavam o uso da violência nas manifestações, e se surpreendeu quando a maioria esmagadora acabou respondendo favoravelmente ao uso da violência.

Como sabemos, todo discurso ideológico opera uma inversão e produz um ocultamento que vela a compreensão do Real. Um episódio ocorrido em uma das manifestações de 2013 é significativo. Na cobertura "jornalística", o fato anunciado foi que um grupo de *black blocs* havia enfrentado a polícia e lançado pedras nos vitrais de uma igreja, na retaguarda da manifestação. Nesse registro, a polícia que estava ali para garantir a ordem enfrentou os mascarados. O que ocorreu na manifestação foi bem diferente. Um morador de rua vendo a massiva manifestação que passava ao seu lado se entusiasmou e começou a atirar pedras na igreja. A polícia apareceu e pediu os documentos do homem, que não os tinha, e em seguida tentou arrastá-lo dali quando o grupo de militantes da tática *black bloc* interveio em sua defesa, formando um cordão de proteção e permitindo que o morador de rua escapasse. Naquele mesmo dia, mais adiante, quando a tropa de choque começou a jogar bombas na manifestação, tentando impedir seu prosseguimento e gerando o costumeiro corre-corre, esses militantes se postaram em fila entre a polícia e os manifestantes, protegendo sua retirada.

176 / Violência

Evidente que os adeptos de tal tática não formam uma organização e não são homogêneos, de maneira que existe a possibilidade, como de fato se demonstrou, de provocadores e infiltrados. No entanto, se isso nos leva ao cuidado de não idealizá-los, deveria de igual maneira evitar uma condenação por princípio.

Ainda que os militantes de esquerda tenham, e é justificado que tenham, diferenças táticas e, principalmente, estratégias, em contraste com tais agrupamentos, a condenação dos atos praticados leva a um problema diretamente ligado ao nosso tema. Quando um setor da esquerda condena o uso da violência, ele está, implicitamente, aceitando a tese política conservadora estruturante de nosso período. Habersianamente seguindo as pegadas de Hanna Arendt, aceita-se assim a premissa que a política começa pelo pacto de não usar a força, sendo qualquer alternativa que use a força uma forma "extrapolítica". A ditadura brasileira teria sido uma negação da política porque impôs pela força os interesses de classe dos monopólios imperialistas, e, por via de consequência, a democratização recuperou o campo da política quando se propôs a tratar das contradições no quadro de um Estado democrático e de um ordenamento jurídico constituído.

Ao agir desse modo, tais setores acabam, independentemente de suas intenções, conformando um campo comum com o petismo governista e auxiliando seu trabalho ideológico. A esquerda sempre foi a portadora do valor da rebelião contra o instituído, enquanto a ordem era o valor dos conservadores. Tal afirmação, a que separa política e força, é pré-moderna, foi Maquiavel que no alvorecer da ordem burguesa, ainda na passagem do século XV para o XVI, negou essa pretensão de retirar a força e a violência do fenômeno político. Foi mal compreendido como um defensor da violência como meio único da política, mas uma leitura atenta demonstra que nunca foi esta sua posição; alertava apenas que não era possível separar a força da política, como demonstrava toda a história pregressa.

A pequena burguesia bradava, seja em 1870 contra a Comuna ou em 1905 na insurreição que serviu de ensaio geral à Revolução Russa, que os trabalhadores não deveriam ter pegado em armas, pois isso deslegitimava a justiça de seus propósitos. Marx e Engles à sua época, assim como Lenin e Trotski na deles, combateram impiedosamente esse tipo servil de pacifismo legalista afirmando a legitimidade da violência revolucionária.

Marx e Engels, em sua *Mensagem do comitê central à Liga dos Comunistas*, afirmam categoricamente que: "Os operários não só não devem opor-se aos chamados excessos, aos atos de vingança popular contra indivíduos odiados ou contra edifícios públicos que o povo só possa relembrar com ódio, não somente devem admitir tais atos, mas assumir sua direção"[5].

---

[5] Karl Marx e Friedrich Engels, *Mensagem do comitê central à Liga dos Comunistas* (1850) (São Paulo, Alfa-Ômega, s/d), p. 88.

Evidente que nossos companheiros não negam a violência revolucionária como legítima. Mais que isso, fonte de legitimação em profundos e verdadeiros processos de transformação social. Nem o PT quando ainda era vivo o fazia. No entanto, sempre se interpõe o argumento que não é o momento, ou não é o caso do uso da violência. Esquecem-se de duas coisas fundamentais: primeiro que não há um momento da luta de classes em que as coisas se dão pacificamente e outro, excepcional, em que a violência é usada; segundo que a violência não é, de forma alguma, apenas resultado da intencionalidade das forças políticas em luta, e sim expressa em grande medida um elemento que compõe aquilo que Lenin denominava de condições objetivas.

No primeiro plano problematiza-se a dicotomia democracia-ditadura. Tal dicotomia coloca ditadura de um lado, como coerção, e democracia de outro, como consenso. Como se a ditadura não fosse a predominância da coerção com consenso e a democracia não fosse a predominância dos instrumentos de formação de consenso com coerção. No segundo, somos levados a refletir, contrariamente ao discurso da ordem, que a violência não é pura intencionalidade de agentes ou sujeitos, mas forma de expressão de contradições, muitas vezes irracionais, sem sentido, até porque podem expressar a crise dos projetos que buscam apontar e disputar as direções possíveis de dada sociedade, como nos alerta Žižek ao afirmar que "a intensidade apaixonada de uma turba é um testemunho da ausência de verdadeira convicção".

Ao analisar os movimentos que eclodiram em junho de 2013[6], afirmávamos que havia pelo menos três dimensões na violência que expressavam. Primeiro a mais visível, a violência contra expressões da ordem contra a qual a raiva das massas dirigia sua ação – não por acaso prédios que representam essa ordem, como as Câmaras Municipais, sedes de parlamentos estaduais e nacional, mas também, contra bancos e vitrines que objetivam a ostentação do consumo; neste sentido a violência tem peso de uma *performance*. Uma segunda, que não pode ser confundida com a primeira, mas que a ela se somou, que descrevemos da seguinte forma:

> Jovens das periferias, dos bairros pobres, das áreas para onde se expulsou os restos incômodos desta ordem de acumulação e concentração de riqueza, que são cotidianamente agredidos e violentados, estigmatizados, explorados e aviltados, que agora, aproveitando-se do mar revolto das manifestações expressam seu legítimo ódio contra esta sociedade hipócrita e de sua ordem de cemitérios. Sua forma violenta em saques e depredações assustam, é verdade, mas a consciência cínica de nossa época passou a assumir como normal as chacinas, a violência policial. Pseudointelectuais chegaram

---

6 Mauro Iasi, "Pode ser a gota d'água: enfrentar a direita avançando a luta socialista", *Blog da Boitempo*, jun. 2013, disponível em: <blogdaboitempo.com.br/category/colunas/mauro-iasi/page/2/>.

178 / Violência

a justificar como normal que a polícia entre nas favelas e invada casas sem mandato, prenda, torture e mate em nome da "ordem"; ou seja, a violência só é aceitável contra pobres, contra bandidos, contra marginais, mas é inadmissível contra lixeiras, pontos de ônibus, bancos e vitrines.[7]

A terceira vertente da violência seria manifestada pela ação da extrema direita, que pegou carona nas manifestações para atacar os grupos e organizações de esquerda. Esta se explica pelo ódio represado pela extrema direita com o processo de democratização e que se escondeu atrás da rejeição contra os partidos políticos, justificável pela triste experiência de cooptação do PT à ordem burguesa, mas injusta uma vez que os partidos de esquerda em oposição ao governo de aliança com a burguesia há muito estavam nas ruas lutando pelas mesmas coisas que agora as massas mais amplas denunciavam. O desenvolvimento das manifestações se encarregou de isolar esse setor e, purgando-o das manifestações, revelou seu real tamanho como nas recentes "marchas da família" pedindo a volta dos militares e que reuniram, em alguns casos, menos que dez pessoas em algumas capitais.

A violência nas manifestações, no entanto, é tão somente a expressão, não apenas de causas mais profundas, mas também de outra forma de violência, mais invisível e brutal em sua cotidianidade. Vejamos mais de perto essa questão.

Primeiro movimento

Sabemos e Žižek o sabe, que a violência é efeito – em seus termos, sintoma. Mas, como disse certa vez Lacan, o sintoma para algumas pessoas é o que ela tem de mais real. Como nos ensina Marx, a aparência não é falsidade, mas a forma necessária de expressão de um determinado conteúdo. Porém, o que se revela por meio da violência?

Podemos ver no texto de Žižek vários momentos que indicam essa dimensão de causalidade mais profunda, como quando analisando a explosão social que segue os efeitos do furacão Katrina no sul dos Estados Unidos afirma que o que o caos que ali se expressou tornou visível é a "persistência da divisão racial nos Estados Unidos", ou ainda mais precisamente, quando avalia a natureza dos boatos e informações distorcidas que culpabilizavam os negros por saques e assaltos que impediam a chegada da ajuda aos locais, o autor conclui que, tais relatos distorcidos "são um testemunho da profunda divisão classista dos Estados Unidos".

Sabemos, no entanto, que Žižek, seguindo as pistas de Freud, não acredita numa equação mecânica entre conteúdo e forma, de maneira que o conteúdo é a

---

[7] Idem.

Violência, esta velha parteira: um samba-enredo / 179

causalidade e a forma, mero efeito. O autor vê uma semelhança entre a postura de Freud ao tratar dos sonhos e de Marx quando conceitua a mercadoria[8]. Assim como para o pai da psicanálise não se trata de desconsiderar o conteúdo manifesto dos sonhos e buscar o que eles representam como conteúdo recalcado, mas de entender por que tal conteúdo se expressou naquela forma, para Marx o segredo da mercadoria não se encontra nos elementos que a constituem (o valor de uso, o valor de troca e sua substância, o valor), nem mesmo nas determinações do valor como expressão de um *quantum* de trabalho humano abstrato. Surpreendentemente, Marx responde à questão da seguinte forma: "De onde surge, portanto, o caráter enigmático do produto do trabalho assim que ele assume a forma-mercadoria? Evidentemente, ele surge *dessa própria forma*"[9].

O equívoco, ao enfrentarmos o problema da violência, reside, conforme nos alerta Žižek, em buscar rapidamente as determinações mais profundas do fenômeno, descartando ou relativizando exatamente a forma como ele se expressa, pois é precisamente nessa forma onde se pode encontrar seu segredo. Para nós é evidente que a raiz da violência em suas diferentes formas se encontra nas relações sociais de produção e nas formas de propriedade que fundamentam a sociabilidade do capital. No entanto, as pessoas que vivem essa mesma sociabilidade o fazem através de mediações, ou seja, nem sempre diretamente, não imediatamente. Vivemos as relações burguesas diretamente nas relações de trabalho, mas também nas formas constituídas de família, na educação, nas relações entre homens e mulheres, na convivência cotidiana e, no que nos interessa de modo direto, nas diferentes formas pelas quais representamos em nossa consciência o corpo dessas relações.

Althusser já alertava que a ideologia não é a mera expressão ideal da realidade, mas exprime nossa relação com essa objetividade[10]. No caso da violência, teríamos de buscar não apenas as evidentes determinações que apartam os seres humanos dos meios necessários à produção de suas vidas para depois utilizar apenas uma parte dos expropriados nos processos de valorização, formando um contingente de uma superpopulação relativa que vai assumir a função principal de rebaixar os salários daqueles que estiverem inseridos nas atividades propriamente produtivas, assim como todos os efeitos que daí derivam, como a forma do espaço urbano, o acesso a bens e serviços essenciais e as manifestações mais agudas da miséria absoluta e relativa. Partindo daí, necessitamos ir além, e identificar como expressamos em nossa consciência social essas contradições, de que forma constituímos nossa

---

[8]   Ver Slavoj Žižek, "Como Marx inventou o sintoma?", em Slavoj Zizek (org.), *Um mapa da ideologia* (Rio de Janeiro, Contraponto, 1996).
[9]   Karl Marx, *O capital*, Livro I, cit., p. 147.
[10] Ver Louis Althusser, "Aparelhos ideológicos do Estado", Slavoj Žižek (org.), Um mapa da ideologia, cit.

180 / Violência

relação com o Real através de um encadeamento de significantes, valores, ideias, juízos que, ao conformar uma determinada visão de mundo, de certa maneira, constituem aquilo que chamamos de Real.

A conhecida tese de Žižek, de inspiração lacaniana, é que a cadeia de significantes não desliza numa série aberta e aleatória, mas é soldada pela ação de significantes-mestres, que teriam na linguagem o papel, por homologia, que os equivalentes gerais têm para Marx na equação do valor de troca[11]. Tais significantes-mestres, nos termos de Lacan citado por Žižek, "acolchoa e sutura o campo simbólico".

Tal aproximação tem uma funcionalidade na reflexão que o autor faz da violência. Não basta nos perguntarmos quais as determinações mais profundas da violência. De certa forma sabemos bem quais são, mas necessitamos refletir sobre a forma que, no âmbito de sua expressão ideal e simbólica, essas contradições são equacionadas e a função que tal representação ideal assume.

Nesse sentido, para o autor as representações simbólicas da violência cumprem a função precípua de "dissimular o impacto do trauma por meio de uma aparência simbólica". E funciona bem. Vejam. Caso estivéssemos olhando uma pessoa caída no chão sendo espancada violentamente com cassetetes, sendo chutada, ou que quando tenta se levantar recebe nos olhos uma rajada de *spray* de pimenta, estaríamos todos prontos a reagir diante de tal agressão. No entanto, se fechar essa cena em minha consciência com significantes que identifiquem a pessoa caída como um "vândalo", um "arruaceiro", um grande perigo para a sociedade que, se não for contido, pode provocar destruição do patrimônio e colocar em risco a vida das pessoas e por isso está sendo contido por um profissional que sabe fazê-lo e tem o direito e a legitimidade de agir da forma que age, pois recebeu um mandato social para tanto, expresso pela farda que usa e o identifica como um agente da ordem, então está tudo bem, estou disposto a amortecer meu horror, acolchoar o impacto que a realidade me provoca.

Uma pessoa negra presa a um poste pelo pescoço é inadmissível. Algo que era comum na época da escravidão torna-se impensável em um Estado de direito – a menos que seja um ladrão, um criminoso. Não se deve fazer isso com uma pessoa, mas a condição de criminoso suspende a condição de pessoa: ele é uma coisa. Na significativa linguagem policial, um elemento. Mas ele não seria em si uma pessoa, não podendo relativizar essa condição por um ou outro discurso?, reclamam nossos pruridos democráticos. As coisas, infelizmente, não são tão simples.

Reparem nessa definição presente em um manual de teoria geral do Estado: "No Estado moderno, todo indivíduo submetido a ele é, por isso, reconhecido como pessoa"[12]. Notem, um ente só se torna "pessoa" pelo ato de submissão ao Estado. Ora,

---

[11] Ver Slavoj Žižek, "Como Marx inventou o sintoma?", cit., e Paulo Silveira, "Lacan e Marx: a ideologia em pessoa", *Crítica Marxista*, São Paulo, Boitempo, n. 14, 2002.

[12] Dalmo Abreu Dallari, *Elementos de uma teoria geral do Estado* (28. ed. São Paulo, Saraiva, 2009), p. 99.

Violência, esta velha parteira: um samba-enredo / 181

mas o que seria então quando não o faz? Diz o mesmo autor que a própria noção de população não pode ser confundida com o conjunto de pessoas que habitam um determinado lugar. O conceito de povo é um conceito jurídico, "uma conquista bastante recente, a que se chegou num momento em que foi sentida a necessidade de disciplinar juridicamente a presença e a atuação dessa *entidade mítica e nebulosa* e, paradoxalmente, tão influente"[13]. Se você não se submete ao Estado e a ordem que ele representa, você não é uma pessoa, é uma entidade mística e nebulosa, um bárbaro, um vândalo, um criminoso. Ainda que o Estado de direito prescreva que mesmo ele tem direito ao devido processo legal, não ser preso sem mandato, não sofrer tratamento degradante, como não é uma "pessoa", mas um elemento, a consciência imediata de boa parte da população e a quase totalidade dos aparelhos de repressão fecha a série simbólica com a naturalização da violência desfechada contra ele.

Apesar de ser um exemplo mais dramático, que nossa consciência está disposta a considerar como absurdo, a situação da Revolução Iraniana trazida como exemplo por Žižek revela a mesma fundamentação. Logo depois de afirmar que naquela revolução não se havia matado um único ser humano e ser contestado sobre os fuzilamentos, o porta-voz afirmara que os que foram mortos "não eram homens, mas cães criminosos". Aqueles que são abatidos a tiros nas favelas, ou presos a postes, ou jogados nas caçambas das viaturas, para o senso comum conservador não são seres humanos, mas "cães criminosos".

Tal mecanismo se revela em toda sua complexidade quando colocamos em xeque a série significante que se fecha. E se aquele que foi agredido ou assassinado não era um "cão criminoso", mas um pedreiro que apenas estava tomando uma cerveja com amigos quando foi sequestrado pela polícia, com sua cabeça enfiada em um saco plástico, sendo por fim torturado, espancado e morto? Como no caso de Amarildo[14], sequestrado e morto pela polícia da UPP da Rocinha no Rio de Janeiro, vemos uma grande indignação. Mas o reverso dessa medalha é que se torna preocupante: se fosse um traficante ou bandido... Tudo bem?

Žižek nos chama a atenção de algo que cabe bem aqui. Diz o filósofo: "quando percebemos alguma coisa como um ato de violência, avaliamo-la por um critério que pressupõe o que é a situação não violenta 'normal', sendo que a forma mais alta de violência é a imposição desse critério por referência ao qual certas situações passam a aparecer como 'violentas'".

Dalmo de Abreu Dallari, o jurista do citado manual de teoria do Estado, é personagem de um episódio que bem revela esse mecanismo. Em um debate so-

---

[13] Ibidem, p. 96.
[14] Amarildo Dias de Souza, ajudante de pedreiro, foi sequestrado por policiais no dia 14 de julho de 2013, na favela da Rocinha, e torturado na sede da UPP local. Foi, segundo o apurado, torturado e morto pelo Polícia Militar. Seu corpo nunca foi encontrado.

182 / Violência

bre os ataques do PCC em São Paulo e a reação violenta da polícia que vai aos bairros pobres para vingar os ataques às bases policiais e soldados da Polícia Militar, um promotor denunciava que várias das vítimas apresentavam sinais claros de execução, tais como tiros na nuca ou pelas costas, assim como trajetória descendente dos disparos. Para dar tom dramático ao seu depoimento, o debatedor afirmou que várias das vitimas eram inocentes, ou seja, não havia nenhum indício de terem participado das ações da facção criminosa. Dallari, numa clara posição de um jurista progressista, pergunta: "Ora, mas e se fossem culpados? Poderiam ser assassinados pelas costas com tiros na nuca? Ou nosso Estado de direito prevê, também, para os culpados um devido processo legal e que as penas sejam proporcionais?".

A própria noção de política como o pacto que exclui o uso da força, só serve para o círculo de cidadãos, entre os quais a lei e o direito é a mediação, mas para os bárbaros é legítimo o uso da força, para aqueles que não se submetem à violência direta e aberta.

Assim, a violência simbólica, que não é menos real por ser simbólica, cumpre a função de tornar possível a violência real. Mais que isso, torna-a invisível. Quando reagimos à evidente barbárie de prender um ser humano a um poste, ou da brutal agressão a um jovem que se manifesta, corremos o risco de legitimar por contraste o ato de prender aquele que cometeu o crime, julgá-lo e jogá-lo numa cela para viver o horror do sistema prisional em nosso país, ou de aceitar como normal que se reprima uma manifestação, desde que com armas não letais e com regras de civilidade (não bater no manifestante se estiver caído, dar a ele chance de fuga etc.). Quando discutimos a violência, seja a do crime ou a da reação policial, perguntando quais seriam os meios civilizados de enfrentar o problema, de certa maneira cumprimos a função ideológica de naturalizá-la e tornar invisíveis suas determinações e a violência das formas ditas "normais".

Breque... paradinha...

Um momento... Não estaríamos nós influenciados pela loquacidade do autor e seduzidos por sua capacidade argumentativa, comprando inadvertidamente alguns de seus pressupostos? O estruturalismo lacaniano e o fundamento hegeliano do filósofo esloveno não estariam induzindo-nos a aceitar o argumento que o discurso simbólico – uma ideologia – pode incidir sobre o Real? Mais que isso, constituir o Real como Real?

Para nós, marxistas, uma coisa é a violência e outra coisa é o discurso da violência, numa expressão contundente do pressuposto materialista de Marx segundo o qual não é a consciência que determina o ser social, e sim este que determina a consciência. Mas, em Marx, a relação entre a existência e a consciência, entre a materialidade

Violência, esta velha parteira: um samba-enredo / 183

do ser e sua expressão ideal, não é uma relação mecânica e muito menos dicotômica na qual de um lado está a objetividade e de outro, a subjetividade.

O segredo de como Marx articula essas dimensões tem de ser buscado na referência filosófica principal de Žižek, isto é, em Hegel. Contrapor o Real, a realidade, da violência à sua representação simbólica, na linguagem ou na consciência, não faz sentido para Hegel e não pelos motivos que certos marxistas supõem, ou seja, não porque, por seus pressupostos idealistas, o grande filósofo alemão cai na ilusão de conceber o Real como resultado do pensamento, que se aprofunda e se desenvolve em si mesmo. É que para Hegel há duas dimensões naquilo que chamamos de Real ou realidade, que nas palavras da língua portuguesa acabam se sobrepondo e se confundindo. Ao que tudo indica, em Hegel há uma distinção entre o real como efetividade dada e o real como apropriação pelo pensamento, que revela suas determinações e relações complexas, o que Marx denominaria de "concreto pensado".

O termo "efetivo" (*wirklich*), que muitas vezes entre nós se traduziu como real, significa para Hegel aquilo que pode produzir um efeito. Na famosa metáfora dos dois detetives, um da ficção, Sherlock Holmes, e o outro um detetive em carne e osso que está do seu lado, o que os distinguiria seria a capacidade de incidir sobre a objetividade e produzir um efeito, ser efetivo. O de carne e osso pode, o ficcional não[15]. Essa efetividade é o verdadeiro ponto de partida do pensamento e da representação; o Real como concreto pensado é o esforço do conhecimento de que reprodução o real efetivo, a coisa em si, decompondo-o em suas partes e determinações até que possa se tornar concreto pensado. É evidente que Marx critica Hegel por sua ilusão de conceber o Real como resultado do pensamento. No entanto, na mesma frase que se costuma usar para destacar essa divergência, encontramos o seguinte raciocínio: "o método que consiste em elevar-se do abstrato (o concreto aparente) ao concreto (o concreto pensado) não é senão a maneira de proceder do pensamento para se apropriar do concreto. Porém, isso não é, de modo nenhum, o processo de gênese do próprio concreto"[16].

Ao se enfatizar a frase final sobre a gênese do próprio concreto em oposição ao idealismo hegeliano, corre-se o risco de perder o momento na superação dialética operado por Marx em relação a Hegel no qual ocorre a incorporação de parte daquilo que se nega. Esta não é a gênese do concreto, mas a forma pela qual o conhecimento se apropria do concreto, da única maneira que pode fazê-lo e que distingue-se de outras formas de consciência como a arte, a religião ou o pensamento que vigora no cotidiano. Marx nos alerta que, durante esse trabalho do

---

[15] Cf. Michael Inwood, *Dicionário Hegel* (Rio de Janeiro, Jorge Zahar, 1997), p. 107.
[16] Karl Marx, *Contribuição à crítica da economia política* (São Paulo, Expressão Popular, 2007), p. 267.

184 / Violência

pensamento, o objeto concreto segue em sua independência e objetividade, fora do cérebro que procura conhecê-lo.

O que distingue o materialismo de Marx não é a mera afirmação da exterioridade e objetividade do real, pois Hegel também a supõe em seu idealismo objetivo, uma vez que ambos pensam a relação entre consciência e existência, entre a ideia e a objetividade, como uma unidade e identidade de contrários, o que diferencia Marx não de Hegel, mas dos materialistas e empiristas vulgares de toda ordem.

Nessa direção, o que nos preocupa, e cremos que também está no fundamento das afirmações do autor deste estudo sobre a violência, não é a necessária distinção entre a violência e a representação ideológica da violência, e sim se tal representação produz um efeito de volta sobre o Real – portanto, se constitui parte da efetividade do Real. Parece-nos que sim. A ideologia não é mero discurso. Para Lukács, a ideologia se diferencia de um mero conjunto de ideias e valores que constitui qualquer visão ideal de mundo, pelo fato que produz um efeito sobre os seres humanos e dirige suas ações numa determinada direção[17]. A construção ideológica sobre a violência é ela própria uma violência, mesmo e principalmente quando se expressa em seu contrário.

Quando da campanha eleitoral para o governo do Rio de Janeiro, o então presidente Lula, em apoio a Sérgio Cabral, elogiava as Unidades de Polícia Pacificadora (UPPs), destacando o seguinte: "O Rio de Janeiro não aparece mais nas primeiras páginas dos jornais pela bandidagem. O governo fez da favela do Rio um lugar de paz. Antes, o povo tinha medo da polícia, que só subia para bater. *Agora a polícia bate em quem tem de bater*, protege o cidadão, leva cultura, educação e decência" (grifo nosso).

Podemos julgar esta frase por sua infelicidade mais aparente, isto é, a de descrever a ação do governo que transforma a favela em um lugar de paz, ou pela afirmação surpreendente, que agora a polícia bate em quem tem de bater, mas o mais grave se esconde em uma afirmação que pode passar despercebida. A polícia que antes só reprimia agora protege e leva cultura, educação e decência. A polícia transforma-se em mediador de políticas públicas (sabemos que nem tão públicas assim) que, ao transformar a favela em um lugar de paz (em outra fala, Lula vai afirmar que deveríamos deixar de falar de favela e falar em "comunidade"), levaria cultura para substituir os bailes *funks* da barbárie ou o *hip hop* da contestação, educação no antro de incultos e, finalmente, se tudo isso desse certo, chegaríamos à decência.

Quando um negro é agredido por ser negro, trata-se de uma violência. Mas um negro que procura se "embranquecer" para ser aceito em uma sociedade

---

[17] Ver G. Lukács, *Para uma ontologia do ser social*, v. II (São Paulo, Boitempo, 2013).

branca e racista é uma violência ainda maior, porque é a demonstração de que o racismo e a exploração ganharam raízes na subjetividade, que a dominação externa se internalizou e dirige a ação desse ser humano no sentido de seu apassivamento diante de tal dominação.

Este não é um processo puro de acomodação, é uma forma violenta e perversa de sobrevivência. Aproxima-se daquilo que Žižek denomina de um "ato suspensivo de eficácia simbólica", isto é, terei de continuar vivendo nas condições de dominação e exploração, mas isso é insuportável, então eu procedo da seguinte maneira, como coloca o autor: "Sei, mas não quero saber o que sei, e por isso não sei. Sei, mas recuso-me a assumir inteiramente as consequências desse saber, pelo que posso continuar a agir como se o não soubesse".

Um bom exemplo desse processo é o aparente ato singelo de chamar uma favela de "comunidade". O argumento de Repper Fiell é preciso quanto a isso: "Quando não sabemos a verdade, aceitamos o errado como certo. Eu sempre propagava que morava em comunidade. No dicionário a palavra *comunidade* significa um bairro, um grupo de amigos. No mesmo dicionário, a palavra *favela* significa habitação desprovida de infraestrutura de urbanização e local desagradável, de mau aspecto"[18].

Diz nosso companheiro que foi estudar e percebeu o que está por trás da formação das favelas e que, quando o governo quer atacar, violar direitos, remover, prender, matar, quando a polícia xinga e bate na cara do trabalhador e assassina, protegida pelos autos de resistência, aí tira-se as aspas da palavra comunidade e, "nesse momento, o território é chamado de favela, e os moradores, de favelados ou marginais"[19].

Quando o governo usa o termo "comunidade" e quer transformar a indecência em decência por meio da polícia "pacificadora", as palavras não são neutras. São, numa metáfora marxista, mais que valores de uso/significantes: são veículos portadores de valores de troca, que escondem em seu corpo aparente a substância do valor, dos interesses de classe que expressam. Da mesma forma é subversiva e revolucionária a atitude de Fiell, na sequência de seu texto, quando afirma: "Sou favela, sou favelado, e não preciso de caridade de governo nem de ONG"[20].

Segundo movimento

Ao tratar das caricaturas de Maomé e a reação que desencadearam, assim como as representações envolvidas no conflito entre israelenses e palestinos, Žižek reafirma

---

[18] Repper Fiell, *Da favela para as favelas* (Rio de Janeiro, Coletivo Visão Favela Brasil, 2011), p. 23.
[19] Idem.
[20] Idem.

186 / Violência

seus pressupostos dizendo que podemos nos defrontar com histórias opostas, cada uma delas convincentes, bem argumentadas e antagônicas. No entanto, não podemos cair na tentação do relativismo, tão ao gosto dos pós-modernos, aos quais Žižek, em outro trabalho[21], denomina de "agnósticos da *new-age*". Não se trata de abolir o Real e colocar no lugar os jogos de linguagem, mas de enfatizar a disputa pela constituição de um determinado real, nos termos de Bakhtin a luta de classes no campo da linguagem.

Quando os israelenses atacam os palestinos, considerando-os terroristas porque colocam bombas e fazem atentados, estão construindo uma justificativa ideológica para sua ação violenta. Ironicamente, como as passagens que Žižek nos traz demonstram, em substância, o Estado de Israel foi fundado sobre práticas muito semelhantes. De uma lado, tratar-se-ia de uma violência justificável no ato de fundação de um Estado; de outro, de um ato de violência irracional contra o direito de um povo ter seu Estado (ainda que seja exatamente isso pelo que lutam os palestinos).

Não podemos entender essas narrativas como mero jogo de discursos: aqui também a forma é reveladora de seu segredo.

Primeira tomada: uma moradora da favela está ferida. A polícia é chamada para socorrê-la e a coloca no porta-malas da viatura que, diante de indícios que a mulher ainda estava viva, arranca rumo ao hospital. O porta-malas se abre e a mulher cai acidentalmente, sendo arrastada. Os policiais recolocam-na na viatura e seguem para o hospital. Ela morre.

Tomada alternativa: A polícia chega à favela e é recebida por cerca de vinte marginais armados, que abrem fogo. Os policiais revidam. Uma mulher é ferida e a polícia a socorre... Ela cai... É arrastada... Os policiais a levam para o hospital... Ela morre.

Segunda tomada: a população da favela segue seu dia a dia; uma mulher planeja ir à padaria e, quando sai de casa, se vê diante de um tumulto. Policiais abrem fogo e ela é alvejada duas vezes, no peito e na garganta. A população se revolta e cerca os policiais, que querem tirar o corpo (já morto) da mulher. Os policiais atiram para o ar, a fim de afastar a população, e jogam o corpo no porta-malas da viatura. Já na arrancada, o compartimento se abre e o braço da mulher pende para fora. Os guardas tornam a fechá-lo e saem em disparada. Mais adiante o porta-malas do camburão volta a se abrir, e a mulher cai, sendo arrastada por mais de duzentos metros. A cena é filmada. A mulher é declarada morta ao chegar ao hospital.

Tomada alternativa: Thais, filha de Claudia: "Ninguém entendeu nada, a atitude deles... de chegar assim atirando, sem motivo. Não tinha bandido na rua. Eles

---

[21] Trata-se do livro *El espinoso sujeto: el centro ausente de la ontologia política* (Buenos Aires/Barcelona, Paidós, 2001).

Violência, esta velha parteira: um samba-enredo / 187

falam que teve troca de tiros, mas não teve troca de tiros nenhuma. Eles estavam rindo. Eu perguntei: 'minha mãe trocou tiros com vocês? Minha mãe é bandida? Cadê a arma com que ela trocou tiros com vocês? Mostra!'. Eles ficaram quietos. Eles estavam rindo".

A vítima, a mulher, o corpo, o dano colateral, o elemento, enfim, era Claudia Ferreira da Silva[22]. Como recorda Marx na citação anterior, o objeto sobre o qual o pensamento se debruça segue em sua objetividade tanto antes quanto depois do trabalho do pensamento. As versões não mudam os fatos, mas constroem uma realidade sobre a realidade, o que produz efeitos sobre o Real. Diz a anedota que há muitas polêmicas sobre o papel real que teria tido na história Alexandre da Macedônia: uns atribuem a ele o papel de um civilizador que fundou cidades, espalhou bibliotecas e levou a cultura helênica ao mundo conhecido; para outros, limita-se a um guerreiro sanguinário e brutal que invadiu tudo que estava à sua frente. Há, no entanto, uma certeza: aqueles que Alexandre matou estão mortos.

Claudia está morta. Foi atingida por dois tiros e arrastada no asfalto por uma viatura. Os policiais acusados foram soltos e serão processados por uma infração menor, a de não seguir os procedimentos adequados ao prestar socorro a uma vítima. Não é uma mera versão, é um segundo assassinato.

Atenção para o refrão...

Não há como um Estado Democrático sobreviver sob uma tensão permanente, com gente nas ruas, ataques ao patrimônio e às pessoas, numa eufórica desobediência civil. É preciso garantir a Lei e a Ordem. É possível um Estado democrático sobreviver com assassinatos, torturas e desaparecimentos, autos de resistência, profundas desigualdades sociais e econômicas, e uma pornográfica concentração de propriedades. Basta garantir a Lei e a Ordem.

Interessante que essas duas realidades se encontraram nas manifestações de 2013. Quando o pedreiro Amarildo foi sequestrado pelos policiais da UPP na Rocinha, jovens tomavam as ruas em protestos intermináveis. Dois processos complementares se dão: de um lado, as pessoas submetidas ao terror da pacificação e que, em situação normal, estariam dispostas a submergir na impotência diante da máquina assassina do Estado, protestam e exigem informações sobre o

---

[22] A auxiliar de serviços gerais Claudia Ferreira da Silva foi alvejada em uma operação da Polícia Militar no bairro de Congonha, no Rio de Janeiro, em 16 de março de 2014. Seu corpo foi levado pelos policiais no porta-malas da viatura, que se abriu e a mulher acabou sendo arrastada pelo asfalto por um longo trajeto. O episódio foi filmado e divulgado na rede mundial de computadores, causando grande comoção.

188 / Violência

desaparecimento de Amarildo; nas manifestações começam a surgir cartazes perguntando "Cadê o Amarildo?", para logo em seguida a afirmação sintética: "Somos todos Amarildo!".

Não se trata de uma violência, mas de duas e de substâncias muito distintas. Uma cujas determinações se encontrar na própria dinâmica de acumulação de capitais e sua expressão na organização do espaço urbano e a consequente violência dirigida contra a favela, os pobres e os pretos; e a segunda, explosiva e irracional, de manifestantes gritando por direitos, resistindo aos ataques da polícia e atacando performaticamente símbolos da ordem das mercadorias.

A primeira mata, tortura e esconde o corpo mutilado para manter a Ordem. A segunda questiona a Ordem com o exercício ativo da Desordem. A primeira visava silenciar, esconder; a segunda tornou possível mostrar o que se tentava ocultar.

Acerta o autor ao lembrar que o verdadeiro efeito do ato político é tornar possível o impossível. A violência das manifestações – e não me refiro apenas às formas evidentes de ataque a coisas e prédios, mas à sua capacidade de irromper o silêncio e a inércia – é um ato político. A estigmatização da violência em nome da Ordem Democrática é uma operação ideológica que, nos diz Žižek, "colabora no processo de tornar invisíveis as formas fundamentais da violência social".

Em suas conclusões, o autor começa por aí para concluir que o caminho percorrido foi de iniciar pela rejeição de uma falsa "antiviolência" para se chegar à aceitação da "violência emancipatória". A segunda conclusão remete ao fato de que a violência é um esforço, como Brecht e seu poema sobre a máscara do mal nos lembram do quanto é custosa e dolorosa a violência. A "passagem ao ato" rompe, rasga, desconstitui; no entanto, nos diz:

> A diferença fundamental entre a política emancipatória radical e as explosões de violência impotente consiste no fato de um gesto político autêntico ser *ativo*, impor e instaurar uma visão, ao passo que as explosões de violência impotente são fundamentalmente *reativas*, a reação a uma intrusão incômoda.

A terceira conclusão procura, como foi feito em todo o livro, articular as dimensões objetivas e subjetivas da violência, assim como as diversas formas de sua expressão, tanto na ação como na impotência, na atividade e na inatividade, na tolerância como violenta forma de exclusão do outro. Nessa dimensão se inscreve o interessante processo que o autor denomina de *acheronta movebo*, isto é, "não mudar diretamente o texto explícito da lei, mas, antes, intervir sobre seu obsceno suplemento virtual". A democracia é o governo de todos, mas se todos quiserem participar inviabiliza-se a democracia. A resultante política e ideológica desse paradoxo é a formação de um governo de todos no qual todos não podem participar.

Somos, por enquanto, sob vários aspectos, uma intrusão incômoda. Precisamos passar ao ato político, instaurador e emancipatório. Chamamos isso de Revolução.

Quero explodir a vida
Para que a vida continue.
Quero explodi-la em mortes
Para que a morte não perdure.[23]

Breque...

Rio de Janeiro, março de 2014

---

[23] Mauro Iasi, "Dialética da revolução", em *Meta Amor Fases* (São Paulo, Expressão Popular, 2008).

BIBLIOGRAFIA

ADORNO, Theodor W. "Cultural Criticism and Society". In: Neil Levi e Michael Rothberg (orgs.). *The Holocaust*: Theoretical Readings. New Brunswick, Rutgers University Press, 2003.

ADORNO, Theodor W.; BENJAMIN, Walter. *The Complete Correspondence 1928-1940*. Cambridge, Massachusetts, Harvard University Press, 1999 [ed. bras.: ADORNO, Theodor W. *Correspondência, 1928-1940* / Theodor W. Adorno, Walter Benjamin, trad. José Marcos Mariani de Macedo, São Paulo, Editora Unesp, 2012].

AGAMBEN, Giorgio. *Homo sacer*. Stanford, Stanford University Press, 1998 [ed. bras.: *Homo sacer*: o poder soberano e a vida nua, trad. Henrique Burigo, Belo Horizonte, Editora UFMG, 2010].

ANDERSON, Jon Lee. *Che Guevara*: A Revolutionary Life, Nova York, Grove Press, 1997 [ed. bras.: *Che: uma biografia*, trad. Michele Macculloch, São Paulo, Objetiva, 2012].

AXELROD, Robert. *The Evolution of Cooperation*, Nova York, Basic Books, 1984 [ed. bras.: *A evolução da cooperação*, São Paulo, Leopardo, 2010].

BADIOU, Alain. "Drawing"; "The Question of Democracy", *Lacanian Ink*, n. 28, 2º sem. 2006, p. 43-7; p. 51-67.

_____. "Fifteen Theses on Contemporary Art", *Lacanian Ink*, n. 23, 1º sem. 2004, p. 100-9.

_____. *Logigues des mondes*. Paris, Editions du Seuil, 2006 [ed. esp.: *Logicas de los mundos*, trad. Maria del Carmen Rodriguez Bordes, Buenos Aires, Manantial, 2008].

BADIOU, Alain; WINTER, Cécile. *Circonstances*, v. 3, *Portées du mot "Juif"*. Paris, Leo Scheer, 2005.

BALIBAR, Etienne. *La crainte des masses*: politique et philosophie avant et après Marx. Paris, Editions Galilée, 1997.

BEGIN, Menachem. *The Revolt*. Nova York, Dell, 1977.

BELLOUR, Raymond. *The Analysis of Film*. Bloomington, Indiana University Press, 2000.

192 / Violência

BENJAMIN, Walter. "Critique of Violence". In: *Selected Writings*, v. 1, *1913-1926*. Cambridge, Massachusetts, Harvard University Press, 1996, p. 249-51 [ed. bras.: "Para uma crítica da violência", em *Escritos sobre mito e linguagem*, trad. Susana Kampff e Ernani Chaves, São Paulo, Editora 34, 2011].

_____. *Illuminations*. Nova York, Schocken Books, 1968.

BRECHT, Bertolt. "Verhoer des Guten". In *Werke*, v. 18, *Prosa 3*. Frankfurt, Suhrkamp, 1995, p. 502-3.

BROWN, Wendy. *Regulating Aversion*: Tolerance in the Age of Identity and Empire. Princeton, Princeton University Press, 2006.

CHAMBERLAIN, Lesley. *The Philosophy Steamer*: Lenin and the Exile of the Inteligentsia. Londres, Atlantic Books, 2007.

CHESTERTON, G. K. "A Defence of Detective Stories". In: HAYCRAFT, H. (org.), *The Art of the Mystery Story*. Nova York, Universal Library, 1946, p. 3-6.

DAVIDSON, Donald. *Essays on Actions and Events*. Oxford, Oxford University Press, 1980.

DAVIES, Norman. *Europe At War*. Londres, Macmillan, 2006 [ed. port.: *A Europa em guerra*: 1939-1945, Lisboa, Edições 70, 2008].

DESCARTES, René. *Discourse on Method*. South Bend, Indiana, University of Notre Dame Press, 1994 [ed. bras.: *Discurso do método*, São Paulo, L&PM Pocket, 2014].

DUPUY, Jean-Pierre. *Avions-nous oublié le mal?* Penser la politique aprèsle 11 septembre. Paris, Bayard, 2002.

_____. *Petite metaphysique des tsunamis*. Paris, Editions du Seuil, 2005.

EAGLETON, Terry. *Sweet Violence*: The Idea of the Tragic. Oxford, Blackwell, 2002.

ENGELS, Friedrich. "Introduction". In.: MARX, Karl. *The Civil War in France*. In.: *Marx/ Engels/Lenin on Historical Materialism*. Nova York, International Publishers, 1974 [ed. bras.: "Introdução à guerra civil na França, de Karl Marx (1891)", em Karl Marx, *A guerra civil na França*, São Paulo, Boitempo, 2011].

FALLACI, Oriana. *The Force of Reason*. Nova York, Rizzoli, 2006.

_____. *The Rage and the Pride*. Nova York, Rizzoli, 2002.

FEINSTEIN, Elaine. *Anna of All the Russians*. Nova York, Knopf, 2005.

FUKUYAMA, Francis. *The End of History and the Last Man*. Nova York, Free Press, 2006 [ed. bras.: *O fim da história e o último homem*, São Paulo, Rocco, 1992].

GETTY, J. Arch; NAUMOV, Oleg V. *The Road to Terror*. Stalin and the Self-Destruction of the Bolsheviks, 1932-1939. New Haven/Londres, Yale University Press, 1999.

GLUCKSMANN, André. *Dostoievski à Manhattan*. Paris, Robert Lafont, 2002.

GRAY, John. *Straw Dogs*. Londres, Granta, 2003 [ed. bras.: *Cachorros de palha*, São Paulo, Record, 2005].

HABERMAS, Jürgen. *The Theory of Communicative Action*. Nova York, Beacon Press, 1985, 2 v. [ed. bras.: *Teoria do agir comunicativo*, São Paulo, WMF Martins Fontes, 2012, 2 v.].

Bibliografia / 193

HARRIS, Sam. *The End of Faith*, Nova York, Norton, 2005 [ed. port.: *O fim da fé*: religião, terrorismo e o future da razão. Lisboa, Tinta da China, 2007].

HAYEK, Friedrich A. *The Road to Serfdom*. Chicago, University of Chicago Press, 1994 [ed. bras.: *O caminho da servidão*, São Paulo, Instituto Ludwig von Mises Brasil, 2010].

HEIDEGGER, Martin. *Introduction to Metaphysics*, New Haven, Yale Univesity Press, 2000 [ed. bras.: *Introdução à metafísica*, Rio de Janeiro, Tempo Brasileiro, 1999]

HOUELLEBECQ, Michel. *The Possibibty of an Island*. Nova York Knopf, 2006 [ed. bras.: *A possibilidade de uma ilha*, São Paulo, Record, 2006].

HUNTINGTON, Samuel. *The Clash of Civilizations*. Nova York, Simon and Schuster, 1998 [ed. bras.: *O choque de civilizações*: e a recomposição da ordem mundial, São Paulo, Objetiva, 1997].

JAKOBSON, Roman. "Closing Statement: Linguistics and Poetics". In: SEBEOK, T. A. (org.). *Style in Language*. Nova York, Wiley, 1960, p. 350-77.

KANT, Immanuel. *Critique of Pure Reason*: The Transcendental Dialectic. Londres, Palgrave, 2003 [ed. bras.: *Crítica da razão pura*, Petrópolis, Vozes, 2012].

_____. *Political Writings*. Cambridge, Cambridge University Press, 1991.

KIERKEGAARD, Søren. *Works of Love*. Nova York, Harper & Row, 1962 [ed. bras.: *As obras do amor*: algumas considerações cristãs em forma de discurso, Petrópolis, Vozes, 2007].

KOONZ, Claudia. *The Nazi Conscience*. Cambridge, Massachusetts, Belknap Press, 2003 [ed. esp.: *La conciencia nazi*: la formación del fundamentalismo etnico del Tercer Reich, Barcelona, Paidós, 2005].

LACAN, Jacques. *Écrits*. Nova York, Norton, 2006 [ed. bras.: *Escritos*, trad. Vera Ribeiro, Rio de Janeiro, Zahar, 1998].

_____. *The Ethics of Psychoanalysis*. Londres, Routledge, 1992 [ed. bras.: *Seminário VII*: A ética da psicanálise, Rio de Janeiro, Zahar, 1988].

_____. *The Other Side of Psychoanalysis*. Nova York, Norton, 2006.

LEFORT, Clande. *The Political Forms of Modern Society: Bureaucracy, Democracy, Totalitarianism*. Cambridge, Massachusetts, MIT Press, 1986.

LEVI, Primo. *The Periodic Table*. Nova York, Schocken, 1995 [ed. bras.: *A tabela periódica*, Rio de Janeiro, Relume-Dumará, 2001].

LIH, Lars T.; NAUMOV, Oleg V.; KHLEVNIUK, Oleg V. (orgs.). *Stalin's Letters to Molotov*. New Haven, Yale University Press, 1995.

MALNUIT, Olivier. "Pourquoi les géants du business se prennent-ils pour Jésus?", *Technikart*, fev. 2006, p. 32-7.

MARTIN, Bradley K. *Under the Loving Care of the Fatherly Leader*. Nova York, Thomas Dunne, 2004.

MARX, Karl. *Collected Works*, v. 10. Londres, Lawrenceand Wishart, 1978 [ed. bras.: *As lutas de classes na França de 1848 a 1850*, trad. Nélio Schneider, São Paulo, Boitempo, 2012, col. Marx-Engels].

194 / Violência

McLAREN, Peter. *Che Guevara, Paulo Freire, and the Pedagogy of Revolution*. Oxford, Rowman & Littlefield, 2000.

NIETZSCHE, Friedrich. *Thus Spake Zarathustra*. Nova York, Prometheus, 1993 [ed. bras.: *Assim falou Zaratustra*, trad. Paulo César de Souza, São Paulo, Companhia das Letras, 2011].

OAKES, Edward T. "Darwin's Graveyards", *Books & Culture*, nov. 2006, p. 35-8.

ORWELL, George. *The Road to Wigan Pier*. Londres, Gollancz, 1937 [ed. bras.: *O caminho para Wigan Pier*, trad. Isa Maria Lando, São Paulo, Companhia das Letras, 2010].

RANCIÈRE, Jacques. *Disagreement*. Minneapolis, University of Minnesota Press, 1998.

_____. *Hatred of Democracy*. Londres,Verso, 2007 [ed. bras.: *O ódio à democracia*, São Paulo, Boitempo, no prelo].

RAWLS, John. *A Theory of Justice*. Cambridge, Massachusetts, Harvard University Press, 1971 [ed. bras.: *Uma teoria da justiça*, São Paulo, Martins, 2008].

REMNICK, David. *Lenin's Tomb*. Nova York, Random House, 1993.

ROBESPIERRE, Maximilien. *Virtue and Terror*. Londres, Verso, 2007 [ed. bras.: *Robespierre*: virtude e terror, Rio de Janeiro, Zahar, 2008].

ROSSET, Clément. *Le réel: traité de l'idiotie*. Paris, Editions de Minuit, 2004.

ROUSSEAU, Jean-Jacques. *Rousseau, Judge of Jean-lacques*: Dialogues. Hanover, New Hampshire, Dartmouth College Press, 1990.

SABLOFF, Nicholas. "Of Filth and Frozen Dinners", *Common Review*, 2º sem. 2007, p. 50-2.

SANDFORD, Stella. *How to Read Beauvoir*. Londres, Granta, 2006.

SANTNER, Eric. *On the Psychotheology of Everyday Life*. Chicago, University of Chicago Press, 2001.

SARAMAGO, José. *Seeing*. Nova York, Harcourt, 2006 [ed. bras.: *Ensaio sobre a lucidez*, São Paulo, Companhia das Letras, 2004].

SARDAR, Ziauddin; DAVIES, Merryl Wyn Davies. *The No-Nonsense Guide to Islam*. Londres, New Internationalist/Verso, 2004.

SARTRE, Jean-Paul. *Existentialism and Humanism*. Londres, Methuen, 1974 [ed. bras.: *O existencialismo é um humanismo*, trad. João Batista Kreuch, Petrópolis, Vozes de Bolso, 2012].

SCHAMA, Simon. *Citizens*. Nova York, Viking, 1989 [ed. bras.: *Cidadãos*: uma crônica da Revolução Francesa, São Paulo, Companhia das Letras, 2000].

SCHMITT, Carl. *The Concept of the Political*. Chicago, University of Chicago Press, 1996 [ed. bras.: *O conceito do político,* São Paulo, Del Rey SP, 2009].

SEBALD, Winfried. Georg. *On the Natural History of Destruction*. Londres, Penguin, 2003.

SLOTERDIJK, Peter. *Zorn und Zeit*. Frankfurt, Suhrkamp, 2006 [ed. bras.: *Ira e tempo*, São Paulo, Estação Liberdade, 2012].

WEIL, Simone. *Œuvres complètes VI: Cahiers*, v. 1, 1933-September 1941. Paris, Gallimard, 1994; v. 2, September 1941–February 1942. Paris, Gallimard, 1997.

WIESENTHAL, Simon. *Justice, not Vengeance*. Londres, Mandarin, 1989.

WRATHALL, Mark. *How to Read Heidegger*. Londres,Granta, 2005.

ŽIŽEK, Slavoj. *The Metastases of Enjoyment*. Londres, Verso, 1995.

_____. *The Plague of Fantasies*. Londres,Verso, 1997.

ZUPANCIC, Alenka. *The Shortest Shadow*. Cambridge, Massachusetts, MIT Press, 2006.

Publicada em 2014, 77 anos após o bombardeio à cidade espanhola
de Guernica em abril de 1937, cujo horror foi esplendidamente
retratado por Pablo Picasso, a edição brasileira deste livro foi
composta em Adobe Garamond Pro, corpo 11/13,2, e reimpressa
em papel Avena 80 g/m² pela gráfica Forma Certa, para a Boitempo,
em fevereiro de 2025, com tiragem de 200 exemplares.